Die Solokonzerte Bruno Madernas
Fragment 1986-88

mjbEDV, Werl

### Der Autor

Manfred Joh. Böhlen, geboren 1957 in Paderborn, studierte an der Universität zu Köln Musikwissenschaft, Anglistik und Romanistik. Er gehört zu den Gründern von CONCERTO, des Magazins für Alte Musik, das seit 1983 in Köln erscheint; in den Jahren 1987-1998 begleitete er das Blatt als Mitherausgeber auch verlegerisch. Seit 1995 ist er Inhaber der Multimedia-Agentur mjbEDV, Werl.

### Das Buch

In seiner Doppelrolle als Dirigent und Komponist gehörte Bruno Maderna (1920-1973) zu den faszinierendsten Persönlichkeiten der Neuen Musik. Anders als viele seiner Kollegen hat er sein kompositorisches Schaffen nur selten kommentiert, so daß sich die Analyse seiner Werke schwierig und spannend zugleich gestaltet. Das vorliegende Buch, dessen Hauptteile in den Jahren 1986 bis 1988 entstanden, widmet sich der für Maderna zentralen Gattung des Solokonzerts. In chronologischer Folge und unter wechselnden analytischen Blickwinkeln werden betrachtet: das Flötenkonzert, das Klavierkonzert, das Violinkonzert und die drei Oboenkonzerte.

Manfred Joh. Böhlen

# Die Solokonzerte Bruno Madernas

Fragment 1986-88

mjbEDV, Werl

Copyright © 2000 mjbEDV
Multimedia-Agentur & Verlag Manfred Joh. Böhlen

Alle Rechte vorbehalten

http://www.mjb-edv.de

Satz und Layout: mjbEDV, Werl

Herstellung: Libri Books on Demand

Printed in Germany, ISBN 3-935198-00-0

# Inhalt

Rechenschaft 7

Häufig gebrauchte Wendungen,
Hinweise für die kursorische Lektüre 13

Einleitung
Bruno Maderna, der Dirigent als Komponist 15

Flötenkonzert (1954) 23

    Vorbemerkung zur Analyse *25*

    Die Organisation der Taktfolge *27*

    Die Organisation der Dauern *33*

    Die Organisation der Tonhöhen *40*

    Das Verhältnis Tutti-Solo *44*

    Zusammenfassung *50*

Klavierkonzert 53

    Die Skizzen *57*

    Exkurs zu Mälzels Metronom *74*

    Form en gros... *78*

    ... en detail *84*

Konzert für Oboe und Kammerensemble (1962) 97

    Das Konzert im Überblick *101*

    Das Konzert im Überblick *102*

    Entstehung und Aufführungspraxis *107*

    Analyse *113*

Zusammenfassung *131*

2. Oboenkonzert     133
    Das 2. Oboenkonzert im Überblick *138*
    Grundlage des Satzes: Akkordfolgen *140*
    Zusammenfassung *166*

Violinkonzert (1969)     167
    Das Violinkonzert im Überblick *171*
    Aleatorik und Aufführungspraxis II *184*
    Symmetriebildungen *194*

3. Oboenkonzert     201
    Überblick *205*
    Das Grundmaterial: Reihen und »piani armonici« *216*
    Das Grundmaterial am Werk *222*
    Zusammenfassung *234*

Einleitung (Fragment 1)     237

Andere konzertante Werke (Fragment 2)     239

Literatur     241

Personenregister     243

# Rechenschaft

**Der Herr P.**

war mir bis zum Dezember 1986 völlig unbekannt. Dennoch war es um die im folgenden ausgebreiteten Erträge der Forschung geschehen, als er in jenem Monat telefonisch zu einem Treffen in eins der besten Häuser am Platz einlud. Soeben war der Löwenanteil dessen, was der Philosophischen Fakultät der Universität zu Köln als Dissertation vorgelegt werden sollte, in die zweite Korrekturphase eingetreten. Aber Herr P. unterbreitete ein Angebot, dem nicht zu widerstehen war.

Herr P. handelte im Auftrag einer großen Schweizer Druckerei, die gerade die Rechte an *Concerto*, dem Magazin für Alte Musik, erworben hatte. Von diesem Blatt hatten wir – Johannes Jansen, der gleichfalls zu dem Treffen geladen war, und ich – uns einige Jahre zuvor im Zorn auf den damaligen Verleger getrennt. Dabei war es doch von der Planungsphase an von uns betreut und umhegt worden wie ein Wickelkind. Und nun sollten wir seine redaktionellen Geschicke wieder in die Hand nehmen!

Gleich nach dem Händeschütteln wurde die Konferenz aus dem prestigiösen Hotel in ein schlichtes, das Spesenkonto des Herrn P. weniger belastendes Lokal in Nachbarschaft des Westdeutschen Rundfunks verlegt, und man wurde schnell einig. Das war zunächst ein Abenteuer, dann harte und nicht immer erfreuliche Arbeit: Bis zum August 1989 wechselte *Concerto* wiederholt den Verleger, dann konnten und mußten wir auch die wirtschaftliche Seite übernehmen.

Für unsere akademischen Ziele bedeutete dies das Aus. Seither ruhen die folgenden Seiten in der Schublade.[1] Daß bei der Beschäftigung mit *Concerto* gelegentlich Namen begegneten, die auch im folgenden eine Rol-

---

1 Mit Ausnahme des Kapitels über das *Flötenkonzert*: Dies erschien 1989 in dem Sammelband *Studi su Bruno Maderna*... leicht abgewandelt und in einer phantastischen italienischen Übersetzung unter dem Titel »Nell incantesimo del numero. Il Flötenkonzert di Bruno Maderna« (hg. v. M. Baroni u. R. Dalmonte, Mailand: Edizioni Suvini Zerboni 1989, S. 33-51).

le spielen (Han de Vries mit Telemanns Oboenkonzerten z.B.), vermochte daran nichts zu ändern.

## Der Herr K.

hätte eigentlich den Doktorvater der Arbeit abgeben sollen. Bis in die neunziger Jahre hinein hat er freundlich, aber bestimmt ihre Fertigstellung angemahnt, doch zu den verlegerischen Turbulenzen gesellten sich private; die Schublade schien immer fester verschlossen.

Im Sommer 1998 wurden mir Satz und Layout des von ihm herausgegebenen Kongreßberichts über den musikalischen Futurismus anvertraut.[2] Die Zusammenarbeit bescherte Erinnerungen an alte Zeiten: persönliche, aber auch thematische, wenigstens von ferne. Die ominöse Lade wurde geöffnet.

»Sie müssen auf den Markt!« lautete K.s aufmunternder Spruch seinerzeit. Da bin ich nun, freilich nicht auf dem akademischen, mit einer Dissertation, sondern auf dem freien und mit einer, sagen wir Monographie.

## Der Herr M.

hat mir, wie die folgenden Seiten belegen, mächtig Kopfschmerzen bereitet. Obwohl ich ihn persönlich nicht mehr kennenlernte, habe ich ihn seit Beginn meiner Beschäftigung mit der Neuen Musik verehrt wie einen Heiligen und geschätzt wie einen Freund. Seine Musik begeisterte mich, sein wohldokumentierter Einsatz für die Musik seiner Kollegen erfüllte mich mit Bewunderung, sein früher Tod mit Betrübnis.

Im Rückblick glaube ich, daß diese Verehrung ihr Teil dazu beigetragen hat, der Öffentlichkeit diese Studien so lange vorzuenthalten. Zum ersten erschienen sie mir streckenweise einfach nicht gut genug; nicht würdig, sein Andenken hochzuhalten; zum zweiten geben manche der hier unterbreiteten Untersuchungen, allen akribischen Diagrammen zum Trotz, einige Hinweise auf eine gewisse Nonchalance in M.s Arbeitsweise. Und es wäre mir seinerzeit zuwider gewesen, der verkniffenen Bemerkung eines wesentlich unsympathischeren Protagonisten der Neuen Musik, M. habe

---

2 Dietrich Kämper (Hrsg.), *Der musikalische Futursimus. Kongreßbericht Köln 1997*. Laaber: Laaber 1999.

beim Fernsehen komponiert, auch nur ein Jota musikwissenschaftlicher Untermauerung zu geben.

Beides empfinde ich heute anders. Zu den Dingen, die mich damals besonders störten, gehört die Uneinheitlichkeit der Herangehensweise an die behandeltenden Werke; zunächst aus analytischer Not geboren,[3] erscheint sie mir nun als fast Bereicherung und als dem Gegenstand angemessen. Was den zweiten Punkt anbelangt, habe ich mittlerweile, schlicht gesprochen, andere Sorgen. Warum soll einer nicht beim Fernsehen komponieren?

Über die Jahre unverändert geblieben ist mein Horror vor der »aria fritta« (Herrn M. zu zitieren) nicht nur neo-adornitscher Musikbetrachtung. Und so mögen die hier unterbreiteten Untersuchungen unvollständig, ja zum Teil fehlgeleitet sein, aber sie sind handfest, nachprüfbar und – dies überhaupt gab mir den Mut, sie nun doch zu veröffentlichen – über weite Strecken einigermaßen lesbar.

## Zum Text

Die Kapitel über das *Flötenkonzert*, das *Klavierkonzert*, die drei *Oboenkonzerte* und über das *Violinkonzert* sowie die Fragmente der Einleitung und über die anderen konzertanten Werke habe ich ohne wesentliche Änderungen einem Diskettensatz aus dem Jahr 1988 entnommen.[4] Warum?

Es ist zwar ein merkwürdiges Gefühl, als Nachlaßverwalter in eigener Sache tätig zu werden, aber die Beschäftigung mit Alter Musik und Historischer Aufführungspraxis hat meine stets gehegte Ehrfurcht vor dem Begriff Urtext noch verstärkt und meine Haltung dazu radikalisiert: Ein Text hat einen Kontext, und aus zwei Texten einen zu machen, ergibt eine Mi-

---

3  Auch das wäre ein Anfang gewesen: An einem sonnigen Novembervormittag (so etwas gibt es in der Tat) des Jahres 1984 machten sich zwei junge Leute im Rechenzentrum der Universität Duisburg daran, den dortigen Großrechner mit den Solostimmen von Bruno Madernas Oboenkonzerten zu füttern. Dank eines Programms des Jüngeren der beiden (geschrieben in Pascal), verstand die Maschine einiges von Neuer Musik und war imstande, aus einer eingegebenen Tonfolge Zwölftonreihen herauszuziehen. Dank eines weiteren Programms (geschrieben in Algol), war das Superhirn sogar in der Lage, seine Analysen schwarz auf weiß mitzuteilen. Dabei heraus kam ziemlich viel bedrucktes Papier – und nicht ein einzige richtige Reihe. Der Ältere, Verfasser dieser Zeilen, war nur mäßig frustriert...

4  Aus diesem Jahr datiert der letzte Anlauf, doch noch »auf den Markt« zu kommen.

schung, die sauer aufstößt. Der Kontext dieser Texte sind die späten achtziger Jahre.

Wissenschaftlich wird Manches darin mittlerweile überholt sein; die Kapitel über das *Klavierkonzert* und das *Violinkonzert* sind ohne Zusammenfassung; ein Resümee des Ganzen war nicht einmal projektiert. Aber es fehlt mir an Zeit und Gelegenheit, mich noch einmal in das Thema zu vertiefen, und natürlich haben sich auch meine Interessen verlagert.

Darum war ich heilfroh, als ich auf einer alten Diskette wenigstens das Rundfunkmanuskript »Bruno Maderna. Der Dirigent als Komponist« entdeckte; auch dieses ist unverändert wiedergegeben. Es hat mich der Aufgabe enthoben, eine neues Vorwort zu schreiben oder gar die hochtrabende Diskussion der originalen Einleitung fortzuführen, die bestimmt nicht ohne Grund bei der ersten Erwähnung eines bekannten Musikgelehrten abbricht... Ich gebe sie der Vollständigkeit halber dennoch wieder.

Aus einer Distanz von mehr als zehn Jahren fiel es nicht schwer, die damals fertigen Kapitel unangetastet zu lassen, auch wenn ich manche Formulierung mit einem Schmunzeln wiedergelesen habe. Allerdings bin ich kein Zelot: An ganz wenigen (nicht gekennzeichneten) Stellen habe ich syntaktische Korrekturen vorgenommen, wo es dem Verständnis förderlich war. Für die Unmenge an Tabellen, Notenbeispielen und schematischen Darstellungen hätte ich den jungen Forscher von damals freilich ohrfeigen können.[5] Im Zeitalter von Tippex, Tesafilm und Schreibmaschine war derlei noch eine Lust. Heute, mit Multimedia-PC, Scanner und DTP, verbringt man mit so etwas nicht mehr Stunden, sondern Nächte...

M. hätte mit den seinen sicher Besseres anzufangen gewußt.

## Dank

Viele, viele Leute habe ich damals persönlich, telefonisch und brieflich (Fax und eMail waren noch nicht verbreitet) mit Ansinnen aller Art behelltigt; desto größer meine Erleichterung, hier wenigstens einen Teil meiner Schuld abzutragen zu können

Besonderen Dank für ihre Hilfe schulde ich

---

5 Diese mittels zeitgenössischer Zeichen- und Notensatzprogramme übersichtlicher aufzubereiten, habe ich nach einigen Versuchen aufgegeben, um nicht weitere Jahre bis zur Veröffentlichung verstreichen zu lassen. Für gelegentlich unleserliches Gekritzel bitte ich inständig um Nachsicht.

# Rechenschaft

Prof. Dr. Dietrich Kämper

der Witwe Maderna

den Musikern Lothar Faber, Theo Olof und Han de Vries

den Forschern aus Bologna: Maurizio Romito und den Professores Rossana Dalmonte und Mario Baroni

dem Westdeutschen, Saarländischen, Norddeutschen und Südwestfunk, dem Internationalen Musikinstitut Darmstadt und der Zeitschrift Muziek & Dans

den Verlagshäusern Schott, Ricordi, Editions Salabert und besonders den Edizioni Suvini Zerboni. Letztere haben mich seinerzeit mit Material nicht nur unterstützt, sondern geradezu verwöhnt.

Für Unterstützung bei der Recherche, fürs Korrekturlesen, für wertvolle Hinweise danke ich Georg K. Böhlen, Dr. Norbert Bolin, Johannes Jansen, Wolfgang Lempfrid, Dr. Susanne Oschmann, Prof. Eckart Sellheim, Tim Womack

...und gewiß vielen, die in meinen mittlerweile vergilbten Ordnern nicht dokumentiert sind.

*mjb*, im Sommer 2000

# Häufig gebrauchte Wendungen, Hinweise für die kursorische Lektüre

*piani armonici*: ein sozusagen harmonisches Zwölftonkonzept Madernas. Der *piano armonico* bestimmt die Oktavlage eines jeden Tons des chromatischen Totals.

*suoni fissi* (eigentlich *strumenti a suono fisso*): die Instrumente des Orchesters, die auf Tasten-, Saiten- oder Schlegeldruck einen Ton bestimmter Höhe hervorbringen: z.B. Glockenspiel, Harfe, Xylophon.

*Zahlenschlüssel*: Maderna verwendet für die chromatische Tonleiter (Reihe) von a-as/gis häufig die Zahlen 1-12.

In Kurzform angeführte Literatur

*Documenti*: Mario Baroni u. Rossana Dalmonte (Hrsg.), *Bruno Maderna documenti*, Mailand: Edizioni Suvini Zerboni 1985

*Mila*: Massimo Mila, *Maderna musicista europeo*, Turin 1976

Auch das ist wichtig:

*Takt sowieso bis, ter* etc.: Madernas Art, eingeschobene oder alternative Takte oder Taktgruppen zu bezeichnen. Nicht zu verwechseln mit Takt 1-4, bezeichnet Takt $1^{bis}$ einen Abschnitt, der z.B. nach (oder gleichzeitig zu) Takt 1 zu spielen ist.

# Einleitung

## Bruno Maderna
## Der Dirigent als Komponist[1]

»Das 3. Konzert für Oboe und Orchester wurde im Auftrag des Holland Festivals 1973 für den Oboisten Han de Vries geschrieben. Ich habe in diesem Werk versucht, auf möglichst klare und deutliche Weise eine pluralistische Form zu verwirklichen, die sich immer anderen und immer andersgearteten Interpretationen anpassen soll. Ich habe bei der Komposition gedacht, daß die Musik bereits existierte und immer existiert hat. Auch die, die ich schreibe. Es ist nur eine Frage des Glaubens, sie wahrzunehmen, in sich und um sich herum, um sie dann in Partitur zu bringen. ›Formell‹ und ›informell‹ sind dasselbe.«

Bruno Madernas knapper Kommentar zum dritten Oboenkonzert war für das Programmheft der Uraufführung gedacht – in Stein gemeißelt, ist er heute auf seinem Grabstein zu lesen; das Konzert blieb das letzte Werk, das er vollenden konnte. Wenige Monate nach der Premiere, am 13. November 1973, starb Maderna im Alter von nur 53 Jahren in Darmstadt.

Wer sich anschickt, über Leben und Werk des gebürtigen Venezianers zu berichten, fällt auch nach 15 Jahren noch unweigerlich in den Ton eines Nachrufs. Von der Statur und der Lebenslust eines Sir John Falstaff, dabei ohne jede Spur von Eitelkeit oder Bosheit, war er die vielleicht menschlichste Gestalt unter den Hohepriestern der musikalischen Avantgarde. Die Lücke, die Madernas vorzeitiges Ende hinterließ, ist noch fühlbar, sein Andenken unter Komponistenkollegen noch ebenso lebendig wie bei den Orchestern, die er dirigierte, und den Institutionen, mit denen er zu tun hatte. Die Zahl der Anekdoten und Geschichten, die sich um seine Person ranken, ist Legion.

1 Rundfunkmanuskript des Verf. für den WDR vom Oktober 1987.

Manches wird hinter vorgehaltener Hand erzählt, ist ein wenig kitzlig und handelt von Wein, Weib und Gesang, von verpaßten Probenterminen und allzu sorglosem Umgang mit Zeit, Geld und Gesundheit. Anderes weiß von schier unglaublichen Talent- und Kraftproben: daß er im Handumdrehen verwickelte Kanons aufs Papier werfen konnte; daß ihm ein einziger Blick auf hochkomplizierte Partituren der Neuen Musik genügte, sie zu erfassen, zu durchschauen und mustergültig aufzuführen; daß er einmal an einem Abend nacheinander ein Konzert und eine Opernaufführung dirigiert hat. Wieder anderes berührt Charakterzüge, die aus dem Falstaff einen Franziskus machen: Bescheidenheit und selbstloses Eintreten für die Belange anderer. Als junger Dozent mit schmalem Einkommen in Venedig weigerte er sich, Honorare von Schülern anzunehmen, die mit ihm auf freundschaftlichem Fuße standen – und das taten nach wenigen Stunden fast alle. Als bereits arrivierter Dirigent noch mußte er gedrängt werden, eigene Werke aufs Programm zu setzen, und oft genug hat er sie dann zugunsten der Stücke meist jüngerer Kollegen bei der Probenarbeit vernachlässigt.

»Wissen Sie, mein Großvater wollte, daß ich Geiger werde. Er war davon überzeugt, daß man schlimmer als ein Gangster sein könne – wenn man nur Geige spiele, sei einem das Himmelreich gewiß.«

Die vielleicht faszinierendste Gruppe von Geschichten betrifft Madernas Kindheit und Jugend. Der Urheber war er manchmal selbst, aber auch dann mischen sich Dichtung und Wahrheit auf eine Weise, die es dem Historiker schwermacht, sie sauber voneinander zu trennen. Im Alter von fünf Jahren habe er angefangen, Violine zu spielen, auf Geheiß des Großvaters zehn, zwölf Stunden, wobei ein Nagel am Hals des Instruments die ermüdete Hand des Kleinen stabilisieren sollte. Mit sieben Jahren soll ihm eine französische Fürstin das Orchester der Scala gemietet haben, das ihm bei seinem Debut mit Max Bruchs Violinkonzert zur Seite stand.

Soviel ist wahr: Maderna war ein Wunderkind. Geboren im Jahre 1920 als uneheliches Kind von Carolina Maderna und Umberto Grossato, verlor er die Mutter im Alter von drei Jahren. Er wuchs unter der Obhut der väterlichen Familie auf, die sein musikalisches Talent früh erkannte und förderte – wenn auch auf wenig akademische Weise. Als Siebenjähriger war er mit seiner Violine die Attraktion des großväterlichen Tanzlokals, als Zehnjähriger Star der väterlichen »Happy Grossato Band«, mit der er ausgiebig die italienischen Badeorte bereiste. Da »Brunetto«, wie er damals genannt wurde, von zierlicher Gestalt war, war es für den Vater, der so etwas wie eine Art leichtlebiger Leopold Mozart gewesen sein muß, ein Leichtes, ihn noch ein wenig jünger zu machen, als er ohnehin war.

Aber es war nicht das Violinspiel, das seinen Ruhm begründete, sondern das Dirigieren. Die Umstände, unter denen er vom Kapellmeister der »Happy Grossato Band« zum Gastdirigenten der größten und renommiertesten Orchester Norditaliens avancierte, sind heute nicht mehr mit Exaktheit zu rekonstruieren, aber Programmzettel und Zeitungsberichte aus den Jahren 1932 und 1933 sind in großer Zahl überliefert. In Padua und Mailand, in Triest, Verona und Venedig dirigiert der Zwölfjährige Orchester von 120 Berufsmusikern. Das Programm setzt sich in der Regel aus beliebten Ouvertüren von Rossini, Mascagni, Suppé und Mendelsohn zusammen. Aber im Oktober 1933 sind schon Schwergewichte wie Beethovens »Fünfte« und das Tristan-Vorspiel samt Isoldes Liebestod dabei.

»Brunetto« wird berühmt. So berühmt, daß sich eine Gruppe gesinnungsfester Venezianer daranmacht, ihn zur Galeonsfigur der neuen – faschistischen – Jugend Italiens aufzubauen. Im Handstreich wird er der Obhut des Vaters entrissen, der nach damaligem Recht keinerlei gesetzliche Ansprüche geltend machen kann, in Venedig wird er auf Kosten des Staates erzogen, die Zahl seiner Konzerte nimmt ab, sie werden dafür um so propagandaträchtiger gestaltet.

Eine Dame aus Verona hat die Karriere des jugendlichen Dirigenten aufmerksam verfolgt. Sie ist überzeugt von seinem Genie und davon, daß es geregelter Pflege bedarf. Irma Manfredi beantragt das Sorgerecht und bekommt es nach unappetitlichem juristischen Gerangel und Hinterlegung einer Sicherheit in schwindelnder Höhe auch zugesprochen. In Verona findet Bruno Grossato Maderna zum ersten Mal ein bürgerliches Zuhause. Die alleinstehende und in mehr als geordneten Verhältnissen lebende Irma Manfredi läßt es an nichts fehlen. Privatlehrer werden engagiert, Bildungsreisen ins Ausland unternommen; Arrigo Pedrollo, Komponist und Professor am Konservatorium in Mailand, weist im Hause Manfredi in die Geheimnisse von Kontrapunkt und Harmonielehre ein. Klavierunterricht versteht sich von selbst. Von der Violine ist nicht mehr die Rede.

»Ein ›Jahr Null‹ hat es nie gegeben in der Musik, so wenig wie es ein ›Jahr Null‹ der Kultur geben kann. Und wenn jemand mit Dreißig sagt: ›Jetzt fängt das Leben an‹ – der hat gut reden. Die dreißig Jahre bleiben, er hat sie durchlebt, mit all ihren Ereignissen und all ihren Irrtümern!«

Bruno Madernas Ausbildung als Komponist ist gründlich. Nach den Studien bei Maestro Pedrollo geht er ans Konservatorium »Santa Cecilia« in Rom. Alessandro Bustini ist ihm ein strenger und unnachgiebiger Lehrer, 1940 erhält er sein Diplom mit ausgezeichneten Noten. Aber Madernas Lehrjahre sind noch nicht beendet. Mitten im Krieg kann er seine Studien in Venedig bei Gianfrancesco Malipiero fortsetzen, dank eines musikbegeisterten Vorgesetzten, der ihm großzügigen Urlaub gewährt, selbst dann noch, als er zu den Gebirgsjägern eingezogen wird.

Bei Malipiero, am Konservatorium »Benedetto Marcello«, kommt Maderna in Kontakt mit einer der Hauptströmungen der italienischen Moderne. Die Rückbesinnung auf die italienische Musik des 17. und 18. Jahrhunderts ist Mittel zur Überwindung der erdrückenden Vorherrschaft der Oper veristischen Gepräges. Malipiero schickt Maderna in die Bibliotheken und Archive der Stadt. Luigi Nono erzählt:

> »Es war Malipiero, der mir riet, die Bekanntschaft Madernas zu machen, den er von Anfang an sehr schätzte und mit dem ich dann meine Studien fortsetzte. Und auf seine Anregung begannen Bruno, als Lehrer bereits, und eine Gruppe von Schülern, ich unter ihnen, in der ›Biblioteca Marciana‹ zu stöbern. An Kompositions-Traktaten von Hucbald bis Padre Martini, an den ersten Drucken, die Petrucci ab 1501 in Venedig erscheinen ließ, konnten wir am Original die Entwicklung der europäischen Musik studieren. Es war eine äußerst glückliche Zeit der Entdeckungen und Diskussionen, in die uns Bruno mit dem Eifer eines Geburtshelfers verwickelte...«

... als Bruno Maderna 1949 bei den Darmstädter Ferienkursen für Neue Musik auftaucht, ist er unter den jungen Komponisten der mit dem vielleicht profundesten handwerklichen und musikhistorischen Hintergrund. Von Anfang an ist er in der Hochburg der europäischen Avantgarde in der Doppelrolle als Komponist und Dirigent vertreten. Bis weit in die sechziger Jahre ist er jedes Jahr dabei, und fast lückenlos reiht sich Uraufführung an Uraufführung. Seite an Seite mit Luigi Nono, Karlheinz Stockhausen, und Pierre Boulez sucht Maderna in jenen Jahren unermüdlich nach musikalischem Neuland. Waren seine frühen Werke noch mehr oder weniger der Musik eines Bartók oder eines Strawinsky verpflichtet, so erobert er bald die Zwölftontechnik für sich und gehört zu den ersten, die neben der Tonhöhe auch Parameter wie Dauern, Artikulation oder Dynamik reihenmäßigen Prozeduren unterwerfen. Als Pionier der elektronischen Musik arbeitet er mit Berio an Mailands »Studio di fonologia«. Mit nach unserem Maßstab primitiven Mitteln schafft er Bänder, deren musikalische und technische Perfektion Kennern der Materie noch heute Staunen abnötigen. 1952 erlebt Darmstadt die Uraufführung der *Musica su due dimensioni* für Flöte und Tonband, mit der Maderna ein neues Kapitel der Musikgeschichte aufschlägt: Zum ersten Mal werden elektronische und instrumentale Musik kombiniert.

Und dennoch: Schon 1950, im zweiten Jahr seines Wirkens bei den Darmstädter Ferienkursen, läßt Maderna Orazio Vecchis Madrigalkomödie *L'amfiparnasso* in eigener Bearbeitung aufführen; nicht Webern, Adorno und die »Tendenz des Materials« sind ihm Rechtfertigung seriellen Arbeitens, sondern die isorhythmischen Motetten des vierzehnten Jahrhunderts; in einer Zeit, da das einzig Originelle neuer Werke nicht selten in ihren gesuchten Titeln liegt, scheut er sich nicht, die seinen ohne Umschweife »Serenade« oder »Konzert« zu nennen.

Bruno Maderna ist ein Mann der Praxis. Mögen andere ebenso ausgiebig vor der Schreibmaschine sitzen wie vor dem Notenblatt, mögen sie ihre Werke mit den abstrusesten spieltechnischen Anforderungen spicken – Maderna bringt die Musiker zusammen, die ihnen gerecht werden können, und versteht es, sie zu Höchstleistungen anzuspornen. Das bis 1967 alljährlich in flexibler Besetzung zusammentretende Kranichsteiner Kammerensemble genießt unter seiner Führung fast legendären Ruf. Der Flötist Severino Gazzelloni, der Pianist David Tudor, der Oboist Lothar Faber, die Geigerin Christiane Edinger, die Brüder Kontarsky: mit allen ist Bruno Maderna befreundet. Für sie schreibt er seine Werke. Lange Solo-Kadenzen, nicht nur in den Konzerten, sondern auch in zahlreichen nicht konzertanten Werken, geben ihnen Gelegenheit, die Möglichkeiten ihrer Instrumente und ihre technischen und gestalterischen Fähigkeiten ausgiebig darzustellen.

Ihm als Komponisten geben sie die Möglichkeit, seine Vorliebe für die Einstimmigkeit – die Melodie – zu pflegen.

»Das 3. Konzert für Oboe und Orchester wurde im Auftrag des Holland Festivals 1973 für den Oboisten Han de Vries geschrieben. Ich habe in diesem Werk versucht, auf möglichst klare und deutliche Weise eine pluralistische Form zu verwirklichen, die sich immer anderen und immer andersgearteten Interpretationen anpassen soll. Ich habe bei der Komposition gedacht, daß die Musik bereits existierte und immer existiert hat. Auch die, die ich schreibe. Es ist nur eine Frage des Glaubens, sie wahrzunehmen, in sich und um sich herum, um sie dann in Partitur zu bringen. ›Formell‹ und ›informell‹ sind dasselbe.«

In den späten sechziger Jahren wächst Madernas Ruf rasch über die eingeweihten Zirkel Darmstadts und Mailands hinaus. Er wird zum international gesuchten Dirigenten und leitet die bedeutendsten Klangkörper der Alten und der Neuen Welt, besonders aktiv ist er nun in den Niederlanden. Recht eigentlich zum »Star« wird er nicht – dazu mangelt es ihm an Einseitigkeit. Beethovens oder Bruckners Neunte in immer lackierterer Interpretation zu zelebrieren, ist seine Sache nicht. Seine Programme umfassen nahezu die Gesamtheit der europäischen Musikgeschichte. Neben Mozart, Mahler und Debussy setzt er Venezianisches: Gabrieli, Monteverdi; nach Möglichkeit ist etwas Zeitgenössisches dabei, das Werk eines jungen Komponisten, das Werk eines Freundes.

Oder ein eigenes. Ende der sechziger Jahre setzt mit dem *Violinkonzert* und der Komposition *Quadrivium* die Reihe seiner großen symphonischen Spätwerke ein. Woher Maderna neben den überhandnehmenden Konzertverpflichtungen Kraft und Zeit zu solch blühender Produktion nimmt, ist allen ein Rätsel.

»Aleatorik« heißt das Zauberwort, »offene Form«. Madernas späte Werke sind über weite Strecken nicht komponiert, sondern collagiert: Das *Violinkonzert* etwa ist zur Gänze aus kleineren, früher entstandenen Stücken zusammengesetzt, mit so sicherer Hand zusammengesetzt, daß es heute als eines seiner geschlossensten und überzeugendsten Werke gelten kann.

Ganze Passagen der späten Partituren sind der Redaktion durch den Dirigenten überlassen: Der Komponist gibt ihm Material in mehr oder weniger ausgearbeiteter Form an die Hand, dazu die Spielregeln. Maderna konnte sich getrost auf den Dirigenten verlassen: Er war es meist selbst.

Nicht alle sind heute mit der Lage der Dinge zufrieden. Luciano Berio schlug vor, wenigstens die wichtigsten Werke Madernas auszuformulieren und in eine kanonisierte Fassung bringen zu lassen. Er übersah, daß nicht nur Termindruck im Hintergrund solcher Arbeitsweise stand.

Das dritte Oboenkonzert spricht eine deutliche Sprache. In ihm hat Maderna alle denkbaren Kombinationen »formeller« und »informeller« Technik nachgerade programmatisch auskomponiert: Mit äußerstem seriellen Rigorismus fixierte Abschnitte stehen neben solchen, in denen der Komponist sich der Kontrolle über das Geschehen fast völlig begibt, und alles ist aus demselben Material, einer einzigen Zwölftonreihe, abgeleitet.

Für den Konzertbesucher ist das nicht zu unterscheiden, »formell« und »informell« sind für ihn in der Tat dasselbe: Aus der theoretisch unbegrenzten Zahl möglicher Ergebnisse kann er stets nur eines wahrnehmen, und die unmenschliche Komplexität serieller Musik macht die Unterscheidung zwischen Chaos und Ordnung, zwischen Improvisation und Komposition unmöglich. »Aleatorik« ist eine Fiktion, eine Chimäre. Maderna hat diese bittere Erfahrung komponiert, aber er hat nicht resigniert. Im dritten Oboenkonzert, auf der letzten Seite, tut er etwas, was er bis dahin in seinen Solokonzerten nie getan hatte: Er läßt nicht nur den Dirigenten zum Komponisten werden, sondern auch den Solisten. Die Oboenstimme ist nun in eine Handvoll kurzer, markanter Melodiefragmente eingeteilt, die der Solist in stets variierter Form wiederholen soll. Und plötzlich hat die Zersplitterung der Melodie nichts Aggressives mehr, sie erobert der Musik den Sprachcharakter zurück: Die Fragmente der Oboe wirken wie Worte, wie Sätze, Fragen...

Madernas letzte Vortragsanweisung endet mit den Sätzen:

> »Zwischen Orchester und Solisten sollen sich vielfältige Beziehungen einstellen: Kontrast, Protest, Beruhigung, Übereinstimmung, Integration, Zuneigung. Der Autor glaubt und hofft, daß Solist und Dirigent in dieser Stimmung einen glücklichen Weg finden, das Stück schließen zu lassen«.

# Flötenkonzert (1954)

Die von Suvini Zerboni unter der Verlagsnummer 8852 in Kopie des Manuskripts bereitgestellte Partitur trägt auf Zwischen- und Innentitel in der Handschrift des Komponisten die deutsche Bezeichnung »Flötenkonzert« mit dem Zusatz »1954«. Skizzen existieren nach dem gegenwärtigen Stand der Forschung nicht. Es ist nicht auszuschließen, daß das *Flötenkonzert* auf dem Reihenmaterial eines in zeitlicher Nachbarschaft entstandenen anderen Werkes beruht.[1] Vorhanden – oder identifiziert – sind lediglich zwei vollständige Partituren, die weitgehend übereinstimmen und nur in bezug auf die Vortragsbezeichnungen voneinander abweichen (*Documenti*, S. 214).

Die Uraufführung des *Flötenkonzerts* fand während eines von Ernest Bour geleiteten Konzertes mit dem Symphonieorchester des Hessischen Rundfunks am 22. August 1954 anläßlich der Darmstädter Ferienkurse in der dortigen Stadthalle statt; den Solopart hatte Severino Gazzelloni übernommen. Das ausgedehnte Programm enthielt eine ganze Reihe weiterer Ur- und Erstaufführungen mit Werken von Schuller, Henze, Krenek, Klebe und Strawinsky.

Mit dem Entstehungsjahr 1954 reiht sich Bruno Madernas *Flötenkonzert* ein zwischen Luigi Nonos *Y su sangre ya viene cantando*, das seine Uraufführung 1952 erlebte, und Luciano Berios *Serenata I per flauto e 14 strumenti* aus dem Jahre 1957. Es gehört somit zu der Reihe der von der Interpretenpersönlichkeit Severino Gazzellonis angeregten, wenn nicht ermöglichten, konzertanten Werke für die Flöte, die der italienischen Musik der 50er und 60er Jahre einige ihrer erfolgreichsten Werke beschert hat. Noch Petrassis *Concerto per flauto e orchestra* von 1960 und Franco Donatonis *Puppenspiele 2* (1966) gehören in diese Tradition. Madernas Konzert freilich wurde bei weitem nicht so populär wie die Schwesterwerke seiner beiden zeitweiligen Weggefährten Nono und Berio. Nach der Uraufführ-

1 Daß eine solche Arbeitsweise Maderna keineswegs fremd war, zeigt zum Beispiel das *Klavierkonzert* (s. dort), das z.T. auf demselben Material basiert wie *Dark Rapture Crawl*, der Mittelsatz des gemeinsam mit Luciano Berio komponierten *Divertimentos*.

rung verschwand es jahrelang vollständig von den Konzertprogrammen und wurde erst 1981 zur Biennale von Venedig wieder aufgeführt. Mittlerweile existiert beim Südwestfunk Baden-Baden eine Aufnahme mit Gazzellonis Meisterschüler Roberto Fabbriciani (Sinfonieorchester des SWF, Ltg. Diego Masson). Die lange Vernachlässigung ist zwar nicht berechtigt, zumindest aber verständlich. Es fehlt dem Konzert Madernas die lapidare, beim ersten Hören nachvollziehbare Formung der Nonoschen Komposition, ohne daß es dafür durch die kapriziöse Brillanz und Virtuosität glänzen würde, die Berios *Serenata* auszeichnet. Berios Werk ist deutlich gegliedert: Fünf Tutti-Abschnitte leiten ebensoviele Solo-Episoden ein, in diesen dominiert der Solist eindeutig; vor den letzten Tutti-Abschnitt ist überdies eine Solokadenz eingefügt. Vermöge dieses Bauplans und infolge der kammermusikalischen Besetzung hat der Solist bei Berio keinerlei Schwierigkeiten, seine solistische Rolle zu behaupten. Ähnliches gilt für das Werk Nonos: Hier hebt sich die Flöte ohnehin vom Streichorchester ab, und auch hier findet sich zwischen dem kantablen ersten und dem rhythmusbetonten zweiten Teil ein kadenzartiger Abschnitt, in dem Celesta, Harfe und Perkussionsinstrumente dem Solisten lediglich dezent sekundieren. Die Faßlichkeit von Nonos *Y su sangre...*, das ja den zweiten Teil seines *Epitaffio per Federico Garcia Lorca* bildet, wird zudem durch die fast programmatische Bindung an die Lyrik des Spaniers noch erhöht.

Anders Maderna: schon mit der schlichten Bezeichnung »Konzert« dürfte er eine für die Verbreitung seines Stückes unglückliche Wahl getroffen haben. Was in den Ohren der Avantgarde jener Jahre veraltet geklungen haben muß, erweckte bei den Anhängern gemäßigterer Richtungen ohne Zweifel Erwartungen, die vom Werk selbst zwangsläufig enttäuscht werden mußten: Als »neoklassizistisch« wird man, wie die Analyse zeigen wird, Bruno Madernas *Flötenkonzert* kaum ansprechen dürfen. Seinem braven Titel zum Trotz: Es ist nicht weniger radikal als Nonos Lorca-Epitaph oder Berios Serenade, geht, was das Tutti-Solo-Verhältnis anbelangt, über diese sogar weit hinaus, löst sich bis zur Krise und Infragestellung des konzertanten Prinzips überhaupt vom Hergebrachten. Zwar gliedert auch Maderna sein *Flötenkonzert* in deutlich voneinander geschiedene Tutti- und Solo-Abschnitte, doch ist in diesen die Flötenstimme so stark in die Konstruktion des Orchestersatzes einbezogen, daß ihre solistische Rolle bedroht ist und sie nur selten als wirklicher Widerpart des Orchesters oder gar als Protagonist des Geschehens auftritt.

In diesem Punkt nimmt das *Flötenkonzert* allerdings unter den Konzerten Bruno Madernas eine Sonderstellung ein: Satztechnisch und klanglich haben wir es mit einem Werk zu tun, das nicht den Kontrast von Solo und

Tutti zum Thema hat, sondern die Vermittlung zwischen ihnen. Statt virtuoser Zurschaustellung also Integration, um es auf eine einfache Formel zu bringen. Klanglich: in völligem Kontrast etwa zu Nonos erwähntem Werk mit seiner fast klassisch zu nennenden Kombination von Flöte und Streichern stellt Madernas Konzert dem Solisten vor allem reichlich besetzte Bläser an die Seite. Satztechnisch: der allerdings vorhandene (und kräftige!) Kontrast der Solo- und Tutti-Abschnitte ist nicht oder kaum auf die Aktivität des Solisten – sei sie thematischer oder figural-virtuoser Natur – zurückzuführen, sondern auf den Wechsel der Satzweise für das gesamte Orchester. Die dabei fast durchgängige Zuweisung der Eigenschaften »laut, schnell« an die Tutti-Abschnitte und »langsam, leise« an die Solo-Episoden ist nicht nur eine ironische Verkehrung traditioneller Verhältnisse (die im übrigen zur geringen Verbreitung des Werkes ihr Teil beigetragen haben mag), – sie verweist zu diesem frühen Zeitpunkt bereits auf die weitere Entwicklung des Konzerttyps Madernascher Ausprägung.

# Vorbemerkung zur Analyse

Schriftliche Äußerungen Madernas zu seinem *Flötenkonzert* sind nicht überliefert, nicht einmal eine Programmnotiz zur Uraufführung ist vorhanden. Da auch Skizzen nicht greifbar sind, stützen sich die folgenden Vorschläge zu einer Analyse ausschließlich auf die Betrachtung der Partitur und das Abhören der erwähnten Einspielung des SWF. Gelegentlich konnten Rückschlüsse aus den Skizzen und den Äußerungen zu anderen Werken als Hinweise zu Rate gezogen werden.

Das *Flötenkonzert* ist einsätzig durchkomponiert und hat bei einer Ausdehnung von 302 Takten eine Spieldauer von rund acht Minuten. Der instrumentale Aufwand ist angesichts solch bescheidener Dimensionen beträchtlich, zeugt von Freude am Klang des groß besetzten Orchesters und einer wenig ausgeprägten Neigung zu post-webernscher Askese. Maderna verlangt:

    3 Flöten (2. und 3. auch Pikkolo)
    2 Oboen
    Englischhorn
    2 Klarinetten in Es
    2 Klarinetten in B
    Baßklarinette

2 Fagotte
Kontrafagott

4 Hörner
5 Trompeten
3 Posaunen
Tuba

Klavier
Harfe
Celesta
Glockenspiel
Xylophon
Vibraphon
Marimbaphon
Pauken
Triangel

reichlich besetzte, vielfach geteilte Streicher

Solo: Flöte

Volles romantisches Orchester also, erweitert um die groß besetzte Klavier/Harfe/Schlagzeug-Gruppe, die ausgiebig zum Einsatz kommt. Maderna selbst nennt sie »strumenti a suono fisso« oder kurz »suoni fissi«, eine Bezeichnung, die im folgenden der Knappheit halber übernommen werden soll. Denn der zwischen glockenartigen, gläsernen und hölzernen Valeurs changierende Klang der *suoni fissi* wird uns bis zum *3. Oboenkonzert* ständig begleiten.

Folgt man der in der Partitur vom Komponisten vorgebenen Einteilung nach doppelten Taktstrichen, so ergibt sich bei grober Dreiteiligkeit (»Schnell-Langsam-Schnell« – freilich eher anhand der Metronomzahl als durch ein wirkliches Tempoempfinden zu erkennen) eine erste Gliederung in zehn Abschnitte, die teils nahtlos ineinander übergehen, teils durch Generalpausen getrennt sind:

| Takt | im folgenden | Tempovorschrift |
|---|---|---|
| 1-48 | Tutti I | »Allegro« ( Sechzehntel = 244 ca.) |
| 49-72 | Solo I | |
| 73-90 | Tutti II | G.P. |
| 91-116 | Solo II,1 | |
| 117-133 | Solo II,2 | |
| 134-154 | Solo II,3 | |

| Takt | im folgenden | Tempovorschrift |
|---|---|---|
| 155-180 | Tutti III | |
| 181-197 | Solo III,1 | »poco a poco cedendo il tempo« (ab T. 187) |
| 198-263 | Solo III,2 | G.P.(Achtel = 108-102) |
| 264-302 | Solo III,3 | »Tempo I« |

## Die Organisation der Taktfolge

Schon bei flüchtigem Durchblättern der Partitur fällt der fortwährende Taktwechsel bei konstantem Grundtempo auf. Zunächst (Tutti I bis Solo II,1) sind nur die im 16-Metrum notierten Tutti-Abschnitte davon betroffen, die zwei Solo-Episoden hingegen in stabilem 4/8-Takt aufgezeichnet. Von Solo II,2 bis zum Schluß ist unausgesetzter Taktwechsel zu beobachten. Da der Wechsel für das klingende Ergebnis ohne Relevanz bleibt – es wäre falsch, dahinter die rhythmischen Energien eines *Sacre* zu vermuten –, ist es nicht müßig, nach einem eigenen Ordnungsschema für die Taktfolge Ausschau zu halten.

Für den Gesamtaufbau bietet sich folgende Gliederung an:

| Flötenkonzert, Taktschema | | |
|---|---|---|
| Tutti I | in Sechzehnteln | |
| 1-3 | 3+5+4 | |
| 4-6 | 4+3+5 | |
| 7-9 | 3+4+5 | A |
| 10-12 | 5+3+4 | |
| 13-15 | 5+4+3 | |
| 16-18 | 4+5+3 | |
| 19-22 | 4+4+4+4 | |
| 23-25 | 5+5+5 | B |
| 26-30 | 3+3+3+3+3 | |
| 31-32 | 5+5 | |
| 33-35 | 4+4+4 | C |
| 36-39 | 3+3+3+3 | |
| 40 | 5 | |
| 41-42 | 4+4 | D |
| 43-45 | 3+3+3 | |
| 46 | 4 | E |
| 47-48 | 3+3 | |

| Flötenkonzert, Taktschema |||
|---|---|---|
| Solo I | in Achteln ||
| 49-71 | 23 x 4 ||
| 72 | 1 x 5 ||
| Tutti II | in Sechzehnteln ||
| 73-78 | 3+3+5+3+4+4 ||
| 79-84 | 5+5+4+5+3+3 ||
| 85-90 | 4+4+5+4+3+3 ||
| Solo II,1 | in Achteln ||
| 91-116 | 26 x 4 ||
| Solo II,2 | in Sechzehnteln ||
| 117-120 | 4+3+4+5 | A |
| 121-124 | 4+3+4+5 | |
| 125-127 | 3+5+4 | |
| 128-130 | 5+4+3 | B |
| 131-133 | 4+5+3 | |
| Solo II,3 | in Achteln ||
| 134-136 | 2+2+2 | |
| 137-138 | 3+3 | A |
| 139 | 4 | |
| 140-143 | 2+2+2+2 | |
| 144-146 | 3+3+3 | B |
| 147-148 | 4+4 | |
| 149-151 | 5+4+3 | |
| 152-153 | 4+5 | C |
| 154 | 3/16 (!) | |
| Tutti III | in Sechzehnteln ||
| 155-169 | 15 x 3 ||
| 170-176 | 7 x 4 ||
| 177-179 | 3 x 5 ||
| 180 | 1 x 2 ||
| Solo III,1 | in Achteln ||
| 181 | 5/16 (!) ||
| 182-186 | 5 x 2 ||
| 187-193 | 7 x 3 ||
| 194-196 | 3 x 4 ||
| 197 | 1 x 5 ||
| Solo III,2 | in Achteln | Tempo II |

Flötenkonzert (1954)

| Flötenkonzert, Taktschema | | |
|---|---|---|
| 198-201 | 4+2+3+5 | |
| 202-206 | 3+3+2+5+4 | |
| 207-212 | 2+2+2+4+5+3 | |
| 213-219 | 5+5+5+5+2+4+3 | |
| 220-230 | 4+4+4+4+5+4+2+3+3+3 | |
| 231-241 | 3+3+3+2+4+5+4+4+4+4 | |
| 242-248 | 3+4+2+5+5+5+5 | |
| 249-254 | 3+5+4+2+2+2 | Krebs von 198-230 |
| 255-259 | 4+5+2+3+3 | |
| 260-263 | 5+3+2+4 | |
| Solo III,3 | in Achteln | Tempo I° |
| 264-265 | 4+3 | |
| 266-270 | 4+3+5+3+4 | in sich symmetrisch |
| 271 | 3 | |
| 272-280 | 5+3+4+3+4+3+4+3+5 | dito |
| 281-283 | 3+4+3 | dito |
| 284 | 3 | Spiegelachse von Solo III,3 |
| 285-287 | 3+4+3 | |
| 288-296 | 5+3+4+3+4+3+4+3+5 | |
| 297 | 3 | Krebs von 266-283 |
| 298-302 | 4+3+5+3+4 | |
| (303-304 | 3+4) | hypothetische Fortsetzung |

In Worten: offenbar angeregt von der Arbeit mit dem Zwölftonsystem, hat Maderna versucht, auch für die Organisation des Taktschemas die Zahl 12 als Bezugswert anzunehmen.So kommen im gesamten Werk absolut gesehen 12 verschieden lange Taktarten vor, die sich in drei Vierergruppen (»Tetrachorde«) gliedern lassen:[2]

| | | | | | |
|---|---|---|---|---|---|
| a) | 2/16 | 3/16 | 4/16 | 5/16 | in Tempo I |
| b) | 2/8 | 3/8 | 4/8 | 5/8 | in Tempo I |
| c) | 2/8 | 3/8 | 4/8 | 5/8 | in Tempo II |

Dabei erscheinen die Taktarten mit zwei Schlägen nur im mittleren Teil des Konzertes, für die Rahmenteile bestimmend sind Folgen aus 3, 4 und 5

---

2  Genauer: Es kommen 12 unterschiedlich lange Taktbezeichnungen vor; der »poco a poco cedendo«-Abschnitt bewirkt natürlich eine prinzipiell unendliche Zahl unterschiedlicher Taktlängen.

Achteln bzw. Sechzehnteln, die überwiegend in Dreierverbänden zu 12 Schlägen angeordnet sind. Die Folge

3 4 5

darf man als »Grundreihe« für die Organisation des Taktschemas ansprechen.

Das wird besonders in Tutti I augenfällig. Dieser Abschnitt läßt sich in fünf Unterabschnitte gliedern (A-E in Schema 1). Expositionsartig werden in Unterabschnitt A zunächst alle mit den drei Reihenelementen möglichen Permutationen durchgespielt – es sind sechs. In B bis E wirkt die Reihe 3 4 5 als »Superreihe«: In Anlehnung an die Möglichkeit der unmittelbaren Wiederholung eines Tones in der klassischen Zwölftontechnik werden hier alle Elemente der Reihe 3-, 4-, 5mal wiederholt. Dabei erfährt das kleinste Element (3) die meisten, das größte (5) die wenigsten Wiederholungen. Von B zu E wird die Superreihe der Wiederholungen stetig um den Wert 1 verkürzt; das Ganze läßt sich in Form einer Matrix ausdrücken:

|   | Anzahl Wiederholungen | | | Ausdehnung des Taktverbands in Sechzehnteln |
|---|---|---|---|---|
|   | 5/16 | 4/16 | 3/16 |   |
| B | 3 | 4 | 5 | 46 |
| C | 2 | 3 | 4 | 34 (-12) |
| D | 1 | 2 | 3 | 22 (-12) |
| E | 0 | 1 | 2 | 11 (-11) |

Zu den auf solche Weise gewonnenen Proportionen von Tutti I steht Solo I in doppelt elementarer Beziehung: Die Anzahl seiner Takte, 24, verhält sich zu der des Tuttis, 48, wie 1:2; seine absolute Dauer, läßt man den angehängten 5/8-Takt aus dem Spiel, wie 1:1 zu der des Tuttis (184 Sechzehntel in Tempo I).

Tutti II bringt drei Permutationen der erweiterten Grundreihe: Das erste und das letzte Element werden jeweils wiederholt, das erste darüber hinaus (illegaler Weise) vor dem dritten noch ein weiteres Mal (Schema: a a b a c c).

Solo II,1 ist in stabilen 4/8-Takten notiert, ohne daß dabei – wie im Falle der ersten Solo-Episode – auffällige Proportionen zu benachbarten Formteilen ins Auge springen.

Als erster solistischer Abschnitt ist Solo II,2 in dem bis hierhin den Tutti-Abschnitten vorbehaltenen 16tel-Metrum notiert. Er läßt sich in zwei Unterabschnitte gliedern: A bringt zweimal dieselbe Reihenform mit der bereits aus Tutti II bekannten »unerlaubten« Erweiterung (Schema a b a c); B zeigt drei Permutationen der einfachen Grundreihe.

Solo II,3 bringt zwei Novitäten ins Spiel: den planmäßigen Wechsel von Achteltakten und die 2 in den Zähler. Drei Unterabschnitte lassen sich erkennen: A und B warten mit zwei erweiterten Formen der neuen Reihe 2 3 4 auf. Die Modalitäten entsprechen den in Tutti I(B bis E) beobachteten: unmittelbare Wiederholung der Reihenelemente; dabei ist die Anzahl der Wiederholungen umgekehrt proportional zur Taktlänge und die Anzahl der Wiederholungen hat wieder die Reihe selbst zur Superreihe: 2 3 4. Lediglich die Richtung ist umgekehrt: Tutti I geht von der größtmöglichen Anzahl von Wiederholungen aus, Solo II,3 von der kleinsten. Unterabschnitt C kann interpretiert werden als Rückgriff auf die alte Reihe 3 4 5 (jetzt in Achteln) und ihre schrittweise Verkürzung. Mit dem Erreichen der Einstelligkeit wird, leicht irregulär, bereits auf das Sechzehntel-Metrum des folgenden Abschnitts umgeschaltet.

Tutti III bringt als Neuheit die Taktlänge 1/16 und einen einzigen Durchlauf der Reihe 3 4 5 2; dieser ist durch unmittelbare Taktwiederholung allerdings wieder stark erweitert. In Analogie zu den vorangehenden Abschnitten wird die Zuweisung der Wiederholungen in der Reihenfolge 3 4 5 vorgenommen, der neue Wert 2 rangiert jedoch noch hinter der 5. Zum ersten Mal wird die absolute Zahl der Wiederholungen nicht von der Reihe selbst gesteuert, sondern von einer neuen, nunmehr geometrischen Reihe: 8 4 2.

Ein leicht irregulärer 5/8-Takt hatte Solo I abgeschlossen, ein 5/16-Takt Solo II. Ein wiederum »überzähliger« 5/16-Takt eröffnet auch das letzte, wiederum dreiteilige Solo. Im ersten Teil läuft abermals die durch unmittelbare Wiederholungen erweiterte Achtelreihe in ihrer vierstelligen Form ab. Die Anordnung der Elemente ist arithmetisch: 2 3 4 5, die absolute Zahl der Wiederholungen ebenfalls: 1 3 5 7; die Zuweisung zu den Elementen erfolgt nach dem bekannten Prinzip, abweichend verhält sich wieder die 2, die mit fünf Wiederholungen zwischen die 3 und die 4 plaziert wird.

In Solo III,2 werden die restlichen vier der zwölf im Stück vorkommenden Taktlängen verwendet: 2/8, 3/8, 4/8, 5/8 in Tempo II. Von den 24 möglichen Permutationen werden zehn durchgespielt, wobei die letzten fünf die krebsläufige Form der ersten fünf Permutationen darstellen. Der gesamte Abschnitt weist also die für Maderna zentrale Gestalt eines Palindroms auf. Zur Spiegelachse hin (T. 230/231) wird die Reihe durch 0-, 1-, 2,- 3-, 4-, 5malige Wiederholung des ersten Glieds erweitert. Nach diesem Schema ist die letzte Permutation der Reihe irregulär:

4 4 4 4 4 5 4 2 3 3 3.

Die Abweichungen, nämlich die Interpolation des ersten Elements zwischen das zweite und das dritte und Wiederholung des letzten, können jedoch als Rückgriff auf die in Tutti II und Solo II,2 (Unterabschnitt A) anzutreffenden Reihenformen 3 3 5 3 4 4 etc. und 4 3 4 5 interpretiert werden.

Auch Solo III,3, das den Beschluß des Konzertes bildet, ist mehrfach mit Vorangegangenem verzahnt. Durch Tempo I und die Beschränkung auf die Taktarten 3/16, 4/16, 5/16 wird die Verbindung zu Tutti I hergestellt; die Anordnung dieses Rohmaterials zu einem Palindrom verknüpft Solo III,3 mit Solo III,2. Takt 284 bildet die Hauptachse des neuen Palindroms; an seinem Schluß ist es um zwei Takte beschnitten. Wie aus Abbildung 1 hervorgeht, sind in jeden Arm des Palindroms weitere palindromische Strukturen eingeschachtelt. Auch die in Schema 1 isoliert aufgezeichneten Takte sind bei anderen Lesarten – auf deren Einzeichnung der Übersicht halber verzichtet wurde – in solche Strukturen eingebettet. So bildet etwa Takt 265 die Achse für T. 264-265; die Takte 264-276 sind um T. 270 gespiegelt, T. 277-283 um T. 208; – für den unteren Arm ab T. 285 gilt das Gesagte sinngemäß. Die Häufigkeit der einzelnen Taktarten ist wieder nach dem bekannten Modus geregelt: Am häufigsten erscheint der 3/16-, am seltensten der 5/16-Takt; die Differenzen zwischen den absoluten Zahlen 3 7 9 bildet wieder die geometrische »Minimalreihe« 4 2. Infolge der nicht ausgeführten Spiegelung der Anfangstakte ist im zweiten Arm des Palindroms natürlich ein Fehlbetrag zu verbuchen.

Beim Kommentar zu Tutti I und Solo I wurde auf die zwischen ihnen obwaltenden elementaren Proportionen in bezug auf Taktzahl und absolute Länge hingewiesen. Derlei klare Verhältnisse sind im weiteren Verlauf nicht mehr zu beobachten. Was die absolute Dauer anbelangt, könnte man allenfalls auf das verhältnismäßig einfache 7:9 zwischen Tutti II (70 Sechzehntel bei Tempo I) und Tutti III (90 Sechzehntel bei Tempo I) hinweisen. Etwas klarer sieht es bei der Anzahl der Takte aus: Immerhin findet das Verhältnis 1:2 zwischen Solo I und Tutti I eine Fortsetzung in der zwischen Solo I und Tutti III herrschenden Proportion 4:3; diese drei Abschnitte zusammen verhalten sich zu den folgenden zwei Formteilen (Solo II und Tutti III, T. 91-180) wie 1:1; ihrerseits zusammengefaßt, bilden die 180 Takte mit den verbleibenden 122 Takten ein eingermaßen klares 3:2

aus. Ob man darüber hinaus den Abschluß von Solo II,1 nach Takt 116 als Markierung des Goldenen Schnitts auffassen darf (302:186 entspricht 186:116 gleich 1,6), bleibe dahingestellt. Immerhin bildet dieser Punkt insofern einen signifikanten Einschnitt in der Organisation des Werkes, als ab T. 117 zum erstenmal auch eine solistische Episode reihenmäßig organisiertem Taktwechsel unterworfen wird.

## Die Organisation der Dauern

Massimo Mila hat in seiner Monographie wiederholt auf den »Urton«-Beginn als eines der hervorstechendsten Merkmale von Madernas Schreibweise hingewiesen.[3] Im *Flötenkonzert* ist es einmal nicht der Urton, der am Anfang steht – das chromatische Total ist hier sofort präsent –, sondern die »Ur-Dauer«. Bezugseinheit für die gesamte Dauernorganisation ist das Sechzehntel. In den ersten drei Takten finden sich ausschließlich Klänge im Wert dieser Grunddauer; alle weiter verwendeten Dauernwerte sind, wie die Analyse zeigen wird, als einfache Vielfache des Sechzehntels zu interpretieren. Treten im weiteren Verlauf des Werkes Werte unterhalb des Sechzehntels auf oder die sogenannten irrationalen Unterteilungen wie Triolen, Duolen, Quintolen etc., sind sie ohne weiteres als nicht selbständige Unterteilungen einer in Sechzehnteln gedachten Dauer zu erkennen.

Wie schon bei der Organisation des Taktschemas hat Maderna ein Repertoire von zwölf Werten benutzt:[4] Als Grundreihe darf man die stetig um ein Sechzehntel wachsende Dauernreihe ansprechen, die vom einfachen Sechzehntel (im folgenden »Dauer 1«) zur punktierten Halben («Dauer 12«) führt.[5] Dauern, deren Wert zwölf Sechzehntel übersteigt, treten im ganzen *Flötenkonzert* nur als Resultat von sich überschneidenden Stimmen auf.

3   Massimo Mila, *Bruno Maderna musicista europeo*, Turin 1976, passim.
4   Im Gegensatz zur Organisation der Taktfolge, bei der erst die Unterscheidung der beiden Tempi zu zwölf verschiedenen Taktlängen führte, ist bei der Organisation der Dauern das Tempo ohne Belang für die Interpretation. Nimmt man es ganz genau, müßte man eigentlich von 24 verschiedenen Dauern reden: je zwölf in jedem Tempo.
5   Eine sogenannte additive Dauernreihe, wie sie auch Boulez in seinen *Structures* (1952) verwendet hat, allerdings mit dem Zweiunddreißigstel als Grundwert.

Flötenkonzert, Exposition der Dauern 1 bis 9 Sechzehntel

Im Lichte dieser Beobachtungen läßt sich grob vereinfacht die Feststellung treffen, daß Maderna durch die Behandlung der Dauern einen einzigen großen Bogen um das gesamte Konzert gespannt hat: Die Zahl der zur Komposition verwendeten Werte bewegt sich von der nur einen Dauer der ersten drei Takte auf das Maximum 12 zu. Nachdem dieses erreicht ist, schrumpft sie wieder auf nur einen einzigen verfügbaren Wert: Im ganzen Schlußabschnitt (Solo III,3) finden sich aussschließlich Klänge der Dauer 1. Eingeführt werden die Dauern dabei streng nach der Skala von 1 bis 12, der Abbau geschieht weniger regelmäßig.

Deutlich zu verfolgen ist dieser Vorgang an Tutti I, wo in regelmäßigen Einsatzabständen die Dauern 1 bis 9 eingeführt werden: Nachdem die Takte 1-3 lediglich Dauer 1 enthalten, folgen je drei Klänge der nächstgrößeren Dauern 2 bis 9, jeweils getrennt von einer Achtelpause. Bei diesen Klängen kann es sich um alle denkbaren Kombinationen vom Einzelton bis zum siebentönigen Akkord handeln; ein bestimmter Modus für die Auswahl dieser Klänge ist aus der Partitur nicht mehr analysierbar. Mit Ausnahme von

Dauer 1 tauchen bereits eingeführte Dauern nach ihrer dreifachen Exposition im weiteren Verlauf von Tutti I nicht mehr auf. Die Sonderbehandlung von Dauer 1, der Grunddauer, ist im ganzen Konzert zu beobachten: Häufig findet sie sich Abschnitte eingestreut, in denen andere Dauern die Hauptrolle spielen. Abbildung 2, in der die Exposition der Dauern 1 bis 9 schematisch dargestellt ist, läßt erkennen, daß das geschilderte Verfahren z.T. erheblichen Modifikationen unterworfen wird. Besonders auffallend sind die im Abstand von nur einem Sechzehntel einsetzenden »überzähligen« Klänge der Dauern 3, 5, 6, 8, 9, durch die das Gefüge gewissermaßen zweistimmig aufgespalten wird. Hervorzuheben ist ferner der Ersatz des eigentlich fälligen ersten und dritten Klangs der Dauer 5 durch Pausen (s. Schema, S. 34).

Wie in Schema 2 bereits angedeutet, wird der expositorische Prozeß in Solo I bis zur Dauer 10 vorangetrieben, jedoch nicht mehr in den für Tutti I geltenden Modalitäten. Daß Dauer 9 nach Einführung von Dauer 10 nur noch ein einziges Mal in Solo I auftaucht, erinnert zwar an das Procedere des ersten Abschnitts, ansonsten aber scheinen nun alle bereits exponierten Dauern jederzeit unterschiedslos zur Verfügung zu stehen. Festzuhalten ist dabei ein auffälliges Übergewicht der Dauern 3, 4, 6.

Mit gutem Gewissen darf man für Tutti I und Solo I den Terminus »Exposition« verwenden – zumindest in bezug auf die Dauernorganisation. Analog dazu könnte man die folgenden Abschnitte (Tutti II bis Solo III,2) als Durchführung ansprechen. Sie werden fast zur Gänze von drei rhythmischen Zellen beherrscht, die aus den in Solo I so hervorgehobenen Dauern 3, 4, 6 zusammengesetzt sind. Man kann hier wohl noch von Motiven sprechen, wenn auch der melodische Aspekt zugunsten des rhythmischen völlig ausgeschaltet ist. Die erste Zelle (im folgenden »Motiv A«) besteht aus einer dreifachen Ton-/Klangwiederholung im Rhythmus 3+3+6, kann also auch als Unterteilung der Maximaldauer 12 im Verhältnis 1:1:2 betrachtet werden. »Motiv B« hat die Gestalt einer Tonwiederholung im Rhythmus 4+6, repräsentiert also auch die 2:3 unterteilte Dauer 10. »Motiv C« schließlich ist eine Tonwiederholung im Rhythmus 4+4, unterteilt also Dauer 8 im Verhältnis 1:1.

Die vom informierten Hörer zumindest in groben Zügen nachvollziehbare »motivische Arbeit« besteht in der schrittweisen Verkürzung der Motive durch Abzug je eines Sechzehntels von jedem einzelnen Glied. Nachdem die kürzest möglichen Motivformen erreicht sind, wird der Vorgang umgekehrt. Abermals also eine palindromische Gesamtanlage. Und wie im Falle des Taktschemas von Solo III,3 wird die Spiegelung auch hier vor dem Erreichen der Ausgangssituation abgebrochen.

Flötenkonzert, Solo II,1 (Anfang)

Flötenkonzert (1954)

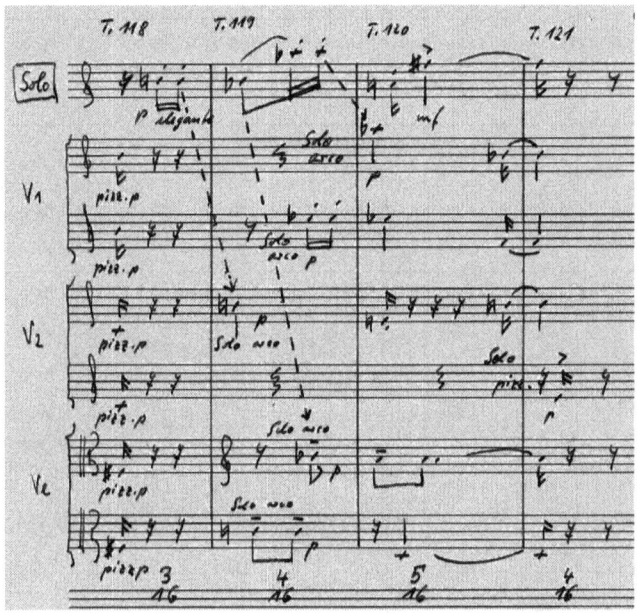

Flötenkonzert, Solo II,2 (Anfang, 2. Takt ff.)

Parallel zu diesem Prozeß wird die Exposition der Dauern in nicht unterteilter Form fortgesetzt. Dabei holt Maderna, bildlich gesprochen, noch einmal aus und beginnt noch einmal bei den mittleren Dauern. Dauer 11 erscheint zum ersten Mal in Tutti III, Dauer 12 erst in Solo III,1.

Das Schema auf der folgenden Seite gibt in vereinfachter Form einen Überblick über den Ablauf der beschriebenen Vorgänge:

| Flötenkonzert: Organisation der Rhythmen und Dauern in Tutti II-Solo III,1 ||||||
|---|---|---|---|---|
| Motiv | Modus | Geltungs-<br>bereich | Parallel-<br>prozeß | Bemerkungen |
| 12 ♪. ♪. ♩.<br>10 ♩. ♩.<br>8 ♩ ♩ | A<br>B<br>C | Tutti II<br>T. 73-90<br>und<br>Solo II,1<br>T. 91-108 | | Tutti II, T. 81<br>u. 87 auch ein<br>Motiv 9:<br>♪. ♩. |
| 9 ♪ ♪ ♪♪<br>8 ♪. ♪♪<br>6 ♪. ♪. | A-1<br>B-1<br>C-1 | Solo II,1,<br>T. 105-113 | feldweise<br>Einführung<br>ungeteilter<br>Dauern: | |
| 6 ♪ ♪ ♩<br>6 ♪ ♩<br>4 ♪ ♪ | A-2<br>B-2<br>C-2 | Solo II,1<br>T. 114-15 bis<br>Solo II,2<br>T. 117-124 | T. 114: 6 u. 7<br>T. 115-121: 5 | Tuttieinschub<br>»7« auch als<br>Verkürzung<br>des<br>9erMotivs:<br>♪ ♪♪ |
| 5 ♪ ♪ ♪.<br>4 ♪ ♪.<br>2 ♪ ♪ | A-3*<br>B-3<br>C-3 | Solo II,2<br>T. 124-133 | T. 126-132: 6 | |
| 4 ♪ ♪ ♪<br>3 ♪ ♪ ♪<br>3 ♪ ♪<br>2 ♪ ♪ | A-4*<br>A-5*<br>B-4*<br>B-5*(=C-3) | Solo II,3<br>T. 134-153 | T. 134-144: 7<br>T. 143-147: 8<br>T. 148-151: 9 | Verkürzung<br>um 4 und 5<br>16tel nicht<br>mehr in<br>getrennten<br>Form-<br>abschnitten |
| 5 ♪ ♪ ♪.<br>4 ♪ ♪.<br>2 ♪ ♪ | A-3*<br>B-3<br>C-3 | Solo II,3<br>T. 153-154 bis<br>Tutti III<br>T. 155-167 | T. 155-165: 10 | |
| 6 ♪ ♪ ♩<br>6 ♪ ♩<br>4 ♪ ♪ | A-2<br>B-2<br>C-2 | Tutti III<br>T. 168-180 | T. 170-180: 11 | erstes<br>Auftreten<br>ungeteilter<br>Dauern > 10 |
| 9 ♪ ♪ ♪♪<br>8 ♪. ♪♪<br>6 ♪. ♪. | A-1<br>B-1<br>C-1 | Solo III,1<br>T. 181-197 | T. 192-197: 12 | |
| * 16tel werden nicht weiter verkürzt |||||

Zwei gegensätzliche Partiturbeispiele sollen das Gesagte verdeutlichen. Notenbeispiel 1 zeigt die vier Anfangstakte von Solo II,1. Mit Ausnahme der an vier Stellen eingestreuten Dauer 1 sind alle Ereignisse aus den unverkürzten Motiven A, B und C abzuleiten.[6] In Takt 92/93 wird das vom Solisten auf $a^2$ begonnene Motiv A von den fünf Soloviolinen 2 fortgeführt. Ansonsten wird an dieser Stelle jedes Motiv in der Stimme fortgeführt, in der es beginnt (s. Notenbeispiel S. 36).

Das Notenbeispiel auf S. 37 gibt einen Ausschnitt vom Beginn des nächsten Formteils, Solo II,2, wieder. Ganz zu Anfang und an zwei weiteren Stellen im Verlauf wieder eingestreute Klänge der Dauer 1; im übrigen herrschen die Motive A, B, C in der Verkürzungsstufe um zwei Sechzehntel. Im Gegensatz zu der auf S. 36 angeführten Stelle ist hier die durchbrochene Arbeit, die »Klangfarbenmelodie« zum Prinzip erhoben: In Takt 118 wandert Motiv $A^{-2}$ vom Solo zur Violine 2,1; Takt 119 dasselbe Motiv vom Solo zur ersten Geige; nicht durchbrochen durchgeführt werden $A^{-2}$ in Violine 1,2 $B^{-2}$, und $C^{-2}$ in den Bratschen. In Takt 120 sind noch zwei Akkorde der Dauer 5 zu sehen, die dem Parallelprozeß, der noch einmal mit dieser Dauer beginnenden Exposition der Dauern, entstammen.

Mit Solo III,2 hat die motivisch zu nennende Arbeit mit den Dauern ein Ende und weicht einem Verfahren, das man statistisch nennen könnte. Alle zwölf Dauern sind nun exponiert, werden aber zu keinem Zeitpunkt gleichzeitig eingesetzt. Zum Beispiel ist der letzte auftretende Klang der Dauer 11 bereits verklungen, wenn in diesem Abschnitt zum ersten Mal Klänge der Dauern 7 oder 8 auftreten. Jeder Takt von Solo III,2 hat somit ein eigenes Dauernprofil, und Taktverbände desselben Dauernprofils lassen sich zu unterschiedlich ausgedehnten Bereichen zusammenfassen. So werden im gesamten Anfangsbereich nur die Dauern 2, 3, 4, 6, 10, 12 eingesetzt. Mit dem Schema von S. 40 wurde versucht, eine sinnfällige Darstellung für diese Arbeitsweise zu finden: Markiert wurde der Bereich, in dem die entsprechenden Dauern auftreten können, d.h. genau fixiert wurde der erste und der letzte Einsatz. Die Schraffur der diese Bereiche symbolisierenden Pfeile deutet an, daß auch innerhalb des Bereichs mehr oder weniger ausgedehnte Strecken zu denken sind, in denen die jeweilige Dauer ausgespart bleibt. Eine weitere Aufrasterung der Darstellung wäre möglich, erschien aber nicht sinnvoll, da sich auch durch sie keine planvolle Anordnung der Dauernprofile ergibt. Die Grundtendenz wird ohnehin deutlich: Ab Takt 238 werden die längeren Dauern massiv abgebaut, nach Expositi-

---

6   Die Überbindung T.92/93 in der ersten Violine wurde nachträglich aus der Partitur ausgestrichen.

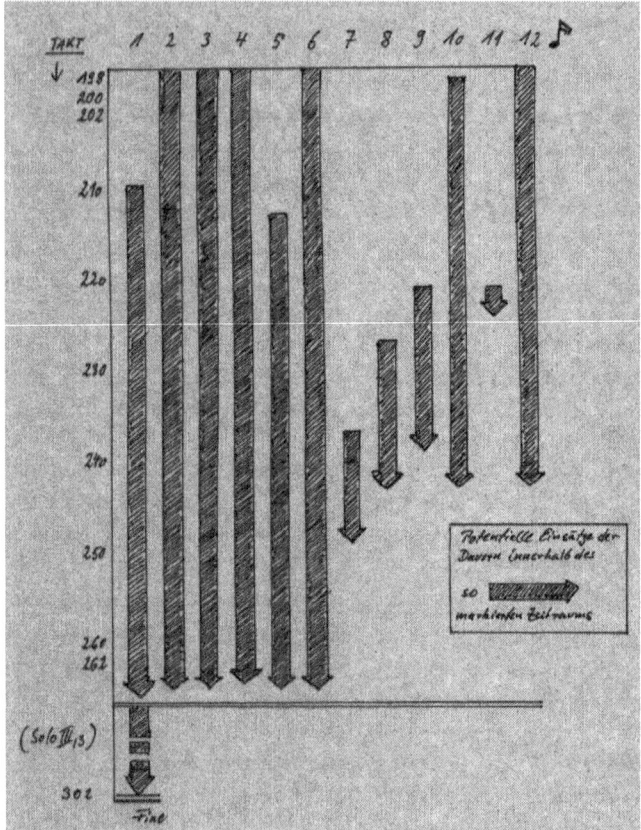

Flötenkonzert, Grobverteilung der Dauern in Solo III,2

on und Durchführung beginnt nun ein Prozeß, den man als Reduktion bezeichnen könnte. Am Ende bleibt nur noch der erste »Hexachord« der Dauernskala, für Solo III,3 gar nur die Grunddauer (s. Schema S. 40).

## Die Organisation der Tonhöhen

Das *Flötenkonzert* enthält keine Zwölftonreihen in ungebrochener Form. Nach einem Blick auf das Skizzenmaterial zu anderen Werken wird man dennoch schließen müssen, daß auch hier am Anfang mehrere Grundreihen gestanden haben. Mit Hilfe von Permutationen oder magischen Quadraten pflegte Maderna aus einer geringen Zahl von Grundreihen eine große Zahl weiterer Reihen abzuleiten, die als Material – und dieser Begriff ist hier abseits adornitischer Emphase im Wortsinne als Rohstoff zu verstehen – für weitere Operationen dienten, die auf mitunter verschlungenen Pfaden zum eigentlichen Notentext führten. Mit einem solchen Verfahren hat Horst Weber in seinem Aufsatz über das Streichquartett bekanntgemacht,[7] ein anderes wird bei der Diskussion des *Klavierkonzerts* geschildert werden. Beide Verfahren, wie auch die meisten anderen, die Maderna nach der Übernahme serieller Techniken angewandt hat, haben zur Folge, daß die klassischen Reihenoperationen im Werk selbst normalerweise völlig in den Hintergrund gedrängt sind und oft gar nicht mehr relevant scheinen. Weder wird die Reihe im Sinne Schönbergs motivisch/thematisch genutzt, noch wird sie Gegenstand ausgeklügelter intervallischer oder proportionaler Spekulation wie bei Webern.

Ehe wir uns den wenigen Stellen zuwenden, an denen der Komponist im *Flötenkonzert* einen Blick in seine Werkstatt zuläßt, ist es angebracht, auf einige der Verfahren kurz einzugehen, derer Maderna sich in der erwähnten Materialbeschaffungsphase zu bedienen pflegte. Von zentraler Bedeutung ist hier die Verschlüsselung der Tonqualitäten mit den Zahlen von 1 bis 12, und zwar ausgehend vom Ton A chromatisch aufsteigend zum As/Gis. Dieser Zahlenschlüssel begegnet in den nachgelassenen Skizzen auf Schritt und Tritt. Er erlaubt die Anwendung von rechnerisch-zahlentheoretischen Operationen unmittelbar auch auf musikalische (oder vormusikalische) Materialien – daß Maderna an solchen Operationen offenbar Gefallen fand, dürfte die Besprechung der metrischen und rhythmischen Organisation des *Flötenkonzerts* hinreichend belegt haben. Madernas Zahlencode – der, das sei eigens noch einmal betont, stets den Ton A mit der Nummer 1 belegt – legt den Schluß nahe, daß es im Grunde die schlichte chromatische Tonleiter von A zu Gis/As ist, die als geheime »Grundreihe« im Hintergrund der Überzahl, wenn nicht aller seiner Kompositionen agiert.[8] Unterstützt wird die Vermutung von einem Blick auf die anderen Parameter des Tonsatzes: Wie bereits demonstriert, ist es nichts anderes als die »chromatische« Skala der Dauern von 1 bis 12 Sechzehnteln Länge, die gleich einem großen Bogen das *Flötenkonzert* umspannt. Auf derlei konti-

---

7   E.S.Z. *Miscellanea del cinquantenario*, S. 206-215
8   Ein paralleler Fall wäre die bekannte Allintervall-Reihe bei Luigi Nono. Die findet sich unter Madernas Skizzen übrigens als »SERIA FONDAMENTALE«.

niuerlich ausgestufte, eben quasi chromatische Entwicklungen wird bei der Diskussion der anderen Konzerte noch mehrfach einzugehen sein.

Stärker als die Codierung der Tonqualitäten schlägt sich im endgültig redigierten Partiturtext freilich die Fixierung der Oktavlage der Töne nieder. Über weite Strecken sind die Partituren Madernas von Abschnitten gekennzeichnet, innerhalb derer identische Tonqualitäten stets in ein und derselben Oktavlage auftreten. Maderna nannte die Zuweisung der Oktavlagen, oder besser: die Tafeln, auf der er diese bei der Konzeption niederschrieb, »piani armonici« und verwandte auf diesen Schritt der Vorbereitungen (nach der Anzahl der vorhandenen Tafeln etwa beim *Klavierkonzert* zu urteilen) viel Arbeit. Auch die Harmonik des *Flötenkonzerts* ist über weite Strecken von solchen *piani armonici* bestimmt. Sie rufen in der Partitur häufig den Eindruck eines (nicht immer) zwölftönigen Akkordes hervor, dessen einzelne Töne ein- und ausgeschaltet werden und in dem melodische Bewegung als Resultat der Verbindung mehrerer Akkordtöne erscheint. Wir haben es im Grunde mit einer harmonischen Konzeption zu tun, die nicht sehr weit entfernt zu sein scheint vom Begriff des Arpeggios oder des gebrochenen Akkordes.

Deutlicher als sonst irgendwo läßt sich das Zusammenwirken von Zahlencode und *piani armonici* an den drei Eingangstakten des *Flötenkonzerts:* In dieser ersten, zwölf Sechzehntel langen Gruppe erscheint jeder Ton des chromatischen Totals vier Mal, und immer in derselben Lage. Abweichungen kommen vor, aber ohne daß durch sie das Prinzip ernsthaft in Frage gestellt würde. Der gültige *piano armonico* lautet:

$C_1$ $As_1$ Des es fis g h $f^1$ $e^2$ $a^1$ $d^3$ $b^3$.

Nach Madernas Code chromatisch angeordnet, ergibt sich das Bild der Schemas auf S. 43.

Die Einsätze der Töne 7, 8, 9, 10, 11, 12 verhalten sich zu denen der Töne 6, 5, 4, 3, 2, 1 wie Grundgestalt und Krebs. Auch bei den im Schema angegebenen Abweichungen bleibt das Bild doch immer randscharf. Ein Kabinettstück: die Akkorde der Anfangstakte erscheinen krebsläufig in den vier Flöten am Schluß des Konzerts. Es bedarf nur geringer Aufräumungsarbeiten, um die Flötenstimmen zu vier Zwölftonreihen zu ordnen, von denen je zwei sich zueinander verhalten wie Grundgestalt und Krebsumkehrung. Im Gegensatz zur sehr weiten Lage des *piano armonico* vom Anfang verweist der hier am Schluß gültige alle Töne in die eingestrichene Oktave, so daß man von einem auskomponierten Cluster sprechen kann. Dergestalt zielgerichteter Anordnung der *piani armonici* werden wir noch häufiger begegnen (s. Notenbeispiel S. 44).

Flötenkonzert (1954)

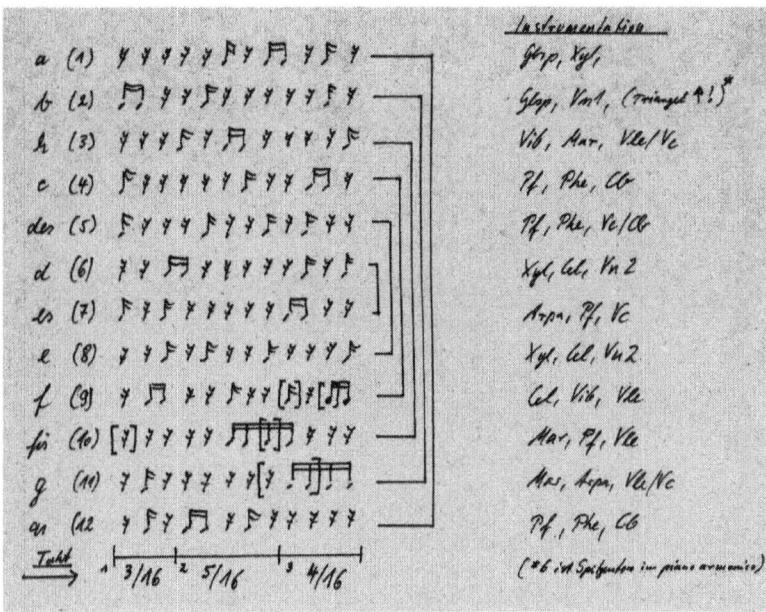

Flötenkonzert, Tutti I (Anfang), Rhythmus der Tonqualitäten

Der Krebs des Anfangs in den zitierten Schlußtakten ist der Beginn einer Spiegelung, die sich noch ein Stück weit durch Solo III,3 verfolgen läßt, deren Spur sich aber im Verlaufe immer mehr verliert und schließlich unkenntlich wird. Eine etwa vorhandene Spiegelachse für das gesamte Werk zu entdecken, ist mir nicht gelungen.

Es soll nicht verschwiegen werden, daß die auf die Takte 1 bis 3 angewandte Verschlüsselung schon bei der Analyse des nächstfolgenden Taktverbands wenig Erhellendes zutage fördert. Das muß jedoch nicht ausschließen, daß eine andere Anordnung der Zahlen/Töne in der Senkrechten in einem wie auf S. 43 benutzten Schema Ergebnisse zeitigen würde. Gelegentlich scheint jedoch auch im weiteren Verlauf eine Anordnung nach dem benutzten rein chromatischen Schlüssel mitzuspielen. So ergeben in Tutti III die in der Dauer 10 erklingenden Töne einen symmetrischen Akkord um 5 (=Des): in den Takten 155-166: 1 und 9 (=A und F), 2

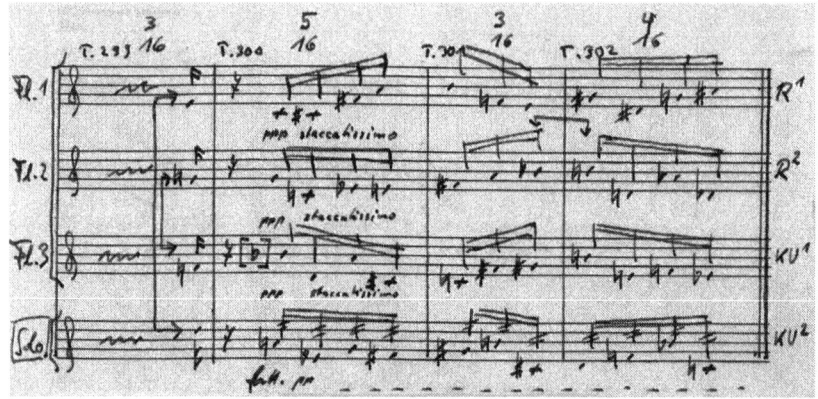

Flötenkonzert, Schlußtakte

und 8(=B und E) sowie 4 und 6 (=C und D). Wenig später in Solo III,1 (T. 188-191) eine ähnlich symmetrische Bildung um Ton 4 (=C), in die auch Motiv $A^{-1}$ einbezogen ist (s. Abb. S. 45).

Festzuhalten ist, daß beide Bildungen, deren Zahl sich leicht erhöhen ließe, als Teile einer offenbar mehrschichtigen Anlage von weiteren Prozessen überlagert werden.

# Das Verhältnis Tutti-Solo

Es wurde oben gezeigt, daß sich der Formplan der Dauernorganisation – offenbar eines der zentralen Themen des *Flötenkonzerts* – nicht mit der Einteilung von Solo- und Tutti-Abschnitten deckt: Die Exposition der Dauern 1 bis 10 erstreckt sich über Tutti I und Solo I, die Arbeit mit den drei rhythmischen Zellen über die beiden restlichen Tutti und die dazwischenliegenden Soli. Dieser unterirdischen Vereinheitlichung der Formteile steht die bis zum Überdeutlichen getriebene Kontrastierung in der Behandlung der traditionell als akzidentiell betrachteten Parameter gegenüber. Stärker noch als der Eintritt des Solisten erlaubt die unterschiedliche Handhabung der im weiteren Sinne zur Klangfarbe gehörenden Aspekte: Artikulation, Dynamik, Spielweise, Dichte dem Hörer die Wahrnehmung

Flötenkonzert (1954)

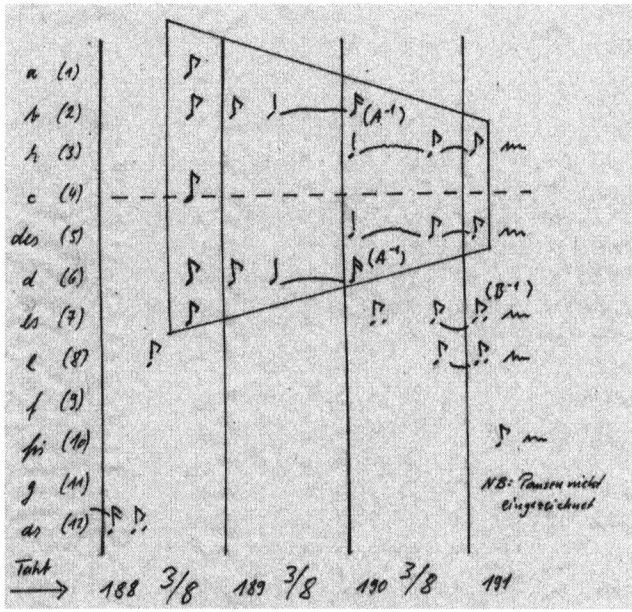

Flötenkonzert, Solo III,1, T. 188-191, Symmetriebildung um c (= 4)

der Großform, die Unterscheidung von drei Tutti und nachfolgenden Soli. Drei Merkmale sind es vor allem, die Orchester- und solistische Abschnitte zu so unterschiedlichem Klang verhelfen: A) *Dynamisch* ist für die Tutti ein nur selten modifiziertes Dauerforte kennzeichnend; die Soli hingegen bewegen sich überwiegend im Pianobereich oder bieten differenzierte Bezeichnungen; Solo III,3 erscheint wegen seiner »sempre pp«-Vorschrift nachgerade als Negativ der Tutti-Abschnitte. B) »*Dichte*«: den luftigen, teils pointillistisch, teils kammermusikalisch wirkenden Solo-Episoden stehen in den Tutti massiv besetzte Klangflächen gegenüber. C) *Artikulation/Spielweise*: kennzeichnend ist für die Soli hier Legato, Portato, Arco, normale Spielweise, für die Tutti (je nach Instrumentengattung) Tremolo, Flatterzunge, Staccato, Pizzicato, Legno battuto, Springbogen. In der Abb. von S. 34 (s.o) wurde versucht anzudeuten, wie sich das im Werk konkret ausnimmt. Sämtliche in der Skizze einheitlich durch Tremolozeichen markierte Einsätze – und das sind fast alle, die die Grunddauer 1 überschreiten – sind durch tremolierende Spielweisen zumindest eingefärbt, d.h. nicht immer sind alle an einem solchen Einsatz beteiligten Stimmen betroffen. Das, was hier vereinfachend als tremolierende Spielweise be-

Flötenkonzert (1954)

Flötenkonzert, T. 36-41 der Partitur

zeichnet wurde, erweist sich bei näherer Untersuchung freilich als ebenso sehr mit der Organisation der Dauern verquickt wie mit der der Klangfarbe. Fast könnte man die Behauptung wagen, der Übergang zwischen den Parametern sei bewußt auskomponiert. Denn Tremolo, Flatterzunge u. ä. sind schließlich die dichteste Form der Unterteilung der Sechzehntel-Grunddauern in mehr oder weniger schnelle (dichte) Tonrepetitionen, eine Unterteilung, wie sie zumindest im Sinne der erwähnten Einfärbung der längeren Dauern in den Tutti obligatorisch ist. Das Notenbeispiel von S. 46 zeigt einen typischen Ausschnitt. Es handelt sich um die zweite und dritte Exposition der Dauer 8 in Tutti I. Ungeteilt erscheint diese Dauer lediglich in Cello 3 und 4, sonst wird sie in Repetitionen aufgelöst. Dabei sind neben der Aufteilung in Grunddauer 1 etwas langsamere (Duolen) und etwas schnellere (Quartolen, Quintolen)Repetitionen zu beobachten, zusätzlich natürlich das Tremolo i.e.S., sei es eines einzigen Tones oder zwischen verschiedenen Akkordtönen. Derlei Vorstöße in den »Mikrobereich« der Dauern begegnen im *Flötenkonzert* fast ausschließlich als vertikale Konzeption und an die Tutti gebunden. Treten sie innerhalb der Solo-Episoden auf, so besitzen sie in Partitur- und Hörbild Signalwirkung: Tuttieinwurf. Unweigerlich denkt man an die Ritornell-Praktiken des barocken Konzerttyps. Ein Beispiel: mit dem Beginn des ersten Solos (Takt 49) ändert sich die Satzweise schlagartig. Die längeren Dauern erscheinen nun nicht mehr in Repetitionen aufgelöst oder als Tremolo, sondern ungeteilt; zum ersten Mal auch wird der weiche Klang der Streicher (arco, con sordino) eingesetzt. Wenige Takte (T. 56/57) später werden die ersten Gehversuche des Solisten von einem tutti-typischen Einwurf der Streicher unterbrochen: Es erscheinen Klänge der Dauern 4 und 10 in den Spielweisen Pizzicato, Springbogen oder Tremolo und unterteilt (nur Dauer 10) in Achtel, Achteltriolen und Sechzehntelquintolen. Aufgrund des vorgeschriebenen Pianissimos erscheint der Streichereinwurf nur als kurze Unterbrechung, während die durch eine ähnlich zurückhaltende Stelle vorbereitete Flatterzungenpassage der Blechbläser im Forte (T. 69-72) unmißverständlich das erste Solo abschließt und zum zweiten Tutti hinleitet.

Ein weiteres Beispiel: drei Takte vor dem Beginn von Solo II,2 (T. 114) reicht ein kurzer, lediglich 6 bzw. 7 Sechzehntel langer Rückgriff auf die Modalitäten von Tutti I (diverse geschichtete Unterteilungen, *suoni fissi* und Streicher im Pizzicato), dem Hörer den Anfang eines neuen Abschnitts anzudeuten.

Selbstverständlich beläßt es Maderna nicht bei der bloßen Gegenüberstellung der zwei Klangwelten Tutti/Tremolo und Solo/stabil. Nachdem

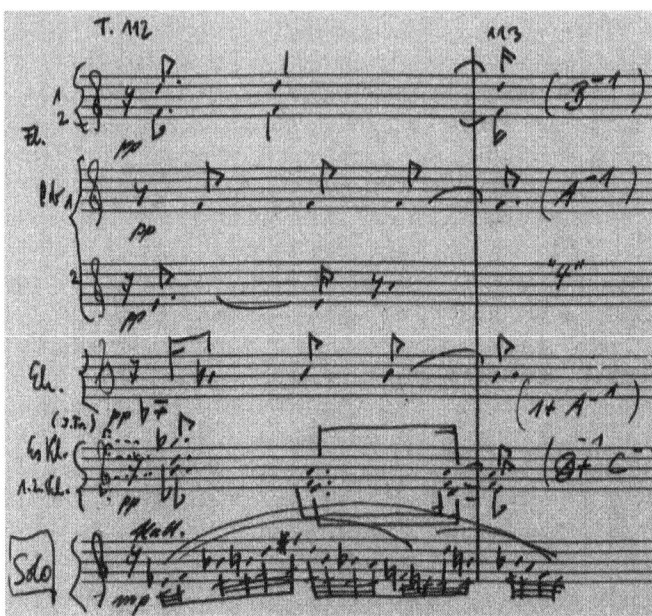

Flötenkonzert, Solo II,1, T. 112f., melodische Auffächerung des
motivischen Geschehens durch den Solisten

die Modalitäten durch Tutti I und Solo I hinreichend klar exponiert werden, kann er sich daranmachen, sie zu vermischen. Das allerdings tut er nur in Maßen. Zwar sind auch die in Tutti II und III verwendeten Motive A, B, C in mehr oder weniger dicht gewebte Klangflächen aus Tonrepetitionen eingebettet, doch treten sie, zumal im letzten Tutti stärker hervor als die selten in Tutti I gespielten längeren Dauern normaler Klangfarbe.

Annäherung auch andersherum: wie aus der in Abbildung 3 gegebenen Übersicht hervorgeht, besteht die letzte Verkleinerungsform der Motive A bis C nur noch aus einer zwei- bzw. dreimaligen Wiederholung eines Sechzehntels. Damit wird in den zentralen Soli II,2 und II,3 eine Verwandtschaft zu den Tutti erreicht, die durch die für die Verhältnisse der Solo-Episoden recht ausgiebig genutzte Staccato-Vorschrift unterstrichen wird.

Wie sieht das Verhältnis zwischen dem Solisten und dem Ensemble innerhalb der Solo-Episoden aus? Aus dem bereits Gesagten und aus den angeführten Notenbeispielen dürfte bereits deutlich geworden sein, daß es sich bei Madernas *Flötenkonzert* weder im alten noch im neuen Sinne um ein Virtuosenkonzert handelt – auch wenn es einem herausragenden Virtuosen gewidmet ist. In allen Beispielen, die wir bis jetzt sahen, ist der Solopart aufs strengste in den Orchestersatz verwoben, diskret hervorgehoben lediglich durch

- Dynamik: Notenbeispiel 1, Solist als einziger forte;
- Instrumentation: Notenbeispiel 2, Solist als einziger Bläser;
- Spielweise: Notenbeispiel 3, Solo Flatterzunge,[9] zusätzlich pp gegenüber dem dreifachen Piano der Orchesterflöten.

Die aus den zitierten Beispielen ersichtliche Integration der Soloflöte ins Ensemble ist im *Flötenkonzert* die Regel. Selten nur hat der Solist die Möglichkeit, durch Virtuosität hervorzutreten. Wo dies doch einmal erlaubt ist, geschieht es auf unvermutet klassische (barocke!) Weise: Rasche Passagen erweisen sich als Auffächerung von Akkorden des Orchesters – eine Folge des Konzepts der *piani armonici* (s. Notenbeispiel S. 48).

Selten genug auch reißt der Solist die (quasi) thematische Führung an sich. Eine dieser Gelegenheiten ist am Ende von Solo II,1 (T. 115/116) zu finden. Dort gibt er fortissimo und in exponierter Lage ($c^3$ und $des^3$) die Losung für den Fortgang aus: dritte Verkürzungsstufe der rhythmischen Zellen, eingestreute Dauer 5.

Rudimentär bleiben ferner die Ansätze zu der für die späteren Konzerte so überaus wichtigen *melodia assoluta*.[10] Man trifft auf Melodiefetzen, die eher beim Studium der Partitur wegen ihrer Vortragsbezeichnungen bedeutsam scheinen (sereno, sempre cantato, molto espressivo etc.) als beim Hören.

Mit bewußter Zurückhaltung ist endlich die Introduktion des Solisten gestaltet. Die Soloflöte meldet sich zunächst dreimal mit dem Ton $c^3$ zu Wort, dazwischen liegen ausgedehnte Pausen; die Intensität wird zaghaft gesteigert (piano, Dauer 2; piano espressivo, Dauer 3; piano, ancor più espressivo, Dauer 4). Dann erst mit dem Intervall $des^3 - as^2$ ein erster zögernder Versuch zu melodischer Gestaltung (mezzoforte dim., Dauern 4,4). Eine Introduktion also, wie sie sich vorsichtiger skaliert kaum denken läßt. Hinzu kommt, daß die ersten zwei C noch durch ein Unisono der Harfe bzw. der Celesta abgetönt werden.[11]

---

9 Man könnte nach den Ergebnissen unserer Analyse angesichts dieser letzten Takte ins Grübeln kommen: Hier, in den allerletzten Klängen des Konzertes ist dem Solo die tremolierende Spielweise zugewiesen, den Orchesterflöten die stabile – eine genaue Umkehrung der Ausgangssituation.
10 Der Ausdruck wurde von *Mila*, a.a.O., geprägt.
11 Das dreimalige Ansetzen auf C – als Ton an sich kaum weniger archetypisch

Ebenso unspektakulär ist die Gestaltung des Finales. Wie beschrieben, enthält Solo III,3 ausschließlich Klänge der Dauer 1. Die Instrumente des Orchesters, deren Zahl dem Ende zu immer geringer wird, bilden Phrasen von zwei, höchstens drei Tönen, sofern sie sich nicht völlig auf den Einzelton beschränken. Einzig der Solist spielt längere, nicht durch Pausen getrennte Tonfolgen. Ganz am Schluß jedoch wird der Solopart Note gegen Note mit den verbliebenen Instrumenten des Orchesters geführt, den drei Flöten: die Zurücknahme ins Ensemble ist perfekt.

# Zusammenfassung

Zusammenfassend: Madernas *Flötenkonzert* (1954) ist ein Werk undogmatischer Serialität. Das Klangbild wechselt zwischen akkordisch flächenhafter Konzeption vor allem in den Tutti-Abschnitten und kammermusikalischer bis pointillistischer Setzweise in den Solo-Episoden. Durch die Verwendung von rhythmischen Kernzellen mit Motivcharakter erscheint der Eindruck des Pointillismus im Mittelteil des Werkes gemildert. Konzerttechnisch ist das *Flötenkonzert* trotz seiner klaren Unterscheidung von Tutti und Soli wegen des überwiegend ganz in den Orchestersatz verwobenen Soloparts dem »integralen« Typus zuzurechnen. In diesem Punkt unterscheidet es sich von den späteren Konzerten Madernas, sieht man einmal vom *Klavierkonzert* ab, auf das schärfste; sogar eine Kadenz fehlt. Die Großform des *Flötenkonzerts* ist das Ergebnis einer Schichtung von Prozessen und Verfahrensweisen, die einander teilweise diametral entgegengesetzt scheinen. Die Unterscheidung von Tutti und Soli beruht auf dem Prinzip des Kontrastes, während die Organisation der Dauern, die »motivische Arbeit« und das vertikale Tutti-Solo-Verhältnis während der Solo-Episoden auf dem Prinzip des fließenden, oft skalenhaft ausgestuften Übergangs beruht. Die Form ist somit trotz der auffälligen Tutti-Solo-Gliederung an der Oberfläche von traditionellen Mustern weitgehend unabhängig. Das bedeutet nicht, daß die Erinnerung an traditionelle Elemente vollkommen verschüttet ist. Wer will, mag in Tutti II und Solo II,1 (Anfang), in denen zum ersten Mal die Motive A, B, C aufscheinen, deren Tutti- und Solo-Exposition sehen. Das freilich wäre eine Analogie zum klassischen Konzert-Allegro, die eher terminologischer Natur ist, als daß

als das A – läßt hier nun doch an einen nachgeholten Urton-Anfang denken. Im Unterschied zu den späteren Werken ist hier dem Solisten freilich die »Begleitung« durchs Orchester an die Seite gestellt.

sie den Intentionen des Komponisten gerecht würde. Die im Zusammenhang fast bestürzend klassizistisch wirkende, von tänzerischem Serenadengeist geprägte Solo/Streicher-Episode, deren Anfang auf S. 37 zitiert wurde, dürfte nach dem Befund der späteren Konzerte allerdings voll in dessen Absicht gelegen haben. Solo III,2 besitzt wegen seines etwas gemäßigteren Tempos II und besonders seiner zu Beginn gehäuften längeren Dauern noch ein wenig Adagio-Charakter, während der Schluß, Solo III,3 zwar nicht den Charakter einer Stretta besitzt, aber doch immerhin aufgrund der durchgehenden Sechzehntel-Bewegung und des ständig beibehaltenen Staccatos, vor allem aber wegen des Abschiedssymphonie-Effekts klar als Coda dasteht.

Mit dem folgenden Schema wurde versucht, die hauptsächlichen Prozesse des *Flötenkonzerts* in Form einer Synopse darzustellen.

| Abschnitt | Taktfolge | Dauern | Dynamik | Klangfarbe | »Tradition« |
|---|---|---|---|---|---|
| Tutti I | $\frac{3+4+5}{16}$ permutiert | statistisch: Dauern 1< 10 | f sempre | stacc., pizz. Dauern > 1 Flatt., Tremolo | Introduktion Tutti |
| Solo I | $\frac{4}{8}$ stabil | | Pianobereich < > differenziert | normal | Introduktion Solo |
| Tutti II | $\frac{3+4+5}{16}$ permutiert | motivisch: A, B, C palindromische Verkürzung und Wiederverlängerung bis $A^{-1}, B^{-1}, C^{-1}$ | f sempre | wie Tutti I | Exposition Tutti |
| Solo II,1 | $\frac{4}{8}$ stabil | | | | Exposition Solo |
| Solo II,2 | $\frac{3+4+5}{16}$ permutiert | | Pianobereich < > diff. | normal | Durchführung, darin Serenadenintermezzo |
| Solo II,3 | $\frac{2+3+4+5}{8}$ permutiert | | | | Weg zur Reprise |
| Tutti III | $\frac{2+3+4+5}{16}$ beständig verkürzt | statistisch: Dauern 9 < 12 | f sempre | wie Tutti I | |
| Solo III,1 | 2/8, 3/8, 4/8, 5/8 | statistisch: 5 > 1 | Pianobereich < > diff. | normal | Überleitung (rall.) |
| Solo III,2 | $\frac{2,3,4,5}{8}$ Palindrom | | | | Adagio (Tempo II) |
| Solo III,3 | $\frac{2,3,4,5}{16}$ Palindrom | | pp sempre | staccatissimo sempre | Coda (Tempo I) |

# Klavierkonzert

»...uno dei lavori più selvaggi e sperimentali di Maderna, diciamo pure uno dei più aspri all'ascolto«, nennt Mila das *Klavierkonzert* (*Mila*, S. 50). Ein Urteil, dem man sich fürs erste anschließen kann. Die »Hörhilfen«, die wir noch im *Flötenkonzert* namhaft machen konnten: »motivische Arbeit« mit rhythmischen Zellen, Stellen, die die Erinnerung an traditionelle Satzmuster wachriefen, oder die überaus klare Gliederung in Tutti-Abschnitte und Solo-Episoden wird man hier vergebens suchen. Kein Wunder also, daß das von der Besetzung her aufwendige und technisch ungemein anspruchsvolle *Klavierkonzert* nach seiner Uraufführung kaum Verbreitung fand. Meines Wissens wurde es nur noch im November 1975 von John Tilbury im Rahmen einer Madernas Gedächtnis gewidmeten »Musik der Zeit«-Veranstaltung des Westdeutschen Rundfunks gespielt.[1]

Die Uraufführung des Stückes fand am 2. September 1959 in der Darmstädter Stadthalle statt. Solist war David Tudor, dem das Werk gewidmet ist. Bruno Maderna selbst leitete das RSO Frankfurt. Das im Zuge der an die Darmstädter Ferienkurse gekoppelten »Tage für Neue Musik« des Hessischen Rundfunks veranstaltete Konzert war mit Uraufführungen geradezu überfrachtet. Neben Madernas Konzert waren zum ersten Mal zu hören: *Aggregate* von Roland Kayn und vor allem Luigi Nonos *Composizione per orchestra n.2* mit dem Untertitel *diario polacco*. Wenn man Ugo Duse Glauben schenken darf, hat Maderna die Probenarbeit für sein Konzert zugunsten der Komposition des Freundes sträflich vernachlässigt: »Il suo *Concerto per pianoforte e orchestra*, nel 1959, fu letteralmente sacrificato al *Diario Polacco* di Nono.«[2] Dem Mitschnitt der Veranstaltung ist das allerdings kaum anzumerken. Auch Wolf Eberhard von Lewinski, der seinerzeit für *Melos* von den Ferienkursen berichtete, kam zu einer positiven Bewertung: »Bruno Madernas Klavierkonzert – ein Riesenorchester kontrastiert mit einem von Tudor gespielten und bearbeiteten[3] Klaviersolo

---

1 »Musik der Zeit II. Bruno Maderna im memoriam«. Das Konzert fand am 8. November 1975 unter der Leitung von Elgar Howarth im Kölner Funkhaus statt.
2 Ugo Duse, »Bruno Maderna e la critica italiana«, in: *Documenti*, S. 152-155.

– ist, zumindest im zweiten, langsam in allen Parametern proportioniert retardierenden Abschnitt, ein musikalisch erfülltes und unmittelbar ansprechendes Werk.«[4] Wesentlich mißmutiger ließ sich Everett Helm in der *Musical Times* vernehmen: »This is a work that seems destined to change in no way whatsoever the course of musical history, combining as it does the gestures of post-Webernism with the tricks of John Cage and Henry Cowell. Mr. Tudor could be seen, if not always heard through the unneccesarily huge orchestra, reaching into the piano to pluck the strings or to strike them with drumsticks. At one of the climaxes, he slammed the lid down in the best of Cage tradition.«[5]

Nimmt man die Urteile von Mila, Lewinski und Helm zusammen, hat man die auffälligsten Merkmale des *Klavierkonzerts* bereits beieinander: »selvaggio – aspro all'ascolto« ist die Klangwelt des Konzertes in der Tat. Madernas von Anfang an in der Presse so betonte »italianitá« ist wenig zu spüren. Vor allem der Anfang und der erste Teil bringen über weite Strecken klangliche Härten, die er in seinen späteren Konzerten sparsamer dosiert hat. Akkordballungen in oft mehrfachem Fortissimo, massiver Einsatz der Blechbläser, zerissene Faktur, extreme Lagen und Tempi, wildes, ja rasendes Agieren des Solisten, nicht zuletzt das Zuschlagen des (Tastatur-)Deckels, das sich auf dem Podium recht atavistisch ausnehmen muß, das alles erschwert den unmittelbaren Zugang zu dieser Partitur. Auf der anderen Seite ist Lewinskis Beobachtung zuzustimmen. Der ruhigere zweite Teil rundet das Werk im ganzen sehr wirkungsvoll zu einem sinnfälligen Gebilde, so man die Hürde des aggressiven ersten Teils ohne Widerwillen hinter sich gebracht hat. Helm schließlich nimmt eine recht genaue stilistische Einordnung vor: »combining the gestures of post-Webernism [...] with the tricks of John Cage and Henry Cowell.« Der Einfluß der von John Cage und Henry Cowell nach Europa gebrachten neuen Spielweisen ist evident: Der Partitur ist eine umfangreiche Legende vorangestellt, in der Notation und Hervorbringung erläutert werden. Zu den »tricks«, die für Madernas Entwicklung folgenreicher waren als die bloß spieltechnische Erweiterung der Mittel, zählt die Aleatorik, die im *Klavierkonzert* in begrenztem Ausmaß zur Anwendung kommt. Zusammen mit einer Version der zweiten Fassung von *Musica su due dimensioni*, veröffentlicht gleichfalls 1960, uraufgeführt 1958, in der dem Interpreten einiger Spielraum gelassen wird (*Documenti*, S. 226), haben wir mit dem *Klavierkonzert* den ersten Beleg für die Einbeziehung des »Zufalls« in Madernas Schaffen. Der Ort ist die 1. Kadenz. Hier ist dem Pianisten die Möglichkeit eingeräumt, die Reihenfolge der verschiedenen Zellen, aus denen sich die Kadenz zusammensetzt, selbst zu bestimmen, einige von ihnen zu wiederholen, bei einigen die Dauer innerhalb gewisser Grenzen nach eigenem Gutdünken zu handhaben oder bei festgelegter Aktion innerhalb bestimmter Parameter seine Wahl zu treffen, z.B. mit oder ohne Pedal zu spielen, crescendo oder diminuendo etc. Hinzu kommen gewisse Unschärfen infolge der durch die neuen Spieltechniken bedingten teils graphischen Notation. Inwieweit derlei auf die Anregung von Cage zurückgeht, ist kaum mehr zu beantworten. Daß die Behandlung des Zufalls in den Klavierkonzerten des Amerikaners und des Italieners wenig gemein haben, dürfte bereits aus dem Gesagten hervorgegangen sein. Wie bei anderen Vertretern der Darmstädter Schule, die sich in den Jahren seit ca. 1955 in der einen oder anderen Form mit der Aleatorik auseinandersetzten, Stockhausen etwa, dessen *Klavierstück XI* 1956 zur Aufführung gelangte, oder Boulez mit seinem Aufsatz »Alea« von 1957, speist sich die Hinwendung Madernas zur Aleatorik wohl auch aus Eigenem.

Bei Maderna scheint mir die Beschäftigung mit der elektronischen Musik in dieser Hinsicht ein bedeutender, wenn nicht entscheidender Faktor gewesen zu sein. In die Jahre zwischen die Entstehung des *Flötenkonzerts* und des *Klavierkonzerts* fällt die Gründung des Mailänder Studio di fonologia, und in rascher Folge entstehen Madernas erste elektronische Arbeiten: *Sequenze e strutture*, *Ritratto di città*, *Notturno*, *Synatxis* und *Continuo*. Im Jahr 1957 hielt Maderna in Darmstadt einen kurzen Vortrag, in dem er über seine Erfahrungen im Studio berichtete. Diese Arbeit habe sein Verhältnis zum musikalischen Material nachgerade umgekehrt, gestand er bei dieser Gelegenheit. Und wörtlich heißt es weiter:

> »Mentre il comporre strumentale è [...] preceduto da uno sviluppo di pensiero lineare [...] il fatto che nello studio elettronico si possano provare direttamente diverse possibilità di concretizzazione di strutture sonore, che attraverso manipolazioni continue si possano rinnovare e mutuare all'infinito le immagini sonore così ottenute [...], pone il musicista di fronte ad una situazione completamenta nuova.
>
> Il tempo ora si presenta come il campo di un grandissimo numero di possibiltà di ordinamento e di permutazioni del materiale appena prodotto. Noi ora proviamo forti propensioni a questo tipo di pensiero e di condotta anche nella musica strumentale.«[6]

---

5   Everett Helm, »Darmstadt Holiday Courses for New Music«, in: *Musical Times 100* (November 1959), S. 615. Den Hinweis auf die markige Rezension verdanke ich Steven H. Smiths' *The Piano Concerto after Bartók*. Rochester, New York, 1978 (Diss. Eastman School of Music).

Und weiter heißt es:

»[...] non si ascolta più in un tempo lineare, ma sorgono nella coscienza numerose proiezioni temporali che non si possono più rappresentare con una logica unidimensionale.«[7]

Mit diesen auf die elektronische Musik gemünzten Sätzen beschreibt Maderna recht genau das Wirken und die Grenzen des Aleatorischen in seinen Instrumentalwerken. Stets geht es um die Kombination und Manipulation von durch den Komponisten vorgegebenem Material. Der Interpret schlüpft bei der Aufführung somit zeitweilig in die Rolle des Komponisten im elektronischen Studio, so wie Maderna sie verstanden hat. Das freie Schalten und Walten mit den *immagini sonore* ist in den späteren Werken vor allem dem Dirigenten zugedacht – und das war in den meisten Fällen Maderna selbst. Die so gewonnenen Ergebnisse sind innerhalb gewisser Grenzen determiniert, die zu ihnen führenden Entscheidungen jedoch nicht; die zugrunde liegende Instanz ist nicht der Würfel, sondern die musikalische Intuition, auf die Maderna sich noch, oder besser: schon im zitierten Vortrag von 1957 berief:

»[...] decisi di abbandonarmi alla mia intuizione musicale piùttosto che lasciarmi guidare da considerazioni razionali.«[8]

Es wäre interessant, die Reaktion des damaligen Publikums auf dieses Bekenntnis zu kennen.

Von der 1. Kadenz abgesehen, ist Madernas *Klavierkonzert* ein Werk höchster serieller Disziplin, und es ist ambitioniert. Das bezeugt der große Orchesterapparat ebenso wie die immense Menge der vorbereitenden Skizzen: Über 300 Seiten sind erhalten. Wenn die bei Suvini Zerboni im Jahr 1960 erschienene Partitur auch den Titel *Concerto per pianoforte e orchestra 1960* trägt, so dürfte die Beschäftigung mit dem Werk doch bis auf das Jahr 1958 zurückgehen, wie Maurizio Romito im Werkverzeichnis richtig vermutet (*Documenti*, S. 228). Ein Skizzenblatt mit dem bereits recht weit gediehenen Partiturentwurf der nachmaligen Takte 69/70 trägt von der Hand des Komponisten die Marginalie »19 C+M+B 59«, was ohne weiteres den Schluß zuläßt, daß das Blatt um den 6. Januar 1959, den Dreikönigstag, entstanden ist. 1958 aber ist das Jahr von John Cages *Klavierkonzert*. Ob Maderna mit dem seinen den Beweis antreten wollte, daß die spieltechni-

---

6   Bruno Maderna, »Esperienze compositive di musica elettronica«, Conferenza tenuta il 26.7.1957, in: *Documenti*, S. 83-85.

7   a.a.O.

8   a.a.O.

schen Errungenschaften der amerikanischen Schule durchaus mit der europäischen Tradition von rationaler Konstruktion zu verbinden sind, daß ein Freiraum für den Interpreten nicht wie bei Cage automatisch zu völliger Anarchie und Beliebigkeit führen muß? Wir wissen es nicht. Wie so oft fehlt auch im Fall des *Klavierkonzerts* jede Äußerung Madernas. Auch hier nicht einmal eine Programmnotiz.

# Die Skizzen

Nicht weniger als 302 Skizzenblätter werden beim Fondo Maderna an der Universität Bologna dem *Klavierkonzert* zugeordnet. Diese Vorstudien böten wegen ihres Umfangs und der komplizierten und verschlungenen Wege, auf denen sie zum endgültigen Text führen, Stoff für eine eigenständige Arbeit. Ich muß mich an dieser Stelle daher auf die Darstellung einiger Grundzüge beschränken. Aus verschiedenen Gründen muß dabei einiges hypothetisch bleiben: Trotz der vom Fondo Maderna bewunderungswürdig geleisteten Identifizierung des teilweise schwer zu entziffernden Materials ist eine sichere Chronologie der Blätter noch nicht in Sicht. Es kommt hinzu, daß in Bologna nur schwarzweiße Fotokopien (teilweise von Hand nachkoloriert) der ursprünglich zum Teil farbigen Originale vorhanden sind.[9]

Ganz am Anfang der Konzeption des *Klavierkonzerts* dürften die Reihentafeln und Rhythmustabellen gestanden haben, die als knapp 50 Seiten umfassendes Paket überliefert sind. Vor den Reihentafeln befindet sich auf demselben Notenpapier wie diese folgende allgemeine Überlegung: »gruppi A B C D organizzati suoni e durate bisogna: studiare organamento in strutt. formali a mezzo polarità e assi armoniche naturali, poi: sistemare timbri, intensità, quindi: DINAMICA.« Kryptisch ist der mittlere Teil der

9  Da es mir trotz wiederholter Bemühungen nicht möglich war, von der Paul Sacher Stiftung in Basel Kopien der Skizzen zu bekommen, hat das mir nach einigermaßen flüchtiger Sichtung des Gesamtbestands zur endgültigen Auswertung zur Verfügung stehende Material stichprobenartigen Charakter. Zur Verfügung standen mir die Rhythmustabellen, Abschriften ausgewählter *piani armonici*, so wie eine Anzahl Einzelbeobachtungen. Für die Einführung in das Wesen und die Funktion der »Urpartituren« bin ich Maurizio Romito vom Fondo Maderna zu Dank verpflichtet, ferner Herrn Johannes Jansen für die Überprüfung einiger Angaben und die Übermittlung weiterer »Bodenproben« aus Bologna.

Bemerkung, da wir z.Z. noch nicht wissen, was Maderna unter »polarità e assi armoniche naturali« versteht. Möglich, daß es hier um die Betrachtung der durch die spezielle Organisation von Tonhöhe und Dauern in den vier Gruppen sich ergebenden harmonischen Verhältnisse geht. Klar geht aus der Bemerkung hervor, daß die Organisation von Klangfarbe und Dynamik nicht integral mit der von Tonhöhe/Dauern vorgenommen wurde, sondern in einem späteren Stadium, daß aber auch sie – wenn auch in größeren Zusammenhängen – serieller Zucht unterworfen werden sollte. Eine detaillierte Besetzungsliste, die unter der zitierten Überlegung aufgezeichnet ist, zeigt, daß Maderna von Anfang an ein überreich besetztes Orchester im Kopf hatte. Die Liste kommt der endgültigen Besetzung übrigens recht nahe, es fehlen jedoch die Oboen und die Saxophone. Vielleicht verdankt sich die Hinzuziehung der letztgenannten der Arbeit an dem Orchesterblues *Dark Rapture Crawl*, der kurz zuvor entstanden war. Dort kommen die Saxophone reichlich zum Einsatz. Im übrigen beruht das Stück auf demselben Reihenmaterial wie das *Klavierkonzert* (*Documenti*, S. 224). Die Gruppe der *suoni fissi* war in dieser Liste noch umfangreicher als in der Schlußfassung, sie umfaßte u.a. ein elektrisch verstärktes Cembalo, einen Flügel, Mandoline und elektrisch verstärkte Gitarre. Diese Instrumente tauchen noch in weit fortgeschrittenen Entwürfen auf, Maderna scheint erst ganz zum Schluß auf sie verzichtet zu haben.

Auf 18 paginierten Reihentafeln folgen 96 *piani armonici*, von denen jedoch nur 88 in Notenschrift aufgezeichnet sind. Für die Nummern 89-96 findet sich lediglich die Bemerkung »ultima proiezione armonica« vor einem einzigen Notensystem, auf dem die Töne a und $gis^1$ durch eine Linie verbunden sind. Für diese letzten *piani armonici* war also offensichtlich der engstmögliche Zwölftonraum, die große Septime, vorgesehen, während die ersten weit gespreizt sind: Nr. 1 zum Beispiel hat einen Ambitus von $D_2$ bis $b^4$, Nr. 2 von $Fis_2$ bis $e^4$, Nr. 12 von $H_2$ bis $as^4$, Nr. 24 von $B_2$ bis $cis^4$. Die *piani armonici* sind nicht vom tiefsten zum höchsten Ton aufgezeichnet oder umgekehrt, sondern in der Form von Zwölftonreihen. Elf verschiedene Reihen – Maderna bezeichnet sie nach dem deutschen Alphabet mit den Kleinbuchstaben a bis k – erfahren in den *piani armonici* acht vollständige Durchläufe in jeweils verschiedenen Oktavlagen (1-88) und einen unvollständigen (89-96). Ähnliche Eigenschaften, wie Horst Weber sie für die Reihen des Streichquartetts herausgestellt hat, gelten auch hier:[10] Die Rei-

---

10 Horst Weber, »Form und Satztechnik in Bruno Madernas Streichquartett«, in: *Miscellanea del cinquantenario*, Mailand: Edizioni Suvini Zerboni 1978, S. 206-215 (= Die Stellung der italienischen Avantgarde in der Entwicklung der neuen Musik. Symposium des Instituts für Wertungsforschung Graz

hen weisen untereinander große Ähnlichkeit auf, eine strenge Ableitung einer Reihe aus der anderen ist mit gängigen Permutations- oder Transpositionsschemata jedoch nicht mehr nachzuvollziehen; manche Positionen werden von zwei- bis vierstimmigen Akkorden eingenommen, dadurch ist eine Reihe niemals nach zwölf, sondern bereits nach sieben bis zehn Einsätzen abgelaufen.[11] Die Reihen haben folgende Gestalt: s. Notenbeispiel S. 60.

Nächst den Reihentafeln begegnet man in diesem Teil der Skizzen 27 Blättern mit Rhythmustabellen, in denen die Bezeichnungen A, B, C, D wieder auftauchen. Hier handelt es sich aller Wahrscheinlichkeit nach um die auf dem eingangs erwähnten Blatt genannten »gruppi«. Die Tabellen sind auf kariertem Rechenpapier geschrieben. Als Grundwert fungiert das Vierundsechzigstel, das den Raum eines »Kästchens« einnimmt.

Es sei hier bereits ausdrücklich darauf hingewiesen, daß Maderna den Grundwert für den nächsten Arbeitsschritt vergrößert hat und er auch in der Partitur als Zweiunddreißigstel aufscheint. Die erste Tabelle, A1, sieht so aus, wie im Schema S. 61 abgebildet.

Links in der Senkrechten die Bezeichnungen der Reihen, die in den waagerecht notierten Rhythmen durchgeführt werden sollen. Im Beispiel setzen also nacheinander die Reihen a) bis f) ein. In Tabelle A1 gelangt jedoch nur Reihe a) zum Abschluß, die übrigen werden fortgeführt in Tabelle A2, die sich unmittelbar anschließt. In A2 setzen die nächsten Reihen g) bis i) ein.

Wie man sieht, weist in der angeführten Tabelle jede Zeile genau zwölf Zeichen auf, seien es nun Pausen- oder Notenzeichen. Weiter findet in jeder Zeile derselbe Vorrat an Zeichen Verwendung, wobei abermals kein Unterschied zwischen Noten und Pausen gemacht wird. In A1 enthält jede Zeile genau drei Zeichen im Wert von zwei Vierundsechzigsteln und neun Zeichen im Wert von drei Vierundsechzigsteln.[12]

Die Anordnung der Zeichen ist in jeder Zeile eine andere.[13]

1975)
11 Es besteht eine starke Ähnlichkeit auch zwischen Reihe A des *Streichquartetts* und Reihe a) des *Klavierkonzerts*:
Kl.konzert: 6 3 10 5 4 1 7-8-9-12 2 11
Str.quart.: 3 10 5 6 9 12 1 4 7 8 11 2.
12 Übergebundene Werte sind stets als ein Zeichen zu lesen, auch übergebundene Pausen.
13 Ob die Permutationen des Zeichenvorrats in den einzelnen Zeilen der Tabel-

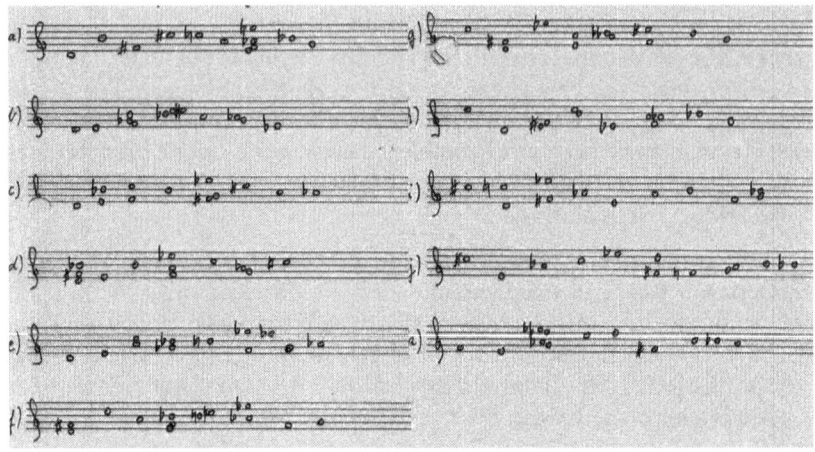

Klavierkonzert, Grundreihen a bis k (meine Vorzeichen u. Lagen, mjb)

Diese wenigen Regeln:
- 12 Zeichen pro Zeile,
- gleicher Zeichenvorrat in jeder Zeile,
- verschiedene Anordnung in jeder Zeile,

steuern Reihendurchläufe und Dauern im ganzen Klavierkonzert.

Bei strenger Beibehaltung des Prinzips »12 Zeichen/Zeile pro Tabelle« unterscheiden sich die Tabellen der vier Gruppen durch die unterschiedliche Auswahl und Handhabung der in ihnen verwendeten Dauernwerte.

Gruppe D ist in dieser Hinsicht am einfachsten gestaltet: Sie besteht aus 15 Tabellen, die ohne Ausnahme eine Ausdehnung von 108 Vierundsechzigsteln haben. Diese Länge kommt zustande durch die Auswahl der Zeichen, die in allen Tabellen – in jeweils anderen Permutationen – dieselbe ist. Der Vorrat setzt sich so zusammen:

| Dauernvorrat der Gruppe D (D1-D15) in 64steln | | | | | | | | | | | | $\Sigma$ |
|---|---|---|---|---|---|---|---|---|---|---|---|---|
| alle | 1 | 1 | 5 | 5 | 7 | 7 | 11 | 11 | 13 | 13 | 21 | 21 | 108 |

Gruppe C ist bedauerlicherweise nur unvollständig überliefert. Ursprünglich bestand sie aus 14 Tabellen. Wie aus den verbliebenen sieben

len einem bestimmten Ordnungsschema folgen, vermag ich nicht zu sagen. Gelegentlich, eher selten, findet sich die Zeichenfolge einer Zeile in einer anderen exakt krebsläufig wieder.

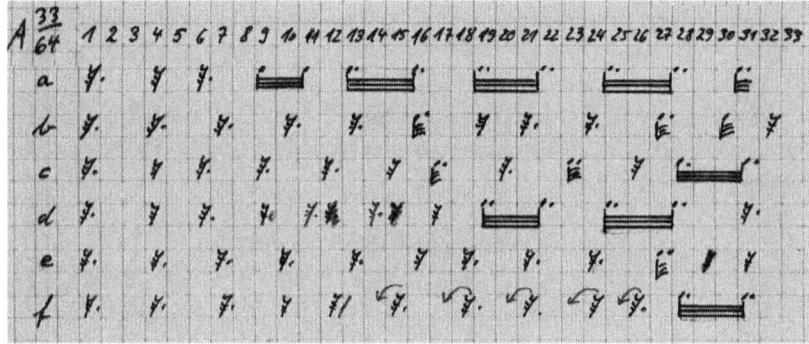

Klavierkonzert, Rhythmustabelle A1 (bei Maderna »VD«=valori durata 1)

Tabellen hervorgeht, ändert sich im Gegensatz zu Gruppe D der Zeichenvorrat in Gruppe C mit jeder Tabelle. Das Ergebnis ist eine stetige Verkürzung ihrer Ausdehnung. Zu einer Matrix angeordnet, läßt sich die herangezogene Operation auf den ersten Blick erkennen:

| Dauernvorrat der Gruppe C (C8-C14) in 64steln | | | | | | | | | | | | $\Sigma$ |
|---|---|---|---|---|---|---|---|---|---|---|---|---|
| C8 | 1 | 1 | 1 | 1 | 3 | 3 | 7 | 7 | 13 | 13 | 21 | 21 | 92 |
| C9 | 1 | 1 | 1 | 1 | 2 | 2 | 6 | 6 | 12 | 12 | 20 | 20 | 76 |
| C10 | 1 | 1 | 1 | 1 | 1 | 1 | 5 | 5 | 11 | 11 | 19 | 19 | 76 |
| C11 | 1 | 1 | 1 | 1 | 1 | 1 | 4 | 4 | 10 | 10 | 18 | 18 | 70 |
| C12 | 1 | 1 | 1 | 1 | 1 | 1 | 3 | 3 | 9 | 9 | 17 | 17 | 70 |
| C13 | 1 | 1 | 1 | 1 | 1 | 1 | 2 | 2 | 8 | 8 | 16 | 16 | 64 |
| C14 | 1 | 1 | 1 | 1 | 1 | 1 | 1 | 1 | 7 | 7 | 15 | 15 | 52 |

Vorausgesetzt, Maderna hat den Verkürzungsprozeß um jeweils ein Vierundsechzigstel (bis zur Grunddauer 1) an keiner Stelle umgekehrt oder abgewandelt, ließen sich die fehlenden Tabellen wie folgt rekonstruieren:

| Dauernvorrat der Gruppe C (C1*-C7*, Rekonstruktion) in 64steln | | | | | | | | | | | | $\Sigma$ |
|---|---|---|---|---|---|---|---|---|---|---|---|---|
| C1* | 5 | 5 | 7 | 7 | 10 | 10 | 14 | 14 | 20 | 20 | 28 | 28 | 168 |
| C2* | 4 | 4 | 6 | 6 | 9 | 9 | 13 | 13 | 19 | 19 | 27 | 27 | 156 |
| C3* | 3 | 3 | 5 | 5 | 8 | 8 | 12 | 12 | 18 | 18 | 26 | 26 | 144 |
| C4* | 2 | 2 | 4 | 4 | 7 | 7 | 11 | 11 | 17 | 17 | 25 | 25 | 132 |
| C5* | 1 | 1 | 3 | 3 | 6 | 6 | 10 | 10 | 16 | 16 | 24 | 24 | 120 |
| C6* | 1 | 1 | 2 | 2 | 5 | 5 | 9 | 9 | 15 | 15 | 23 | 23 | 110 |

Dauernvorrat der Gruppe C (C1*-C7*, Rekonstruktion) in 64steln    $\Sigma$

| C7* | 1 | 1 | 1 | 1 | 4 | 4 | 8 | 8 | 14 | 14 | 22 | 22 | 100 |

Von Gruppe B, die ursprünglich wohl 10 Tabellen[14] umfaßte, sind gar nur drei erhalten. Sie funktionieren nach einem dem gerade erläuterten verwandten Prinzip:[15]

Dauernvorrat der Gruppe B (B1-B3) in 64steln    $\Sigma$

| B1 | 1 | 1 | 1 | 1 | 1 | 2 | 2 | 2 | 4 | 5 | 8 | 10 | 38 |
| B2 | 1 | 1 | 2 | 2 | 2 | 3 | 4 | 5 | 8 | 10 | 16 | 20 | 74 |
| B3 | 2 | 2 | 4 | 4 | 5 | 6 | 8 | 10 | 16 | 20 | 32 | 40 | 149 |

Auch hier könnte man prinzipiell fortfahren:

| B4* | 4 | 4 | 8 | 8 | 10 | 12 | 16 | 20 | 32 | 40 | 64 | 80 | 298 |
| B5* | 8 | 8 | 16 | 16 | 20 | 24 | 32 | 40 | 64 | 80 | 128 | 160 | 596 |

Doch erreicht man dabei so bald Tabellen von unwahrscheinlicher Überlänge, daß eine gleichsinnige Fortschreibung des Verdopplungsverfahrens kaum glaubhaft erscheint.

Gruppe A schließlich umfaßt zwölf Tabellen und ist dem Aufbau nach am kompliziertesten, auch wenn zu Beginn das Prinzip der fortschreitenden Differenzierung der herangezogenen Dauern klar zu erkennen ist und auffällt, daß insgesamt genau zwölf verschiedene Dauern benutzt werden:

Dauernvorrat der Gruppe A (A1 - A12) in 64steln    $\Sigma$

| A1 | 2 | 2 | 2 | 3 | 3 | 3 | 3 | 3 | 3 | 3 | 3 | 3 | 33 |
| A2 | 2 | 2 | 2 | 3 | 3 | 3 | 3 | 3 | 3 | 3 | 6 | 6 | 39 |
| A3 | 2 | 2 | 2 | 3 | 3 | 3 | 3 | 3 | 6 | 6 | 9 | 12 | 55 |
| A4 | 2 | 3 | 2 | 3 | 3 | 3 | 6 | 6 | 9 | 12 | 12 | 16 | 76 |
| A5 | 2 | 3 | 3 | 4 | 4 | 6 | 6 | 9 | 12 | 12 | 16 | 32 | 109 |
| A6 | 3 | 3 | 6 | 6 | 8 | 8 | 12 | 16 | 16 | 24 | 32 | 64 | 198 |
| A7 | 3 | 3 | 3 | 6 | 6 | 6 | 8 | 8 | 12 | 16 | 18 | 32 | 121 |

---

14   Eigentlich sollte man 13 erwarten, da A aus 12, C aus 14, D aus 15 Tabellen besteht. Die dritte Urpartitur jedoch (s.u.) verzeichnet nur zehn Ziffern aus B.

15   In den drei Tabellen der Gruppe B sind die Dauern 5, 10, 20 und 40 Vierundsechzigstel notiert wie 4, 8, 16, 32 Vierundsechzigstel; der wahre Wert ist nur an der Kopfleiste bzw. den Kästchen abzulesen. Sehr irritierend!

| Dauernvorrat der Gruppe A (A1 - A12) in 64steln | | | | | | | | | | | | Σ |
|---|---|---|---|---|---|---|---|---|---|---|---|---|
| A8 | 2 | 3 | 3 | 3 | 6 | 6 | 6 | 8 | 9 | 12 | 16 | 16 | 90 |
| A9 | 2 | 3 | 3 | 3 | 3 | 4 | 6 | 8 | 9 | 12 | 12 | 18 | 83 |
| A10 | 2 | 3 | 3 | 3 | 3 | 4 | 6 | 6 | 9 | 12 | 12 | 12 | 75 |
| A11 | 3 | 3 | 3 | 3 | 4 | 6 | 6 | 6 | 8 | 9 | 9 | 12 | 72 |
| A12 | 2 | 3 | 3 | 6 | 6 | 6 | 6 | 8 | 9 | 9 | 12 | 24 | 94 |

Rechnerisch fällt auf, daß alle zwölf verwendeten Dauern als einfache Vielfache oder Potenzen in engster Beziehung zu den beiden Ausgangswerten 2 und 3 stehen. Musikalisch bedeutet das allerdings nichts anderes, als daß die gängigen Werte verwendet werden: zunächst einmal alle einfachen Werte vom Zweiunddreißigstel bis zur ganzen Note (2, 4, 8, 16, 32, 64), dann die punktierten Formen der drei kleinsten Werte (3, 6, 12), schließlich drei Überbindungen mit den punktierten Werten (9, 18, 24).

Insgesamt ist eine Ähnlichkeit zwischen der Dauernbehandlung der Tabellen und der des *Flötenkonzerts* festzuhalten. Der stufenweisen Verkürzung bzw. Vergrößerung der Dauern, wie sie in den Gruppen B und C zu beobachten ist, begegneten wir im früheren Werk in einer noch motivisch gebundenen Form. Das Verfahren aus Gruppe D, stärker noch das von Gruppe A, würde – ohne weitere Modifikationen in Partitur gesetzt – ähnliche Dauernprofile ergeben, wie sie oben für Solo III, 2 des *Flötenkonzerts* erstellt wurden.

Aufgrund der straffen internen Organisation der Tabellen scheint eine Ableitung der Dauern aus den Tonreihen kaum wahrscheinlich. Die Hinweise auf eine solche Ableitung sind recht äußerlicher Art: Da ist an erster Stelle die Tatsache, daß nach seriellem Dogma eine solche ohne Frage zu existieren hätte; ferner spricht der Befund des Streichquartettes, in dem zumindest die Grundform der Dauernreihe unmittelbar aus den Tonhöhen der ersten Reihe hervorgeht, dafür;[16] ein schwerwiegendes Argument ist auch, daß Maderna vor die erste Reihentabelle auf dasselbe Blatt die (Krebsformen) der Reihen a), b), c), d) in seinem üblichen Zahlenschlüssel notiert hat. Wie dem auch sei – wenn irgendein Zusammenhang existieren sollte, muß er fürs erste als verschüttet gelten. Lediglich eine einzige schwache Verbindung besteht: Wie oben zu sehen war, besitzen alle Tabellen der Gruppe A unterschiedliche Ausdehnung. Versieht man die Tabellen von der kürzesten zur längsten mit den Ordnungsziffern von 1 bis 12, so ergibt sich eine Ähnlichkeit – nicht zu den von Maderna notierten Reihen

16 vgl. Weber a.a.O.

a) bis d) –, sondern zum Krebs der Reihe k), eine Ähnlichkeit, die ungefähr so groß ist, wie die der Reihen untereinander:

Krebs von k):   1   2   3   10   6   4   12   11   7   5   8   9
Tabellen von A: 1   2   3   6   10   12   11   8   7   5   4   9.

In den drei übrigen Gruppen, deren Tabellenlänge eigengesetzlich zu- oder abnimmt bzw. stabil bleibt, sind ähnliche Analogien natürlich ausgeschlossen.

Die Gruppen unterscheiden sich nicht nur hinsichtlich der in ihnen verwendeten Dauern, sondern auch in bezug auf die in ihnen durchgeführten Reihen. Schon in der zitierten Tabelle A1 ist zu sehen, daß die Reihen nicht kontinuierlich durchlaufen. Im Beispiel sind lediglich die neun Einsätze von Reihe a) nicht durch Pausen getrennt. In der Tat besitzt jede der elf Reihen ihr eigenes Klang/Pausen-Profil, das innerhalb aller vier Gruppen gleichbleibt. Die Profile lauten:[17]

Klavierkonzert: Klang/Pausen-Profile der Reihen a bis k

| Reihe | Einsatz Nr. (x = Pause) |
|---|---|
| a | 1. 2. 3. 4. 5. 6. 7. 8. 9. |
| b | 1. x x x 2. 3. x x 4. 5. 6. x 7. |
| c | 1. x 2. 3. 4. x 5. 6. 7. x 8. |
| d | 1. 2. 3. 4. x 5. 6. 7. |
| e | 1. x x 2. 3. 4. 5. x 6. x 7. x 8. 9. |
| f | 1. 2. 3. x x 4. 5. 6. x 7. x x 8. |
| g | 1. x x x 2. x x 4. 5. 6. 7. 8. |
| h | 1. 2. x x 3. 4. 5. x 6. x x 7. 8. |
| i | 1. x 2. 3. 4. 5. x 6. 7. 8. x x 9. |
| j | 1. 2. 3. 4. 5. 6. 7. 8. x 9. x 10. |
| k | 1. 2. 3. 4. 5. 6. 7. 8. 9. |

Jede Reihe erfordert also eine bestimmte Anzahl von Noten- und Pausenzeichen zu ihrer vollständigen Durchführung. Noch einmal sei betont,

---

17 Man sollte meinen, daß auch hier ein Zusammenhang mit der Struktur der Ausgangsreihen bestünde. Ich sehe wieder nur einen äußerst schwachen. Reihe a) und Reihe k), die einzigen, die pausenlos durchgeführt werden, besitzen eine krebsläufig identische Verteilung von Einzeltönen und Akkorden: a) sechs Einzeltöne, vierstimmiger Akkord, zwei Einzeltöne; k) zwei Einzeltöne, vierstimmiger Akkord, sechs Einzeltöne.

daß die konkrete rhythmische Gestalt dabei durch die Vorauswahl der in den Tabellen erscheinenden Dauern bestimmt ist.

Es wird noch verwickelter. Wieder ähnlich der »motivischen Arbeit« im *Flötenkonzert* werden die Klang/Pausen-Profile bei der Durchführung der Reihen mit bestimmten Spreizungsfaktoren versehen, d.h. hinter jeden Einsatz wird die vom geltenden Spreizungsfaktor bestimmte Zahl von Pausenzeichen eingefügt. Beim Spreizungsfaktor (+1) erhält Reihe a) dann folgendes Aussehen: 1. x 2. x 3. x 4. x 5. x 6. x 7. x 8. x 9. Einsatz, und Reihe b) sieht dann so aus: 1. x 2. x 3. x 4. x x 5. x 6. x x 7. x x 8. x 9. Einsatz.

Betrachten wir nun die Durchführung der Reihen in den einzelnen Gruppen. In Gruppe A setzen nacheinander die Reihen a) bis k) mit den oben angeführten Klang/Pausen-Profilen in der Grundgestalt ein. Dieser Vorgang erstreckt sich von Tabelle A1 bis in A3 hinein, nimmt also ca. 120 Vierundsechzigstel in Anspruch. In A3 setzt bereits eine mit Reihe j) beginnende Durchführung im Spreizungsmodus (+1) ein. Er läuft zurück bis Reihe a(+1) und zieht sich bis in Tabelle A6. Dort startet bereits ein dritter Durchgang, ausgehend von b), diesmal mit Faktor (+2) bis k(+2), der bis zum Ende der Gruppe A, Tabelle A12, dauert. Anschaulicher ist eine graphische Darstellung:

### Reihendurchführung in Gruppe A

```
       a) ——>
        b) ——>
         c) ——>
          d) ——>
           e) ——>
            f) ——>
             g) ——>
              h) ——>
               i) ——>
                j) ——>
                 k) ——>
                j(+1) ——>
                i(+1) ——>
                h(+1) ——>
[...etc. bis:]
                a(+1) ——>
                 b(+2) ——>
                  c(+2)——>
                   d(+2) ——>
[...etc. bis:]
                    k(+2) ——>
```

In Gruppe B erhält jede Reihe einen anderen Spreizungsfaktor; in den drei erhaltenen Tabellen setzen ein:

### Reihendurchführung in Gruppe B

b(+8) ——>
c(+7) ——>
d(+6) ——>
e(+5) ——>
f(+4) ——>
g(+3) ——>

Im Gegensatz zu den anderen Gruppen scheint Gruppe C einstimmig gewesen zu sein. Erhalten sind die Einsätze 6, 7, 8 von Reihe f mit dem Faktor (+5) und eine vollständige Durchführung von g (+6). Unter der Voraussetzung, die Zuordnung »Spreizungsfaktor = Ordnungszahl der Reihenbezeichnung im Alphabet« habe vom Beginn an bestanden, läßt sich aus der Grundform der Klang/Pausen-Profile die Reihendurchführung für Gruppe C durch einfaches Rückwärtsschreiben unter Berücksichtigung der Klang/Pausen-Profile so rekonstruieren:[18]

### Reihendurchführung in Gruppe C* (Rekonstruktion)

c(+3) ——> e(+4) ——> f(+5) ——> g(+6) ——>

Gruppe D schließlich bringt einen einzigen großen Durchlauf aller Reihen, wie gehabt, quasi kanonisch einsetzend in von a [+0] bis k(+10) wieder alphabetisch fortschreitender Spreizung. h(+7), i(+8) und j(+9) erfahren dabei noch einen zweiten Durchgang:[19]

### Reihendurchführung in Gruppe D12

a(+0) ——>
b(+1) ——>
c(+2) ——>
[...etc., bis:]

18 Nicht mit letzter Genauigkeit ist aus den Tabellen zu sehen, ob zu den Klang/Pausen-Profilen der Reihen auch Pausenzeichen vor der ersten bzw. nach dem letzten Einsatz der einzelnen Reihen gehören. In den überlieferten Tabellen aus C sind beispielsweise der letzte Einsatz von f(+5) und der erste von g(+6) durch sieben Pausenzeichen getrennt. In anderen Tabellen verhält es sich ähnlich: Setzt eine Reihe nicht zu Beginn ein (s.a. A1 im zitierten Beispiel) wird die Zeile bis zum Beginn mit Pausenzeichen aufgefüllt; Analoges gilt für das Reihenende. Pausenlos zurückgeschrieben, würde die Rekonstruktion von Gruppe C bei C1 bis zum Ende von b(+2) anlangen.

19 Die Darstellung von Gruppe D ist stärker schematisiert als die der anderen Gruppen. In Wahrheit setzt ein Teil der Secondo-Durchläufe bereits vor dem Einsatz von k(+10) ein.

```
   k(+10) ——>
  2° j(+9) ——>
  2° i(+8) ——>
  2° h(+7)——>
```

Bevor wir auf Einzelheiten der Partiturgenese – sie ist in der Regel weitaus komplexer als in dem nun folgenden Fall – eingehen, soll ein Beispiel aus der Partitur zeigen, wie Maderna die Tabellen in Musik gesetzt hat. Das Notenbeispiel auf S. 68 bietet die reihenmäßige Transkription der Takte 9 und 10, die die Konkretisation der Tabelle A1 darstellen. Die Pausen vom Anfang der Tabelle sind fortgefallen, Takt 9 setzt unmittelbar Reihe a) ein. Zu beachten ist die bereits angemerkte Vergrößerung des Rhythmus im Maßstab 1 : 2. Offensichtliche Stichfehler der Partitur wurden stillschweigend verbessert.

Mit Ausnahme einer verspätet einsetzenden Note hält sich Maderna hier erstaunlich genau an die Vorgaben seines Skizzenmaterials. Nahtlos schließt A2 an und läßt sich fast ebensogut in der Partitur verfolgen. Hier allerdings geht es etwas freier zu, längere Notenwerte werden mitunter in Zweiunddreißgstel aufgelöst und auf verschiedene Instrumente verteilt. So wird z.B. der sechste Klang der Reihe f) (T. 12, erstes Zweiunddreißgstel), dem eigentlich die Dauer 3 zukäme, bereits nach einem Zweiunddreißgstel abgebrochen. Der Grund: Die beiden Noten sind den Saxophonen zugeordnet, mit dem zweiten Zweiunddreißgstel von T. 12 scheiden jedoch alle Bläser zugunsten der *suoni fissi* aus.

Mit alledem sind wir noch längst nicht beim *Klavierkonzert*. Wenn gerade bereits die Anwendung einer Dauerntabelle auf den Text der Partitur demonstriert wurde, dann in bewußter Voreiligkeit zur Auflockerung der Rechenexempel. In Wahrheit ist der Weg zum Werk komplizierter.

Er führt zunächst einmal über zwei quasi abstrakte »Urpartituren«, in denen lediglich Dauern und Tonhöhen festgelegt sind.[20]

Die erste trägt die Bezeichnung »NERO« und hat eine Ausdehnung von 97 3/8-Takten; die zweite ist 174 3/8-Takte lang und wird bezeichnet mit »verde, viola e nero«.[21]

---

20 In der Tat gibt es drei. Von »NERO« existiert eine »stesura preparatoria« von 100 Takten Länge (3 Pausentakte am Anfang zusätzlich, s.u.), in der Maderna im Unterschied zur späteren noch die Nummern der *piani armonici* vermerkt hat.

21 Mir ist nicht ganz klar, ob die Bezeichnungen von Maderna herrühren oder dem internen Gebrauch der Bologneser Forscher entstammen.

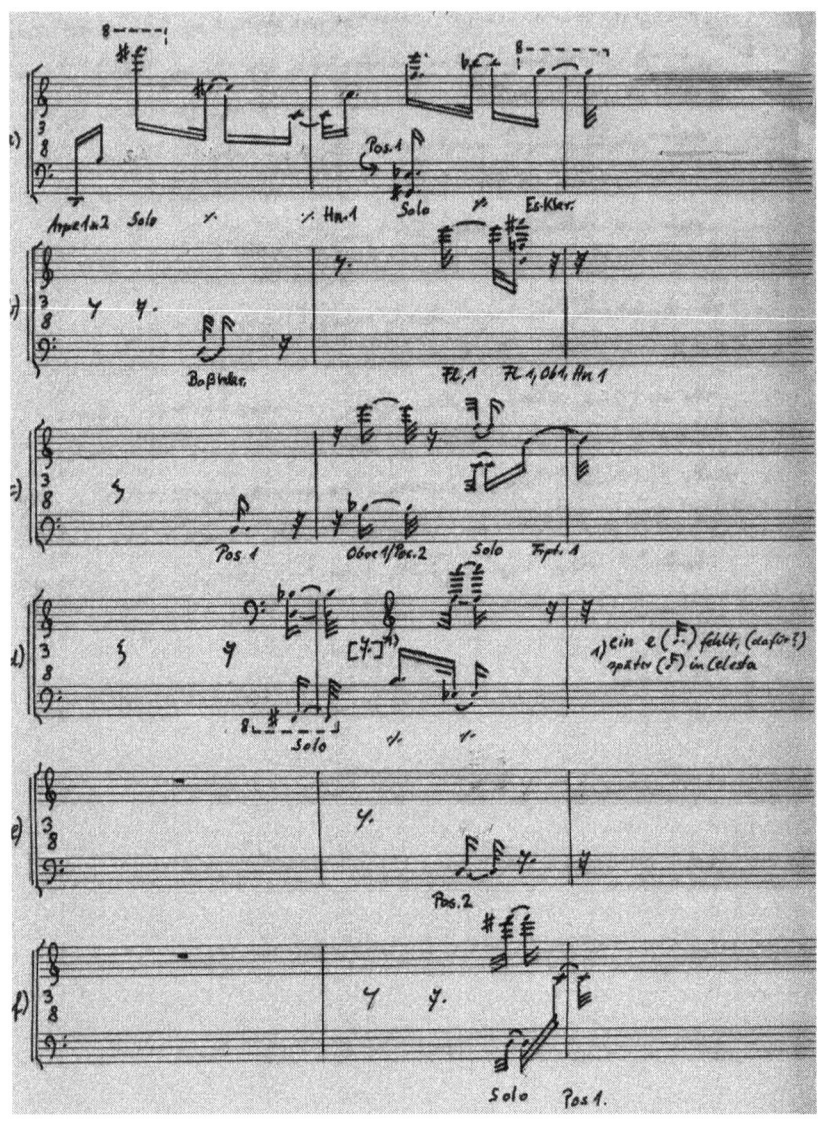

Klavierkonzert, T. 9-10, reihengemäß transkribiert

Es handelt es sich um Transkriptionen der ausführlich diskutierten Tabellen, denen nunmehr die konkreten Klänge der Reihen a) bis k) zugeordnet werden. Die Oktavlage wird geregelt von den *piani armonici*, deren Ordnungszahlen in einer Frühfassung der ersten Partitur in regelmäßigen Abständen eingetragen sind. Die Reihenfolge der Ziffern folgt dabei einem einzeln überlieferten Blatt, auf dem die Ziffern von 1 bis 96 (d.i. die Anzahl der *piani armonici*) reihenmäßig angeordnet sind.[22]

Die erste Partitur enthält die Übertragung der Gruppe A,[23] Partitur Nummer 2 entsprechend die Übertragungen der Gruppen B, C, D, und zwar teilweise übereinanderkopiert: B1 und C1 beginnen mit dem ersten Takt der Partitur, die (nach dieser Partitur) letzte Tabelle von B, B10, be-

---

22 Das Blatt ist etwas kryptisch. Den Ordnungszahlen ist jeweils noch ein in der Mathematik geläufiges Symbol zugeordnet (scheinen auch in der 1. Urpartitur auf), nämlich: den ersten 25 Ziffern das Winkelzeichen »Delta«, den nächsten acht das Zeichen der Quadratwurzel, den folgenden sieben das der Kubikwurzel, den nächsten 25 »R-n«, den letzten 31 »R+n«. Maßgeblich für die Anordnung scheint mir die Differenz der Ziffern. Sie folgt zunächst einer stetig verkürzten, gerade und krebsläufig abnehmenden Reihe: 3, 4, 6, 6, 6, 5, 4, 3, 2, 1, 1, 2, 3, 4, 5, 5, 4, 3 etc. (Beginn mit 79, 76, 72...). Im Verlauf werden auch andere Zahlenfolgen benutzt. Wohl aus zahlentheoretischer Notwendigkeit tauchen öfter kleine Unregelmäßigkeiten auf – wie bereits im Beispiel ganz zu Anfang! Eine Sonderbehandlung erfahren die Ziffern 89 bis 96, die wie erinnerlich den letzten und engstmöglichen *piani* zugewiesen sind. Sie werden nach ungefähr der Mitte der Reihe regelmäßig nach fünf bzw. sieben anderen Ziffern außerhalb des Systems der Reihe nach eingestreut. Hier wirken offenbar schon musikalische Vorüberlegungen mit, denn das Ergebnis ist eine rhythmische Verengung der Harmonik zum Cluster a-as$^1$. Rechts neben den Zahlenkolonnen folgende Anmerkung Madernas: »Ogni piano armonico, di cui è dato il n o d'ordine qui a sinistra, deve durare 21/32 il primo, nell'ordine, e l'ultimo: 21/32 + 32/32.« Macht summa 2080/32, das reicht für 173,3 3/8-Takte, eine Länge, die der zweiten Urpartitur entspricht. Wenn diese Zahlenreihe *nach* der Urpartitur entstanden wäre (dafür spricht vielleicht das »deve«), dann würde auch die erste Urpartitur nach der zweiten entstanden sein, da in der ersten die 21/32stel Bereiche für die *piani armonici* ebenfalls eingehalten sind.

23 Wer mitgerechnet hat, wird feststellen, daß eine nahtlose Übertragung von A1-A12 (in Zweiunddreißigsteln!) nur eine Ausdehnung von 1045 Zweiunddreißigsteln ergibt, was ca. 87 3/8-Takte ergibt. In der Tat setzt A1 in der »stesura preparatoria« erst in Takt 13 ein, in »NERO« erst in Takt 10 (die Anfangstakte sind leer), so daß die Ausdehnung von 100 bzw. 97 Takten erreicht wird. Auf einen doppelt taktierten Abschnitt in »NERO« will ich hier nicht weiter eingehen.

ginnt in Takt 114, die letzte von Gruppe C endet im 138. Takt. Die Übertragung von Gruppe D setzt mit Takt 41 ein und geht bis zum Ende der Partitur. Takt 1-40 laufen also zwei Gruppen gleichzeitig ab (B und C), Takt 41-114 + die unbekannte Ausdehnung von B10 drei (B, C, D), nach dem Ende von B10 bis Takt 138 wieder zwei (C und D), ab Takt 138 nur noch eine: der Rest von D.[24]

Die zweite Urpartitur ist, wie die oben übernommene Bezeichnung andeutet, in den drei Farben Grün, Rot und Schwarz abgefaßt. Ob diese streng je einer der drei durchgeführten Gruppen zugeordnet sind, vermag ich nicht mit Bestimmtheit zu beantworten. Nach den mir vorliegenden Informationen könnte Gruppe D schwarz, Gruppe B grün und C rot notiert sein.

Daß man selbst bei der Betrachtung der Urpartituren noch weit vom Text des *Klavierkonzerts* entfernt ist, zeigt nicht zuletzt die Tatsache, daß zumindest die dreifarbige Partitur auch als Grundlage für die völlig anders geartete Komposition *Dark Rapture Crawl* gedient hat.[25] Maderna hat es nicht mit der Instrumentierung der bis zu diesem Stadium generierten Partituren bewenden lassen – was angesichts der Überfülle an Pausen (man erinnere sich an die z.T. doch erheblichen Spreizungsfaktoren) auch zu übertriebem transparentem Satz geführt hätte. Vielmehr bieten auch die Urpartituren kaum mehr als einen Rohstoff, der in verschiedenen Lesarten – Maderna nennt sie »letture« – weiter transformiert wird. Die direkte Umsetzung der Urpartitur in den Text der endgültigen, d.h. ihre Instrumentation, ist nur die schlichteste Form einer »lettura«. Einen solchen Fall hatten wir mit den bereits analysierten Takten 9-12 (Part.) vor uns. Hier lautete die Lesart »NERO da 10 a 14«. Das entspricht der ersten Urpartitur (NERO). Takt 10 (NERO), der Pausentakt, ist fortgefallen, der Abschnitt beginnt direkt mit der Durchführung von A1, A2 schließt sich unmittelbar an. In der Regel sind die Lesarten komplizierter.

---

24 Diese Partitur bestätigt die oben gegebene Rekonstruktion der fehlenden Tabellen von Gruppe C. Auch B4 ist noch nach dem Verdopplungsschema durchgeführt, die weiteren die Gruppe B betreffenden Kennziffern weisen auf sehr unterschiedliche Ausdehnungen der übrigen sechs Tabellen aus B hin. Wem die zweite Urpartitur vorliegt, könnte u.U. alle fehlenden Dauerntabellen aus ihr rekonstruieren. Allerdings ist mir nicht erinnerlich, ob die Notationsweise der Tabellen in diesem Stadium beibehalten ist, im besonderen, ob die zur Wahrung der Zwölfzahl pro Zeile dort notwendigen übergebundenen Pausen hier noch erscheinen. Derlei könnte die Sache u.U. sehr komplizieren.

25 Mündliche Mitteilung von Maurizio Romito.

Verhältnismäßig moderat geht es noch in Takt 141ff. (Part., unmittelbar nach der ersten Kadenz) zu. Hier beginnt eine Lesart, in der die erste (NERO) und die zweite, farbige Urpartitur gleichzeitig erklingen. Wie man sich leicht mit Hilfe unseres Notenbeispiels überzeugen kann, setzt nach den zehn Pausentakten von »NERO« in Takt 151 (Part.) ein weiteres Mal A1 (also Takt 11 NERO), überlagert von den wenigen Klängen der an dieser Stelle nicht sehr dichten dreifarbigen Urpartitur (es werden B3 und C1 durchgeführt) ein.

Fast undurchschaubar die Lesarten vieler Abschnitte im ersten Teil des Konzerts. So gehen – nach Untersuchungen des Fondo Maderna – hier viele Abschnitte auf multiple Schichtungen der z.T. ja in sich bereits geschichteten Urpartituren zurück. Nach Angaben der Forscher sind für die Takte 1 bis 8 (Part.) die Takte 31-38 und 39-46 aus beiden Urpartituren übereinanderkopiert. Zwei Mal 16 Takte werden also zu acht Takten im Werk.[26]

Ob Maderna je einen Generalplan zu einer systematischen Anwendung seiner *letture* verfolgt hat, ist fraglich. Sollte er einen solchen besessen haben, scheint ziemlich sicher, daß er ihn zugunsten einer der Dramaturgie des fertigen Werkes gehorchenden formalen Gestaltung – davon unten – mehrfach durchbrochen, wenn nicht völlig außer Kraft gesetzt hat.

Überdies spricht einiges dafür, daß nicht alle Abschnitte des Konzerts auf den Urpartituren beruhen. So sind z.B. für die Takte 133-140 (die zur ersten Kadenz hinleiten) keine Skizzen i.e.S. erhalten, sondern lediglich dem endgültigen Text recht nahe Partiturentwürfe. Dieser Abschnitt ist von seiner Textur her, die zwar ein wenig an die Mikropolyphonie eines Ligeti denken läßt, aber bis zu den letzten Werken zum Repertoire von Madernas Personalstil gehört, untypisch für das *Klavierkonzert*. Man würde das Satzbild wohl »flächig«, »feldmäßig« oder »statistisch« nennen – vielleicht aus dem einfachen Grund, daß es so viele Noten enhält: Es herrscht durchgehende Zweiunddreißigstel-Bewegung, in den einzelnen Stimmen stets von unregelmäßig gesetzten Pausen durchbrochen. Neben dem Einheitsdauernwert 1 gilt für den Abschnitt die generelle dynamische Anweisung »Tutti sempre pp e dim.«, auch die Spielweise ist al fresco festgelegt: Holzbläser im Tripelzungen-Staccato werden abgelöst von gedämpftem

---

26 In Bologna wurde auf die Identifizierung der verschiedenen Lesarten, von denen es noch andere gibt als die hier kurz dargestellten, viel Mühe verwandt, ohne daß die Ergebnisse bislang veröffentlicht worden wären. Ich halte es daher für nicht angebracht, an dieser Stelle en detail darauf einzugehen, in welche Lesart welche Abschnitte der Urpartituren Eingang in das *Klavierkonzert* gefunden haben.

Blech und gezupften Streichern. Mit Takt 137 tritt zu der (trotz der Pausen in den Einzelstimmen) durchgehend sich in Zweiunddreißigsteln bewegenden Gruppe eine zweite hinzu, die einen Rhythmus ausformt (als Gruppe, wieder sind in die einzelnen Stimmen Pausen eingefügt), den Maderna direkt unter die Partiturseiten der Entwürfe notiert hat (s. Schema, S. 73). Ein Geschehen, das sich schwerlich aus den Urpartituren erzielen läßt.

Von den graphisch notierten Abschnitten einmal abgesehen, sind die gerade diskutierten Takte freilich die einzigen, die sich auffällig von der sonst zu beobachtenden Faktur des *Klavierkonzerts* abheben. Wer den Ausführungen zu den Rhythmustabellen aufmerksam gefolgt ist und die Partitur kennt, wird einwenden, daß es in dieser von Triolen, Quintolen, Septolen u.ä. nur so wimmelt, in jenen aber nur einfache Vielfache des Grundwerts aufscheinen. Dem ist entgegenzuhalten, daß es sich – wie im *Flötenkonzert* – um Unterteilungen von Vielfachen des Grundwerts handelt, die durchaus durch die Tabellen definiert sind. »Irrationale« Unterteilungen sprechen also keineswegs gegen eine Ableitung aus den Urpartituren. Im übrigen begegnen sie wirklich gehäuft nur im Klavierpart vor der ersten Kadenz.

Zurück zur Metamorphose der Urpartituren. Maderna überträgt das durch die diversen Lesarten gewonnene Tonmaterial zunächst auf große Montagetafeln, die recht unterschiedlich spartiert sind. Mal chromatisch (wieder von 1-12 = a-as/gis verschlüsselt) angeordnet, mit bis zu vier Systemen pro Tonqualität, mal zu mehreren zusammengefaßt. Die Montagetafeln für die Takte $12^{bis}$-59 z.B. fassen jeweils die Töne 1, 8 / 2, 9/ 3, 10 / 4, 11 / 5, 12 / 6, 7 zusammen, die zu den Takten 225ff. 11, 1 / 12, 2 / 3, 4 / 5 ,7 / 6, 8 / 9, 10. Das sieht aus wie gängige Permutationsverfahren, da der Tonvorrat bei diesem Arbeitsschritt aber bereits festliegt, gibt es nichts mehr zu permutieren. Möglicherweise handelt es sich um das in der eingangs zitierten Anmerkung Madernas angesprochene Studium der »polarità e assi armoniche naturali«; durch die Anordnung wird im ersten Fall das Augenmerk auf die Töne im Quint/Quart-Verhältnis gelenkt, im zweiten auf die im Abstand der großen Sekunde bzw. kleinen Septime.

Der Vorrat der Montagetafeln wird nun in Partitur gesetzt, ein Vorgang, der wiederum in mehrere Arbeitsschritte zerfallen kann. Dabei streicht Maderna die »erledigten« Noten penibel aus. Dennoch hält er sich nicht sklavisch an die so gewonnenen Resultate seiner Lesarten. Manchmal diktiert die Inspiration Zusätze wie etwa den Einsatz der Hörner in T.50ff., die so passend sowohl das folgende Tutti als auch ihre eigene Rolle im weiteren Verlauf ankündigen. Hierzu heißt es in den Skizzen einfach: »da qui

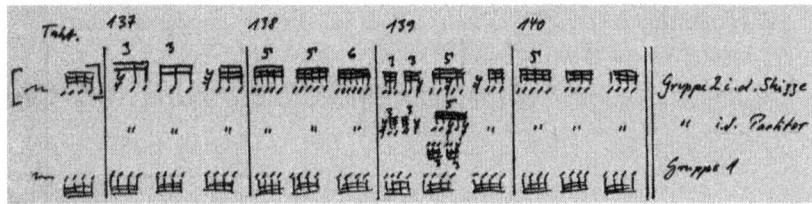

Klavierkonzert, T. 137-140, Rhythmen Gruppe 1 u. 2

CR. con. sord. ripetono 12/11/10/9/7/6/[i.e. as, g, fis, f, es, d] con serie pp«. Manchmal geht es ums technisch Machbare. Wenn die tabellengemäßen Dauern aus den Montagetafeln im Solopart nicht stets eingehalten werden, die vorgesehenen Töne jedoch innerhalb des vorgesehenen Zeitraums angeschlagen werden, so findet dies wohl nicht zuletzt darin seine Begründung, daß mit zehn Fingern nicht unbeschränkt viele Reihendurchgänge gleichzeitig dargestellt werden können. Selbst dann nicht, wenn man sich ausgiebig des rechten Fusses bedient.

Fassen wir die Genese des *Klavierkonzerts* in Stichworten noch einmal zusammen; auf der Reihenfolge der Arbeitsschritte bestehe ich nicht in jedem Fall:

1. »prima materia«
   1.1 vorläufige Besetzungsliste
   1.2 elf Zwölftonreihen
   1.3 96 piani armonici
   1.4 Gliederung in vier Gruppen unterschiedlich organisierter Reihendurchläufe, Festlegung der Dauern für diese und der Dauernbehandlung

2. 51 Rhythmustabellen für die vier Gruppen, Reihen modifiziert durch Klang/Pausen-Profile

3. »Urpartituren«
   3.1 Gruppe A
   3.2 Gruppen B, C, D

4. »Lesarten«
   4.1 einfache Übertragung der Urpartituren
   4.2 komplexe Lesarten, Schichtungen

5. »Montagetafeln«
   Ergebnisse der (komplexen) Lesarten

6. Schlußredaktion einzelner Abschnitte

7. Hinzufügen »freier«, nicht aus den Tabellen gewonnener Abschnitte, u.a. Graphiken für die erste Kadenz
8. Anordnung der so gewonnenen Abschnitte zum Werk.

## Exkurs zu Mälzels Metronom

Vor der Betrachtung des *Klavierkonzerts*, in der Form, in der es schließlich auf uns gekommen ist, ist auf ein Problem hinzuweisen, zu dessen Lösung hier höchstens Ansätze geboten werden können. Gemeint sind die metronomgeregelten Tempoangaben. Tempowechsel sind häufig und extrem: hier vermittelt durch Ritardandi oder Accelerandi, dort im harten Schnitt. Bereits innerhalb der ersten acht Takte heißt es: »72 acc. molto – 160 – subito 72 acc.« (MM versteht sich für das Achtel), im weiteren ändert sich das Tempo noch rund fünfzig Mal. Insgesamt treten 19 verschiedene Metronomziffern auf. Die 3/8-Taktierung – es ist die der Urpartituren – hingegen bleibt, von ganz wenigen Fällen abgesehen, das ganze Stück hindurch bestehen.

Unwillkürlich denkt man an die Werke Stockhausens aus den 50er Jahren, an *Zeitmaße* (1955/56) etwa, in denen der Grad der Tempoänderung eines Abschnitts zu einem neuen Parameter serieller Technik wird,[27] und besonders an *Gruppen* (komponiert 1955-57, UA Köln, März 1958), an deren Uraufführung Maderna als einer der drei Dirigenten beteiligt gewesen war. Ob Madernas Metronomziffern auf die von Stockhausen in seinem Aufsatz »...wie die Zeit vergeht...«[28] dargestellte metronomgeregelte logarithmische Dauernreihe zurückgeht, ist schwer zu entscheiden. Parallelen sind zweifellos vorhanden, besonders wenn man Madernas 19 Werte durch »Oktavtransposition« auf die »Oktave« zwischen 60 und 120 zusammenschiebt:

---

27 »Bei dem Zeitmaß ›schnell - verlangsamen‹ verhalten sich die Zählzeiten [...] von Gruppenanfang und Gruppenende annähernd wie 4:1 [...]. Die Länge der Gruppe bestimmt also den Grad der Verlangsamung.« Aus dem Vorwort der Partitur von *Zeitmaße* (1955/56).

28 K. Stockhausen, »...wie die Zeit vergeht...«, in: *Texte zur elektronischen und instrumentalen Musik Band 1. Aufsätze 1952-1962 zur Theorie des Komponierens*, Köln: Dumont 1963, S. 114.

| Maderna: Klavierkonzert, verwendete MM-Angaben fürs Achtel ||  Stockhausen: chromatische Dauernreihe aus »...wie die Zeit vergeht...« |
|---|---|---|
| original | »oktaviert« | |
| 48 | 16tel = 96 | (95,2) |
| 52 | 16tel = 104 | (105,9) |
| 56 | 16tel = 112 | (113,9) |
| 60 |  | 60 |
| 64 |  | 63.6 |
|  |  | 67,4 |
| 72 |  | 71,4 |
| 74 |  | 75,6 |
| 80 |  | 80,1 |
| 84 |  | 84,9 |
| 90 |  | 89,9 |
| 92 |  | keine Entsprechung |
| 94 |  | 95,2 |
| 100 |  | 100,9 |
|  |  | 106,9 |
| 112 |  | 113,9 |
| 120 |  | 120 |
| 132 | 4tel = 66 | (67,4) |
| 152 | 4tel = 76 | (75,6) |
| 160 | 4tel = 80 | (80,1) |
| 168 | 4tel = 84 | (84,9) |

Mit der Ähnlichkeit des Vorrats ist die Verwandschaft allerdings schon erschöpft. Der Versuch, etwa die Folge der Metronombezeichnungen des *Klavierkonzerts* nach Stockhausens System in eine Tonfolge zu verwandeln und so vielleicht eine Beziehung zu den Grundreihen herzustellen, scheitert schnell. Nicht einmal von ferne erinnert die Abfolge der Metronomzahlen an reihengemäße Operationen.

Insofern bleibt auch ein anderer Zugang problematisch. Bei der Besprechung des *Flötenkonzerts* wurde gezeigt, daß dort die Ausdehnung der Takte zum Gegenstand serieller Prozeduren wurde. Nun kann ja, ähnlich wie die Dauern, auch dieser Faktor bei stabiler Taktbezeichnung durch das metronomische Tempo geregelt werden, überdies gänzlich unabhängig von den eigentlichen Dauern. Die Annahme, daß der Taktwechsel des *Flötenkonzerts* im *Klavierkonzert* durch den Tempowechsel ersetzt ist, könnte zu folgender Überlegung führen: Nimmt man das hinreichend archetypische Tempo 60 bei der Grunddauer ein Zweiunddreißigstel an, so hätte der 3/8-Takt in den 19 Tempi – die Ritardandi und Accelerandi nicht berücksichtigt – bezogen auf das Grundtempo eine Ausdehnung von 15 bis zu vier Zweiunddreißigsteln. Zu einer aufsteigenden Reihe angeordnet, ergäben die 19 Tempi so eine Zwölferreihe, bei der nach der ersten Reihenhälfte zwischen die Zweiunddreißigstel-Takte noch die zwischen diesen liegenden Vierundsechzigstel-Takte eingefügt sind. Die rechnerischen Abweichungen sind allerdings zum Teil erheblich:

| MM | zu MM 60 | hypothetisch angestrebte Taktart | Vergleich MM | |
|---|---|---|---|---|
| | | | Soll | Ist |
| 48 | 15 | 15/32 | 48 | 48 |
| 52 | 13,846 | 14/32 | 51,428 | 52 |
| 56 | 12,857 | 13/32 | 55,384 | 56 |
| 60 | 12 | 12/32 | 60 | 60 |
| 64 | 11,25 | 11/32 | 65,45 | 64 |
| 72 | 10 | 10/32 | 72 | 72 |
| 74 | 9,729 | (19/64) | 75,789 | 74 |
| 80 | 9 | 9/32 | 80 | 80 |
| 84 | 8,571 | (17/64) | 84,705 | 84 |
| 90 | 8 | 8/32 | 90 | 90 |
| 92 | 7,826 | dto.! | 90 | 92 |
| 94 | 7,659 | (15/64) | 96! | 94 |
| 100 | 7,2 | 7/32 | 102,857 | 100 |
| 112 | 6,428 | (13/64) | 110,769 | 112 |
| 120 | 6 | 6/32 | 120 | 120 |
| 132 | 5,454 | (11/64) | 130,909 | 132 |

| MM | zu MM 60 | hypothetisch angestrebte Taktart | Vergleich MM | |
|---|---|---|---|---|
| | | | Soll | Ist |
| 152 | 4,736 | 5/32 | 144!! | 152 |
| 160 | 4,5 | (9/64) | 160 | 160 |
| 168 | 4,285 | 4/32 | 180!!! | 168 |

So verlockend es auch sein mag, eine der angebotenen Interpretationen für die Tempowechsel im *Klavierkonzert* heranzuziehen – denn im Grunde sprechen die Abweichungen nicht kategorisch gegen sie, sie können auch nachträglich in Hinblick auf die Praxis hineingeraten sein –, so helfen doch beide in bezug auf die Anordnung der Tempi im Werk nicht recht weiter.[29] Die Zahl der Eigenschaften, an die eine wie immer geartete serielle Organisation anknüpfen kann, ist erheblich. Ein solcher Faktor könnte die absolute Ausdehnung (in Sekunden) der unter einem Tempo zusammengefaßten Abschnitte (oder Gruppen, mit Stockhausen zu reden) sein, ein anderer die unter ihnen herrschenden Proportionen; das gleiche gilt für ihre relative Ausdehnung, sei sie nun nach Takten oder nach Dauern, z.B. in Zweiunddreißigsteln, gerechnet. Einen Ansatzpunkt zu Komposition und Analyse böten ferner die Eigenschaften der Abschnitte: »stabil, schneller werdend, langsamer werdend«, mit graduellen Abstufungen wie etwa Stockhausens: »schnell verlangsamend, mäßig verlangsamend etc.« oder das Ausmaß der Veränderung nach einem Wechsel.[30] Möglich auch,

---

29 Im übrigen kann natürlich nicht ausgeschlossen werden, daß überhaupt kein einheitliches Ordnungsschema für die Tempi herrscht, daß womöglich viele Angaben aus rein musikalisch-gefühlsmäßigen Gründen Eingang gefunden haben, daß sie hier und da schlicht einstehen für die althergebrachten italienischen Tempoangaben. Über einem der Entwürfe für die nachmaligen Eingangstakte finden sich noch die Bezeichnungen »Acc. ..... Allegro. Lento acc. ... Moderato«, was in Umrissen den Metronomangaben der Partitur entspricht.

30 Für den Anfang lassen sich noch interessante Proportionen errechnen. Er verläuft so:
Takt 1-4:          72 acc. molto       Orchestervorspiel
Takt 5:            160
Takt 6-8:          subito 72 acc.
Takt 9-10:         152 rall.            Solointroduktion
Takt 11:           80
Takt 12:           152
Takt 12$^{bis}$-32:    132                  Solo I,1

daß das Tempo nur ein Teilaspekt eines übergeordneten Parameters ist, namentlich der »Dichte«. Die folgende Graphik zeigt eine einfache Statistik des gesamten Konzerts unter diesem Gesichtspunkt. Aus Raumgründen wurden alle zwischen zwei doppelten Taktstrichen liegenden Abschnitte zu einer Gruppe zusammengefaßt, die in der Waagerechten ungeachtet ihrer tatsächlichen Ausdehnung 1 cm einnimmt. Die hier dargestellte Dichte stellt das Produkt aus Einsatzdichte und Tempo dar, die so gewonnene Kurve entspricht recht genau der Spannungskurve des Konzerts (s. Schema S. 79).

Eines ist sicher: Ob die Anregung zu metronomgeregelten Tempi nun von Stockhausen übernommen wurde oder in Eigenem wurzelt (Organisation der Taktlänge, vgl. *Flötenkonzert*) – die durch zahlreiche Übergänge flexible Handhabung des Tempos führt im Vergleich zum Taktwechsel, der ja immer »gequantelt« ist, zu einem Kontinuum, zum fließenden Wechsel, der einmal mehr ans elektronische Studio denken läßt. Die Beschleunigung oder Verlangsamung der Bandgeschwindigkeit, der *immagini sonori* ist hier im *Klavierkonzert* mit einer gewissen Rücksichtslosigkeit dem Dirigenten und den Interpreten übertragen. Zudem paßt das System in die allgemeinen Tendenzen seiner Entstehungszeit, weg vom Pointillismus – hin zu feldartigen oder gruppenmäßigen Bildungen. Zwar werden bereits im *Flötenkonzert* ganze Taktverbände durch einheitliche Taktwechsel-Operationen zusammengefaßt, doch erhalten erst hier solche Abschnitte übergeordnete, sinnlich erfaßbare Eigenschaften wie »stabil«, »schneller«, »langsamer«.

# Form en gros...

Bei offensichtlicher Zweiteiligkeit im großen schlage ich für das *Klavierkonzert* zunächst folgende sechsteilige Gliederung vor:

    **Teil 1 I.**         Einleitung, T. 1-59
                       (mit Solo I, T. $12^{bis}$-43)

Ich unterschlage ein »rall.« in Takt 26 und die Tatsache, daß die Änderungen nicht immer genau mit den Taktgrenzen zusammenfallen – und schlage vor: Die drei Formteile Orchestervorspiel, Solointroduktion und Solo I,1 verhalten sich von der Taktzahl her wie 8:4:16 entsprechend 2:1:4; das MM-Maximum von Takt 1-8 verhält sich zum MM-Minimum von Takt 9-12 wie 160:80 entsprechend 2:1; die Differenz zwischen den Tempi von Takt 1-12 verringert sich überdies konstant um 8 ( 88 - 80 - 72).

# Klavierkonzert

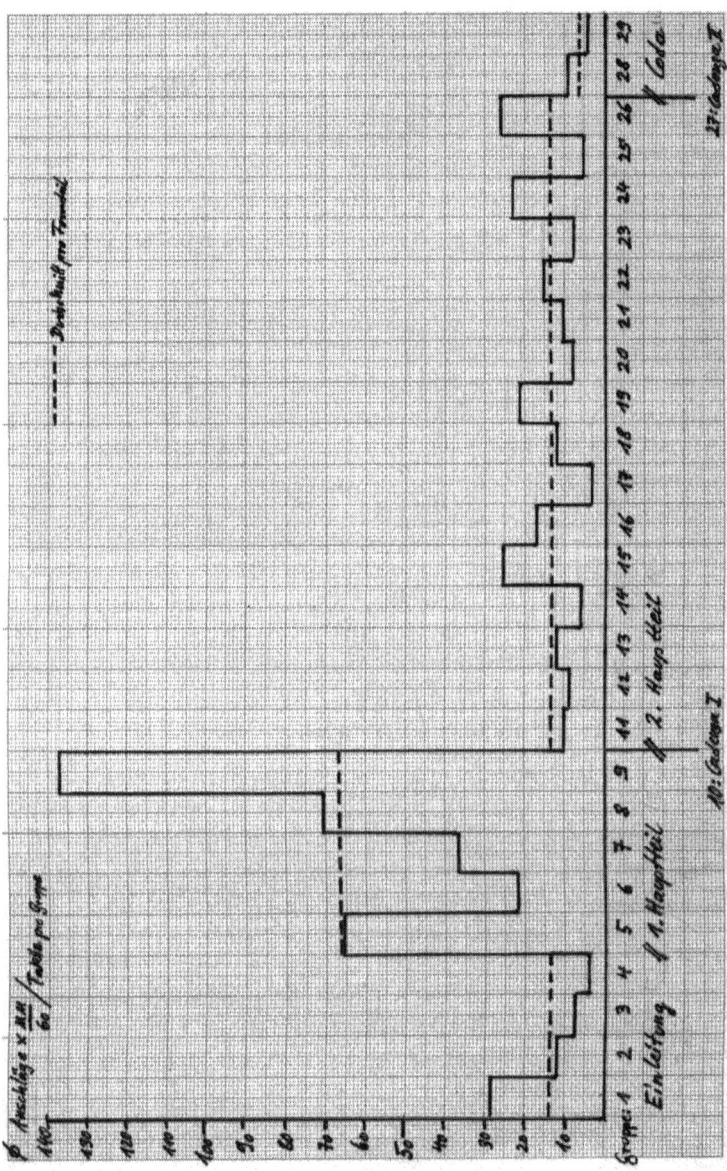

Klavierkonzert, Dichte der Abschnitte

|  |  |
|---|---|
| II. | Erster Hauptteil, T. 60-140 |
| III. | Cadenza I |
| **Teil 2** IV. | Zweiter Hauptteil, T. 141-267 |
|  | (mit Solo II, T. 225-245) |
| V. | Cadenza II |
| VI. | Coda, T. 268-299 |

Eine Gliederung, die sich schlichter ausnimmt, als sie ist. Zwei Dinge sind zu beachten:

1. Im Gegensatz zum klassisch-romantischen oder barocken Konzerttyp, aber auch zum *Flötenkonzert* ist die hier vorliegende Gliederung vor allem durch solistische Abschnitte, die beiden Kadenzen, bestimmt. Zwar beginnen auch hier die Abschnitte I, II, IV und V jeweils mit einem Tutti, d.h. ohne Beteiligung des Solisten, doch fehlt es diesen Tutti an Ritornellcharakter, wie ihn die drei Orchesterzwischenspiele des *Flötenkonzerts* durch die Zuweisung bestimmter auffälliger Eigenschaften (Dauerforte, Tremolo, hohe Dichte) noch besaßen. Ritornellcharakter eignet aber gewiß den gänzlich unbegleiteten Passagen: Selbst im »abstraktesten« seriellen Kontext wird der Hörer solche Abschnitte mühelos als Besonderheit verbuchen und bei wiederholtem Auftreten zur Gliederung heranziehen, sie zueinander in Beziehung setzen. Die durch unbegleitete Soloepisoden gekennzeichnete Form wird vom *Klavierkonzert* an der für das Konzertschaffen Madernas bestimmende Typus bleiben.

2. Was aus der Gliederung unmittelbar nicht hervorgeht: Die sechs Abschnitte verhalten sich je zwei zu zwei nach dem Prinzip der kontrastiven Entsprechung; Einleitung zur Coda, erster Hauptteil zum zweiten, Cadenza I zu Cadenza II. Man braucht nicht erst eine umständliche Analyse zu erstellen, um diese Auffassung zu erhärten, sie ist ohne weiteres hörend nachzuvollziehen. Die Einleitung beginnt in großer Lautstärke mit einem changierenden, engen Akkord (Cluster) des Orchesters in der oberen Mittellage ($b^1$ - $a^2$) und führt dann mit großer virtuoser Geste den Solisten ein (Ambitus der ersten drei Einsätze des Pianisten: $fis^4$ - $Fis_1$, Dynamik fff). In der Coda hingegen: eingeschränkte Besetzung, zum Schluß bleiben zwei Solo-Violinen, Pauke, Harfe; die Dynamik bewegt sich zwischen pp und pppp; das Geschehen ist punktuell aufgesplittert und von langen Pausen durchsetzt; der Solopart ist dem Satzbild des Orchesters völlig angeglichen; die Mittellage zwischen gis und $b^2$ ist ganz ausgespart.

Auch der Kontrast zwischen dem ersten Hauptteil, dem man grosso modo die Eigenschaften laut und schnell zuweisen kann, und dem zweiten, in dem die entgegengesetzten überwiegen, wird zu einem Gutteil durch das

Agieren des Solisten erzielt. Im ersten Teil ist er rastlos, fast unausgesetzt tätig, im zweiten wird er sparsam eingesetzt; im ersten herrscht der traditionelle Anschlag vor, und das Satzbild weist Relikte überkommener pianistischer Virtuosität auf (Passagen in hoher bis höchster Geschwindigkeit, vollgriffige Akkorde), im zweiten wird das Klavier bis zur Preisgabe seiner solistischen Identität in den Orchestersatz integriert, Virtuosität im alten Sinn spielt kaum mehr eine Rolle. Dafür treten neue Spieltechniken wie Pizzicato oder Anschlagen der Saiten mit Paukenschlegeln in den Vordergrund, die über die satztechnische Integration hinaus auch eine klangliche Angleichung des Klaviers an bestimmte Instrumente des Orchesters (Streicher, Harfen, Schlagzeug) ermöglichen.

Schließlich die beiden Kadenzen: die erste lebt vom Wechsel traditioneller und neuer Spieltechniken und vom Kontrast lyrischer Passagen zu solchen von eruptiver Gewalt. Daß hier dem Interpreten einige Wahlmöglichkeiten in bezug auf den Ablauf gegeben sind, wird der Hörer freilich nur dann wahrnehmen können, wenn sich der Solist zur Wiederholung ausgewählter Abschnitte entschlösse. Die zweite Kadenz ist durchkomponiert und bewegt sich fast ausschließlich im Pianissimo; neue Spieltechniken treten hier ganz in den Hintergrund.

Eine äußerst lapidare, fast möchte man sagen: primitive Gestaltung der Großform, zu deren Konstituierung recht grobe Geschütze wie Lautstärke, Tempo oder Besetzung aufgefahren werden. Unwillkürlich drängt sich der Gedanke an Adornos *Philosophie der neuen Musik* auf: »Will man heute größere Formen artikulieren, so muß man zu weit derberen Mitteln greifen, drastischen Gegensätzen der Lage, der Dynamik, der Setzweise, der Klangfarbe...«, wenig später fällt dann das Wort von den »roh klangmaterielle[n] Gegensätze[n]«[31]. Das bezieht sich noch auf Schönberg und seinen Kreis, besitzt Gültigkeit jedoch auch für die serielle und postserielle Musik. Freilich hat es mit der Gegenüberstellung der sechs großen Abschnitte durch »roh klangmaterielle Gegensätze« nicht sein Bewenden. Bereits auf dieser Ebene wird der Ablauf durch Juxtaposition kompliziert und aufgelockert, ohne dadurch an Deutlichkeit zu verlieren: Da sind z.B. die Soli I und II, die die Symmetrie der Anlage durchbrechen, da sind bestimmte auffällige Instrumentalgruppen, die sich durch das ganze Stück ziehen. Die Hörner etwa wären zu nennen: Sie signalisieren den Übergang von der Einleitung zum ersten Hauptteil, bestreiten eine wichtige Episode im zwei-

---

31 Theodor W. Adorno, *Philosophie der neuen Musik*. Frankfurt am Main: Europäische Verlagsanstalt 1958. Zitiert nach der TB-Ausgabe, Ullstein-Buch Nr. 2866, S. 74f.

ten Hauptteil und eröffnen die Coda. Ähnlich die Gruppe der *suoni fissi*, die Solo I und den zweiten Hauptteil einleiten und schließlich dem Solisten im Solo II teilweise sekundieren. Weiter beschränken sich die Gegensätze der Abschnitte selbst auf der Ebene des Hörbaren nicht ausschließlich aufs Klangmaterielle. Ich möchte die These wagen, daß der Gegensatz zwischen erstem und zweitem geradezu philosophischen Charakter hat, bei dem es um nichts Geringeres geht als um die Gegenüberstellung des herkömmlichen musikalischen Zeitbegriffs mit einem neuen. Der erste Hauptabschnitt ist, ganz im Sinne des eingangs zitierten Vortrags des Komponisten, eindimensional gerichtet, er weist eine Entwicklung auf und strebt einem Höhepunkt zu. Demgegenüber besteht der zweite Hauptteil aus in sich abgeschlossenen Zellen, die kein Oben und kein Unten, kein Vorher und kein Nachher kennen. »Momentform«, um mit Stockhausen zu sprechen, »Monaden«, um ein von Maderna für die Zellen, aus denen sich die erste Kadenz zusammensetzt, gebrauchtes Wort zu benutzen.[32] Man geht wohl nicht fehl, wenn man auch hier den Einfluß der Arbeit im elektronischen Studio sieht, die Übertragung der Techniken des Schneidetischs auf die Arbeit am Schreibtisch.

Und ein drittes: die Form des *Klavierkonzerts*, so sorgsam sie auch austariert ist, ist nicht hermetisch abgeschlossen. Sie genügt sich nicht selbst, sondern gehorcht einer Dramaturgie, die plastischer und eindringlicher kaum zu denken ist, der Programmatisches keineswegs fernliegt. Dreh- und Angelpunkt des Ganzen ist das zweimalige Zuwerfen der Klappe – ein quasi szenisches Element von höchster Deutlichkeit, »roh und klangmateriell« – in dieser Hinsicht kaum zu überbieten –, eine Geste der Frustration, der ohnmächtigen Wut, der Verzweiflung. Eine Geste, die zwar aus der »Trickkiste« von John Cage und Henry Cowell stammen mag, hier aber aller clownesker Züge enträt. Erhärtet wird diese Interpretation durch die Dynamik des Konzerts selbst: Der Solist gerät im Verlauf des ersten Hauptteils immer stärker in Bedrängnis – man darf es wohl so

---

32 »La prima cadenza è costruita da una serie di strutture più o meno complesse, aperte o chiuse, e di oggetti sonori isolati o incorporati anch'essi in strutture a lor volta semplici o complesse. Ognuna di queste monadi (le chiamo per comodità così, intendendo in questo caso per ›monade‹ ognuno degli ›accadimenti‹ sonori sopra elencati, essendo ognuno di essi per se sufficientemente ›pregnante‹) può venire incatenata o interpolata ad un'altra o parecchie altre.
   Il proporre interpolazioni, concatenazioni o isolamenti è lasciato all'interpretazione dell'esecutore. Anche gli spazi, che possono separare o legare diverse monadi, sono lasciati alla scelta dell'interprete che si vorrebbe così spontanea quasi compiuta in stato di ›automatismo interiore‹...« (*Klavierkonzert*, Vorwort der Partitur S. VI)

plastisch ausdrücken –, muß sich gegen die geballten Akkordmassen der Bläser durchsetzen; die Einsatzabstände zwischen Orchester und Klavier werden zunehmend knapper, schließen sich zu komplementärer Zweiunddreißgstel-Bewegung zusammen; Unterarm-Cluster und beidhändiges Einhämmern auf eine einzige Taste bieten das Bild eines, der um sich schlägt. Nach dem Zuschlagen des Deckels ist die Welt nicht mehr die gleiche. Ob die Integration des Klaviers in den Orchestersatz, wie sie im zweiten Teil zu hören ist, Sinnbild friedlicher Koexistenz oder herbstlicher Resignation ist, soll hier nicht entschieden werden. Einmal noch unternimmt der Pianist einen Ausbruchsversuch: Mit äußerst virtuoser Geste, fortissimo in durchgehender Zweiunddreißgstel-Bewegung (Tempo: Achtel = 160 ca.) beginnt Solo II, nachdem in der vorangehenden Zelle (die im dreifachen Piano beim Tempo von Achtel = 52 ca. verklingt) dem Soloklavier nur zwei Töne verstattet waren. Schließlich die letzte Zeile der zweiten Kadenz: drei in den meist unterhalb des Pianissimos angesiedelten Zusammenhang eingestreute Akkorde (sfff, sffff – allerdings bei von Hand gedämpften Saiten –, molto ff – Unterarm-Cluster so hoch wie möglich, so tief wie möglich in schnellstmöglichem Wechsel) rufen noch einmal die Erinnerung an die Verzweiflungstat des ersten Teils wach, ehe die Coda einsetzt, sehr weich zunächst (Hörner und Klarinetten), um schließlich in der gläsernen Starre des Schlusses zu gefrieren.

Freilich nicht in der unverhüllten Drastik des *Klavierkonzerts* tauchen Momente, die das Abbild größter Verzweiflung bieten, in den späteren Konzerten Madernas immer wieder auf. Im 2. *Oboenkonzert* endet das erste Solo mit einem langgezogenen, unregelmäßig rhythmisierten $a^3$ der Solo-Musette (»sempre ff e sostenuto«), am Schluß die Vortragsanweisung »disperato«; im *Violinkonzert* ist es gleichfalls das dreigestrichene A, das von der Solovioline »sempre fff sost.« ausgehalten wird, auch hier lautet die Vortragsanweisung »disperato«.[33] Der im Idealfall wohl deutlich und häufig durchzuführende Bogenwechsel – durch den sich ja im Grunde nichts ändert – verstärkt den Eindruck hilfloser Aktivität und ausweglosen Sich-Abmühens. Wie das Zuschlagen des Deckels im *Klavierkonzerts* bilden beide Stellen den Höhepunkt sich zuspitzender dramatischer Entwicklungen.

Zu guter Letzt liegt eine Äußerung des Komponisten vor, die die programmatische Deutung der Solokonzerte, und insbesondere die der angeführten bildkräftigen Momente in ihnen stützt und konkretisiert. 1970

---

33 Es handelt sich bei beiden Stellen eigentlich um dasselbe Stück – wir werden bei der Besprechung der beiden Konzerte darauf zu sprechen kommen.

sagte er anläßlich einer Aufführung des *Violinkonzerts* beim Saarländischen Rundfunk:

> »... una cosa che mi ha sempre impegnato più negli ultimi anni, [...] è la rappresentazione del poeta, dell'artista, di un'uomo che è solo e tenta di convincere gli altri, di portarli verso le sue idee, i suoi ideali. Ma i suoi ideali sono così alti, buoni e tolleranti che la gente non è ancora capace di capirli, perciò tenta di distruggere il profeta.«[34]

Wenn Maderna auch an gleicher Stelle die Beschäftigung mit dem Hyperion-Komplex, der ihn vor allem in der Mitte der 60er Jahre stark in Anspruch nahm, als den Beginn solcher Vorstellungen von Dichter und Welt, von Individuum und Masse auch als Thema instrumentaler Musik angibt, so legt der Befund des *Klavierkonzerts* doch die Annahme nahe, daß dieser Themenkreis bei Maderna tiefere Wurzeln hat und bereits in einem doch noch stark von seriellen Problematiken geprägten Zusammenhang an den Tag tritt.

## ... en detail

Durch das vorangegangene Kapitel mag ein wenig der Eindruck entstanden sein, als handele es sich beim *Klavierkonzert* trotz der minutiösen Vorarbeiten letztendlich um eine mit mehr oder weniger breitem Pinselstrich ausgeführte Komposition. Dem ist freilich nicht so. Die Eigenart, oder sagen wir ruhig: die Qualität des Konzertes liegt gerade in einer von zwingender Dramaturgie zusammengehaltenen Detailfülle. Das reicht von der abgerundeten formalen Gestaltung einzelner Unterabschnitte bis hin zur hingebungsvollen Arbeit am einzelnen Klang, ja am Einzelton. Dabei wuchert Maderna nicht mit dem Pfunde; der Reichtum hat etwas Ausuferndes, Verschwenderisches. Werkemphatische Kritik könnte hier ansetzen: Nicht jede opulent ausgestattete Einzelheit trägt zwingend zum Gelingen des Ganzen bei oder hat eine unersetzliche Funktion inne. Das beginnt schon mit dem verlangten Riesenorchester – an Everett Helms zu Beginn zitiertem Einwand, daß es unnötig groß sei, ist ein Körnchen Wahrheit. Ökonomie, die Beschränkung aufs Notwendige, ist Madernas Sache nicht. In dieser Hinsicht scheint sein Werk ein getreues Abbild seiner Le-

---

34 Interview des Saarländischen Rundfunks mit Chr. Bitter vom 31.10.1971; in italienischer Übersetzung abgedruckt in *Documenti*, S. 103

bensgewohnheiten und seines Charakters zu sein, und es ist müßig, darüber den Stab brechen zu wollen: Allen Tabellen und Zahlenkolonnen zum Trotz – Nicht-Berechnung gehört zu seinem Personalstil.

Nachdem das *Klavierkonzert* oben gewissermaßen aus der Vogelperspektive betrachtet wurde, wurde für das Folgende ein Standpunkt in mittlerer Entfernung angestrebt. Daß keine erschöpfende Analyse geboten werden kann, ist nicht nur Sache der an dieser Stelle allerdings gebotenen Ökonomie des Raumes, sondern auch Folge des erwähnten Detailreichtums, der dem Betrachter bei jedem Abhören oder Durchblättern der Partitur eine Fülle neuer Aspekte beschert.

## I. Einleitung

Die Einleitung deutet im kleinen die Spannungskurve des gesamten Konzerts an. Der auf das knappe Eingangstutti folgenden aufwendigen, konzertant brillanten Solointroduktion schließt sich ein »in allen Parametern proportioniert retardierendes« Solo mit coda-artigem Abschluß an, um Lewinskis treffende Beobachtung noch einmal zu bemühen.

Im einzelnen:

### I.1. Tutti
1-4:      72 acc. molto
5:        160
6-8:      subito 72 acc.

Als im Grunde akkordisches Tuttiportal vielen von Beethovens 5. Klavierkonzert sich herleitenden Konzerteröffnungen des 19. Jahrhunderts von ferne verwandt. Es erklingen in voller Besetzung drei unterschiedlich gestaltete Akkorde, die durch über ihre jeweilige Kerndauer hinausragende Einzeltöne verbunden sind:

> 1.: viertönig (2,7,11,12) mit den Merkmalen kurz, kompakt; Dynamik »sff dim. pp«;

> 2.: sechstönig, komplementär zum ersten Akkord (1,3,5,6,9,4) mit den Merkmalen lang, nach und nach aufbauend; Crescendo von pp/p zu mf/f;

> 3.: elftönig (12 fehlt), äußerst kompakt, mittlere Dauer, extreme Dynamik (durchschnittlich »ffff«), einzelne Stimmen mit gegenläufigen Crescendi und Diminuendi.

Der flächig wirkenden Abfolge der drei Akkorde sind kontrapunktisch kurze Einzeltöne (mit punktuell zugewiesener Dynamik) der Untergruppe der glockenartigen *suoni fissi* (Cencerros, Röhrenglocken, Vibraphon, Marimba) gegenübergestellt. Die glockenartige Charakteristik des ersten Akkords (sff dim.) vermittelt zwischen beiden Gruppen und spielt emblematisch auf die Eigenart des Klaviertons an.

Der ganze Abschnitt bleibt innerhalb des Ambitus von $b^1$ bis $as^2$.

### I.2. Solointroduktion mit Orchester
| | |
|---|---|
| 9-10: | 152 rall. |
| 11: | 80 |
| 12: | subito 152 |

Auf das furiose Entrée des Solisten wurde oben bereits hingewiesen. Nach dem Reiheninitial in den Harfen stehen den Orchestermassen des Anfangs nun solistische Bläser gegenüber. T. 12 bringt neben dem Tempowechsel einen schroffen Instrumentationswechsel zu den *suoni fissi*, im Klavierpart den Übergang von massigen Akkorden zu kurzen Einzeltönen. Zum nächsten Abschnitt leitet, fast ein wenig theatralisch, ein Schlag auf das Tam-Tam hin.

### I.3. (unbegleitetes) Solo I
| | |
|---|---|
| $12^{bis}$-25: | 132 |
| 26-27: | rall. |
| 28: | 100 |
| 29: | rall. |
| 30-31: | 80 |
| 32-36: | subito 132 |
| 37: | subito 80 |
| 38-41: | acc. poco a poco |
| 42-43: | 120 acc. |

Nach dem raschen Wechsel der Satzbilder bis hierher scheinbar ein erster Ruhepunkt für den Hörer; in Wirklichkeit eine rasche Abfolge komplexer Zellen. Expositorisch wirkt das pianistische Ausloten der gesamten Tastatur und der direkte Zugriff auf das Innere des Instruments (eingestreute Pizzicati). Elementar wird der in den Grundreihen angelegte Gegensatz von Akkord und Einzelton ausgespielt. Rekurrierende Elemente, vor allem eine Folge kurzer, clustermäßig enger und sehr lauter Akkorde sowie lang klingende Einzeltöne in der Mittellage (besonders $b^1$) schließen sich zu einem roten Hörfaden zusammen.

### I.4. Solo mit Orchester
| | |
|---|---|
| 44-45: | 132 rall. |

46-54:     60
55-59:     subito 80

Die oben angegebene Grenze stimmt mit Tempowechsel, Wiedereintritt des Orchesters (*suoni fissi*) und dem doppelten Taktstrich der Partitur überein, ansonsten ist der Übergang von I.3. zu I.4. fließend. Die gesamte Passage hat unzweideutig überleitenden Charakter. Die virtuose Bewegung des Solisten ist gebremst, seine hier wenigen Töne sind in der Überzahl von Hand zu dämpfen. Der Einsatz der Hörner bereitet das folgende Tutti vor, das kurze Paukengrollen in T. 47 (»pp al bordo«) weist für den, der das Konzert kennt, auf den Schluß.

## II. Erster Hauptteil

Nach Tuttiportal, Solointroduktion, »Kadenz« und Überleitung nun das »Konzertallegro«. Die Entwicklung vollzieht sich in drei Schüben.

### II.1. Tutti
50-63:     64
64-65:     acc.
66:        100
67-70:     subito 84
71:        80
72-73:     84
74-75:     rall.
76-77:     72

In sich wiederum dreiteilig: T. 60-69, beginnend mit den Hörnern, ist ausschließlich mit Bläsern besetzt; T. 69-75 gehört den Streichern, später tritt die komplette im Orchester gebräuchliche Oboenfamilie hinzu; T. 76-77 weist solistisch bunte Besetzung einschließlich der *suoni fissi* auf, die im folgenden beibehalten wird. Die Bläserpassage (T. 60ff.) von ausgesprochen flächigem Charakter knüpft vermittelnd und kontrastierend zugleich an den Anfang des Stücks an. Sie schließt sich harmonisch nahtlos an diesen an. Der *piano armonico* für T. 60/61 bildet einen Cluster aus zwei ganztönigen Hexachorden des$^1$ – h$^1$/e$^2$ – d$^3$; im folgenden wird der Ambitus nach oben systematisch um eine kleine Terz ausgeweitet, bis in T. 70 d$^4$ erreicht ist; die Ausweitung nach unten geschieht weniger systematisch, aber ebenso zielstrebig. Mit einem Cis der Bässe und des Kontrafagotts in T. 67/68 wird der Orchesterklang zum erstenmal seit Beginn auf eine sonore Basis gestellt. Der Kontrast zum Anfang liegt in der Spielweise: Die Bläser sind in zwei Untergruppen geteilt. Die erste (im großen und ganzen das

Klavierkonzert, Partitur T. 76-78

Holz) spielt tremolando, die zweite normal. Wieder ist das Tremolo – wie beim *Flötenkonzert* bereits gezeigt – im weitesten Sinne zu verstehen: Als echtes Tremolo eines Tons (d. i. hier Flatterzunge), als Misurato-Tonrepetition, als Tremolo zwischen verschiedenen Tönen des gültigen *piano armonico*, gemahnend an herkömmliche gebrochene Akkorde. Dabei werden gehäuft Werte verlangt, die die Grunddauer (Zweiunddreißgstel) unterteilen, Quintolen vor allem und Triolen, in die unregelmäßig Pausen eingestreut werden. Dadurch erhalten die Brechungsfiguren ein wesentlich komplizierteres Aussehen als die des *Flötenkonzerts* und erinnern ein wenig an Stockhausens »Zeitgeräusche« und »Formantspektren«.[35]

### II.2. Solo mit Orchester

| | |
|---|---|
| 78-91: | 84 |
| 92-93: | poco acc. |
| 94-128: | 90 (T. 127: 4/8) |
| 129-130: | 84 (T. 130-132: 3/16) |
| 131-132: | 92 |

Ebenfalls dreiteilig. Das Satzprinzip der beiden ersten Unterabschnitte (T. 78-91 u. T. 92-105) läßt sich wie folgt zusammenfassen: Im Orchester – weiterhin ist es solistisch bunt aus allen Gruppen besetzt – findet sich »tabellengemäßes« Geschehen, solche Ereignisse also, die unmittelbar aus den oben besprochenen Reihen/Rhythmus-Tabellen herzuleiten sind, rein äußerlich zu erkennen daran, daß alle Dauern als einfache Vielfache des kleinsten vorkommenden Wertes, des Zweiunddreißigstels, angesehen werden können. Der Solist zerlegt die im Orchester resultierenden Akkorde in kleine Notenwerte – nach dem Prinzip der Brechungsfiguren. Gelegentlich, nicht zuletzt dann, wenn eine auch auf dem Klavier darstellbare enge Lage der Orchesterakkorde dies erlaubt, werden auch vom Solisten Akkorde ungebrochen eingeworfen. Was im *Flötenkonzert* noch als Sonderfall zu betrachten war, die »melodische« Auffächerung der Ensemble-Harmonien durch den Solisten, wird hier also über weite Strecken zu einem der hauptsächlichen Gestaltungsmittel. (Wegen der extrem weiten Lagen der resultierenden Akkorde und des ständigen Abwechselns der beiden Hände ist hier allerdings das Epitheton »kreisend« treffender als »melodisch«. Das Notenbeispiel auf S. 88 zeigt den Anfang von II.2.)

Der zweite Unterabschnitt (T. 92-105) bringt den Krebsgang des ersten – durch das gesteigerte Tempo und eine neue Instrumentierung wirkt er auf den Hörer als Steigerung. Die Rhythmen des Klaviers werden neu gestaltet, bei längeren Dauern ist die Spielweise Tremolo (i.e.S., auf einem

---

[35] *Smith*, a.a.O., S. 243

Klavierkonzert, Partitur, T. 112-114

Ton) im Orchester fast obligatorisch. Verstärkt gelangen Blechbläser zum Einsatz. Paradigmatisch ist bereits der erste Ton der retrograden Lesart: Das $e^2$ des Marimbaphons (mp) wird gespiegelt von der Trompete im Forte.

T. 106-133: Zuspitzung der Lage und Katastrophe. Blockhafter Einsatz der Bläser unter massiver Hinzuziehung des Blechs; kurze, abgerissene Akkorde im Wechsel von Orchester und Klavier, teils in komplementärem Zweiunddreißigstel-Abstand. Das zahlenmäßige Verhältnis von Brechungsfiguren zu Akkorden im Solopart ist gegenüber den Takten 78-105 zugunsten der Akkorde in etwa umgekehrt (s. Notenbeispiel auf S. 90). Nach mehreren Anläufen unter gehäufter Verwendung von Clustern Höhepunkt in vierfachem Forte (T. 128-132): Im Orchester eine aggressive Variante der Bläserepisode von Takt 60ff. (Holzbläser tremolando, Blech kompakt akkordisch), der Solist setzt »sempre il più ff possibile« ein beidhändig gehämmertes $a^1$ dagegen; T. 131: Solist allein, erstes Zuwerfen des Deckels der Tastatur; T. 132: kurzer Ausbruch der Bläser (ffff), zweites Zuschlagen des Deckels, zeitgleich mit Tam-Tam-Schlag, beides soll in das folgende Tutti hinüberklingen: »La risonanza del Pianoforte e del Tam-tam deve coprire il tutto.«

### II.3. Tutti
133-136:  [noch] 92
137-140:  subito 84

»Alles rennet, rettet, flüchtet«, mit Schiller zu reden. Auf die von der sonst im *Klavierkonzert* zu beoachtenden Satzweise abweichende Textur dieses kurzen, zur ersten Kadenz hinleitenden Tuttis wurde bei der Besprechung der Skizzen bereits hingewiesen. Dem Diminuendo-Effekt, der durch den Übergang der Zweiunddreißigstel-Bewegung von den Streichern zu den Echo-Streichern verstärkt wird, entspricht die Kontraktion des Tonraums vom Ambitus $B_2$ bis $e^3$ (T. 133, erstes 32stel) auf eine Oktave. Der allerletzte Klang (T. 140, zwölftes Zweiunddreißigstel) ist symmetrisch: $g^1$, $a^1$, $b^1$, $h^1$, $c^2$, $des^2$, $d^2$, $e^2$.

## III. Cadenza I

Neun Zellen stehen dem Pianisten zur freien Kombination zur Verfügung. Zum Teil sind sie obligat auskomponiert, zum Teil enthalten sie Spielräume zur freien Entscheidung: Ad-libitum-Dynamik, untereinander austauschbare Passagen. Ein Katalog fast aller im Konzert verwendeten Setzweisen und Spieltechniken wird aufgeboten. Neben rein perkussiven und gezupften Zellen in durchgehend graphischer Notation begegnen umgekehrt völlig traditionell notierte sowie Mischformen. Die Dauer der Kadenz soll zwischen drei und sechs Minuten liegen. »la condizione ideale è quella di una grande calma e libertà. Libertà di sentirsi musicalmente ›vivere‹ ora, prima, dopo, indifferentemente.« (Vorwort der Partitur, S.VI).

## IV. Zweiter Hauptteil

Nach dem traditionell konzertanten, kontrast- und konfliktbetonten ersten Hauptteil steht der zweite ganz im Zeichen der Integration des Soloparts. Satztechnisch drückt sich das im Fehlen der durch Akkordzerlegung entstehenden virtuosen Spielfiguren aus, auch die Dauern des Klaviers sind nun überwiegend »tabellengemäß«; eine klangliche Annäherung an die Instrumente des Orchesters bringt häufig der Einsatz neuer Spieltechniken mit sich.

Trotz zahlreicher Temposchwankungen liegt der Gesamteindruck – von Solo II abgesehen – zwischen dem eines Andante und dem eines Adagios. Wegen der Kleingliedrigkeit des Abschnitts (man beachte die vielfachen Tempowechsel!) sind andere Gliederungen als die folgende durchaus denkbar.

### IV.1. Tutti mit abschließender Soloepisode
141-169:     60 un poco a fantasia

Ein Neubeginn in den zartesten Farben. Zunächst nur *suoni fissi*. Die einzelnen Klänge sind durch ausgedehnte Pausen isoliert, pianissimo. Später treten (meist solistische) Streicher und die fünf Flöten (beide Gruppen oft im Flageolett) sowie einige Soloblässer hinzu. T. 162-169 eine Episode der sechs Hörner in engster Lage mit kontinuierlich zu öffnenden und schließenden Dämpfern. So entstehende Intonationsschwankungen von bis zu einer kleinen Terz sollen nach Anweisung der Partitur nicht ausgeglichen werden. Cencerros, die per se nur näherungsweise fixierte Tonhöhen erreichen, markieren im Tremolo die äußeren Töne des Hornakkordes. Auf diesem Hintergrund der Neueinsatz des Klaviers: Paukenschlegel auf den Saiten erzielen ebenfalls nur eine ungefähre, verschwimmende Diastematik. Smith nennt diesen Einsatz wegen seines Rhythmus (Quintolen, Septolen) recht passend eine »Parodie« auf die Brechungsfiguren im Solopart des ersten Teils.[36]

---

36 *Smith*, a.a.O., S. 243

## IV.2. Solo mit Orchester

| | |
|---|---|
| 170-177: | 72 |
| 178-181: | subito 112 ca. |
| 182: | subito 72 |
| 183-184: | rall. |
| 185-192: | 60 ca. |

Bis T. 177 lediglich Klavier mit *suoni fissi*. Durch Pizzicato des Klaviers eine direktere klangliche Anverwandlung ans Ensemble (Harfen) als in IV.1.; pointillistische Weiterführung, nun auch mit Solobläsern und Streichern bis T. 184; T. 185-192 dichterer Satz mit kurzen Melodiefragmenten im kammermusikalisch besetzten Orchester. Auffallende Häufung von Oktaven.

### IV.3. Tutti mit Soloeinwürfen

| | |
|---|---|
| 193-196: | 64 a poco a poco acc. |
| 197-202: | 74 a poco a poco acc. |
| 203-204: | 120 ca. subito molto rall. |
| 205-206: | 60 |
| 207: | subito 94 ca. |
| 208-209: | rall. |
| 210: | 60 ca. acc. subito |
| 211-212: | 120 ca. |
| 213-216: | 72 ca. |
| 217: | subito 120 ca. |
| 218-224: | a poco a poco rall. fino a 52 ca. |

Das Klavier wird ganz in den Hintergrund gedrängt, seine knappen Kommentare umfassen im Extremfall nur einen einzigen Ton. Die Betonung liegt auf orchestralen Momenten von hohem Farbwert. Einige Beispiele: langgezogenes $a^1$ der ersten Violinen auf leerer Saite (T. 195f. / 199f.); kurzer, vibrierender Ostinatofleck von Vibraphon, Celesta und Harfen (T. 196); ungemein sonorer Akkord von zwei Klarinetten, Baßklarinette, Bariton-Saxophon und erstem Horn in an- und abschwellender Stärke (T. 200ff. $es^1$-g-As-F, d.i. der drittletzte Klang von Reihe a); völlige Klangverschmelzung von Klavier und fünf Flöten (T. 211f. Tremolo auf $gis^3$ im dreifachen Forte); Bässe I und II (Echo) im Einklang, beide Gruppen im Wechsel hervor- und zurücktretend (T. 219f.).

### IV.4. Solo II (mit Orchestereinwürfen)

| | |
|---|---|
| 225-238: | subito 160 ca. |
| 239-245: | rall. ... 72 ca. |

Genaue Umkehrung der Verhältnisse von IV.3. und IV.5. Rückbesinnung auf die virtuosen Gesten des ersten Teils; die Rolle des Orchesters beschränkt sich auf eine Handvoll Einzeltöne der *suoni fissi* (T. 240/244).

### IV.5. Tutti mit Solo-Einwürfen
246-252: 120
253-264: 56
265-266: 168 rall. molto
267: 48

Ähnlich IV.3., weiterhin bescheidener Anteil des Klaviers. Nach erregtem Beginn ruhiger Schluß, der die lyrisch elegische Stimmung der zweiten Kadenz vorbereitet. Die drei Schlußtakte bringen mit einem Rallentando molto von MM 168 zu MM 48 die Verbindung der beiden Tempomaxima des Konzerts auf engstem Raum.

## V. Cadenza II

Durchkomponiert, ohne Taktangaben, aber mit fixiertem Tempo (MM 52). Verhalten, äußerst ruhig bis auf die angesprochenen Fortissimo-Schläge kurz vor Schluß.

## VI. Coda

Coda in reduzierter Besetzung mit Abschiedssinfonie-Effekt. Anfangs Hörner und Trompeten (gestopft rsp. gedämpft), Klarinetten (»in hat«), Xylophon, Glockenspiel (weiche Schlegel), Harfe, Pauke (al bordo) und zum Ende hin auf die beiden ersten Violinen reduzierte Solostreicher. Die Dynamik ist durchgehend im Pianissimo-Bereich angesiedelt, versinkt am Schluß ins vierfache Piano; zweiteilige Anlage:

### VI.1. Tutti
268-281: 52

Wie das Tutti von T. 60ff. beginnt auch dieses, angeführt von den Hörnern, in reiner Bläserbesetzung. Sie übernehmen in veränderten Oktavlagen die beiden Anfangsakkorde der zweiten Kadenz (m.d.: c-b-f-e, d-as-es); das Intervall h-fis der linken Hand findet sich in den Klarinetten. Die Ähnlichkeit zur Kadenz verliert sich im folgenden. T. 275 treten die Streicher mit isolierten sehr hohen und sehr tiefen Tönen hinzu. Nur sie bleiben neben der Harfe und der Pauke noch am letzten Abschnitt beteiligt.

## VI.2. Solo mit Orchester
289-299:    60

Vertikal und horizontal von Leerstellen durchzogen: Die Mittellage ist gänzlich ausgespart, die Einsätze sind durch lange Pausen isoliert; am chromatischen Total fehlen die Töne As und A. Eigentümlicher Widerspruch zwischen weiträumiger Harmonik (die hohen Töne erklingen in Oktaven) und engräumiger Melodik (Klavier T. 284: $c^4$, $b^3$, $f^4$, $g^4$ – stets von Pausen getrennt). Keinerlei Sonderbehandlung des Soloparts.

# Konzert für Oboe und Kammerensemble (1962)

Das *Konzert für Oboe und Kammerensemble*, im folgenden kurz als *1. Oboenkonzert* bezeichnet, ist dem Kölner Oboisten Lothar Faber gewidmet. Es steht am Beginn einer ganzen Reihe konzertanter Werke Madernas, die man nachgerade als »Faber-Konzerte« bezeichnen könnte, eine Werkreihe, zu der auch das *2. Oboenkonzert* und die *Grande Aulodia* zählen (wobei diese in ihrer Eigenschaft als Doppelkonzert für Flöte, Oboe und Orchester freilich ebensogut als »Gazzelloni-Konzert« anzusprechen ist). An die Peripherie der Reihe gehören großangelegte Werke, die zwar nicht als Solokonzerte im eigentlichen Sinn zu werten sind, in denen das konzertante Element jedoch eine herausragende Rolle spielt: Die *Suite aus der Oper »Hyperion«* (aufgeführt 1969 in Berlin) und die monumentale Komposition *Ausstrahlung* für Frauenstimme, Flöte, Oboe, Tonband und Orchester (UA 1971). Zu nennen ist ferner eine Anzahl solistischer Kammermusikwerke für die Oboe: *Aulodia per Lothar* für Oboe d'amore und Gitarre ad libitum (UA 1965), *Solo* für Musette, Oboe, Oboe d'amore, Englischhorn (1 Spieler), das von Faber auch mit der Begleitung eines Tonbands aufgeführt wurde (UA wohl 1971, s. *Documenti*, S. 299), und *Dialodia* für zwei Flöten, zwei Oboen oder andere Instrumente, zum ersten Mal wohl innerhalb von *Ausstrahlung* erklungen. Die Liste verdeutlicht (vor allem dann, wenn man zusätzlich die kaum weniger umfängliche der für Gazzelloni geschaffenen Werke im Blick behält), in welchem Maße sich Madernas Phantasie am Können und wohl auch an den Wünschen befreundeter Interpreten entzündete. In der Bereitwilligkeit, mit der er auf die Bedürfnisse seiner Solisten einging – im Fall Faber fällt vor allem die ausgiebige Nutzung der Sonderinstrumente der Oboenfamilie auf –, wird sein in der Literatur stets hervorgehobenes Musikantentum, »his *musikantisch* purpose«, wie Claudio Annibale im *Grove* formuliert, deutlich greifbar.

Mit dem *1. Oboenkonzert* tritt eine Reihe von Grundzügen ans Licht, die nahezu alle in den späteren Konzerten wieder aufgegriffen werden und – wendet man den Blick zurück – zum Teil in den früheren wenigstens vorgeprägt sind. Gleichwohl hat Maderna die ihm eigene Konzertform nicht ausschließlich in den »Faber-Konzerten« entwickelt, auch wenn sich ihre Merkmale auf dem Weg vom ersten (wo sie deutlich Gestalt annehmen) zum 2. *Oboenkonzert* (wo sie ihre bis zum Schluß beibehaltene Ausprägung erhalten) verfestigen. Zwischen die Komposition der beiden Konzerte fällt der größte Teil der Arbeit am *Hyperion*-Projekt, das nicht ohne Bedeutung für Madernas konzertantes Schaffen bleiben konnte – ist doch die Titelrolle nicht mit einem Sänger besetzt, sondern (wie schon im Radiodrama *Don Perlimplin*) mit einer Soloflöte! Zum Kern von Madernas *Hyperion* zählen drei Kompositionen: *Dimensioni III*, *Aria*, und *Stele per Diotima*. Es würde zu weit führen, an dieser Stelle detailliert auf die zahlreichen Versionen und Aufführungen des Hyperion-Komplexes einzugehen, die Maderna in den Jahren zwischen dem ersten und dem zweiten Oboenkonzert gestaltete. Es sei hier nur darauf hingewiesen, daß bei diesen Aufführungen – meist mit Severino Gazzelloni als Solisten – die Grenzen zwischen Konzert, Orchesterstück und Solokantate fließend wurden und daß ihre große Zahl vielleicht der Grund dafür ist, daß Maderna auf die Komposition weiterer Flötenkonzerte (vom Doppelkonzert, der *Grande Aulodia* abgesehen) verzichtet hat.[1]

---

1 *Dimensioni III* für Orchester mit einer Kadenz für Flöte solo, erschien 1965 bei Suvini Zerboni; *Aria* für Sopran, Flöte solo und Orchester, kam ebenfalls 1965 bei Suvini Zerboni heraus; *Stele per Diotima* für Orchester mit einer Kadenz für Violine, Klarinette, Baßklarinette und Horn soli wurde 1966 beim Nordeutschen Rundfunk zusammen mit Teilen aus *Dimensioni III* uraufgeführt.
*Dimensioni IV*, ein Stück für Flöte und Kammerensemble, wurde 1964 in Darmstadt gespielt und besteht aus Teilen von *Dimensioni III* und *Aria*; 1965 dirigiert Maderna in Darmstadt einen *Hyperion II* mit folgendem Aufbau: Kadenz für Flöte solo mit spärlicher Begleitung – *Dimensioni III*, Teil 1 und 2 – Kadenz für Flöte solo – *Dimensioni III*, Teil 3 – *Entropia II* (i. e. *Dimensioni III*, Teil 4) – Kadenz für Flöte solo, wobei die Kadenzen heute als verschollen gelten müssen. 1966 folgt in Rom eine Aufführung mit dem Titel *Hyperion*: Kadenz für Flöte solo mit spärlicher Begleitung — *Dimensioni III*, Teil 3 – *Dimensioni III*, Teil 1 und 2 – *Aria* (vokal). Im selben Jahr erscheint bei Wergo eine Aufnahme unter dem Titel *Hyperion III*: eine komplexe Zusammenstellung von *Dimensioni III*, *Aria*, und *Stele* (zu den Einzelheiten vgl. *Documenti*, S. 245ff).
*Hyperion II* steht vor allem wegen des Wechsels von Kadenzen und obligaten Partien den Konzerten nahe; *Hyperion III* wegen des Instrumentenwechsels: Gazzelloni spielt nacheinander Pikkoloflöte, Flöte, Altflöte.

# Konzert für Oboe und Kammerensemble (1962)

So lose gefügt Madernas Konzertform bei näherer Untersuchung auch sein mag – und gerade in dieser losen Formung liegt ein Gutteil ihrer Eigenart beschlossen –, so sind doch auf der anderen Seite stilistische Konstanten, die den seit dem *1. Oboenkonzert* entstandenen Konzerten gemeinsam sind, nicht zu übersehen. Sie reichen von eher allgemeinen Merkmalen bis hin zu Details, die mit erstaunlicher Hartnäckigkeit beibehalten werden.

Grundsätzlich sind von nun an alle Konzerte dem Typus zuzuschlagen, den man als modernes Virtuosenkonzert bezeichnen könnte – wenn der Begriff Virtuosität nicht auf seine Kardinaltugenden Brillanz und Geläufigkeit eingeschränkt, sondern umfassend verstanden wird. Stets gibt Maderna dem Solisten die Möglichkeit, sich »auszuspielen«, seine Fähigkeit zur Gestaltung – ganzer Abschnitte, kurzer Passagen, auch und vor allem des einzelnen Tones – unter Beweis zu stellen. Das steht sehr im Gegensatz zur Situation des *Flöten-* und des *Klavierkonzerts*, in denen, wie oben gezeigt, der Solopart bis zur Gefährdung der Identität des Solisten in das strenge Gefüge des Orchestersatzes integriert ist. Damit ist es nun vorbei, das »post-serielle« Zeitalter ist angebrochen: Solostimme und Orchesterpart fallen auseinander und stehen einander als nur schwer zu vereinbarende Gegensätze gegenüber. Die Entfremdung zwischen Kollektiv und Individuum – um es in eine Madernas Ästhetik durchaus angemessene Metapher zu kleiden – hat zugenommen und scheint kaum mehr zu überbrücken. Konkret schägt sich dies in der geringen Zahl und oft minimalen Ausdehnung der obligat auskomponierten Abschnitte für Solo und Orchester in den späteren Konzerten nieder. In den Momenten, in denen das Orchester in den über weite Strecken monologisierenden Solopart eingreift, geschieht es oft genug mit unmißverständlich aggressiver Geste. Typisch sind massive Bläsereinsätze in großer Lautstärke. Ebenso häufig bescheidet sich das Orchesters während der Soli auf die Bereitstellung eines amorphen Hintergrunds, eines nach Material und Charakter der Führung der Solostimme gänzlich fremden Klangteppichs.

»Entfremdung« also ist die Grundsituation der Konzerte Madernas, ihr Thema, ihr »Programm«. Von hinlänglicher Allgemeinheit, erlaubt es vielfältige und über den bloßen Antagonismus hinausreichende Möglichkeiten zu differenzierter Gestaltung der Tutti/Solo-Beziehung. Ähnliches gilt für den formalen Grundplan, der als Konsequenz des Entfremdungsprogramms den Ablauf bestimmt: In der Regel handelt es sich um eine wechselnde Zahl von Solokadenzen, die durch orchestrale Zwischenspiele verbunden sind und denen eine Einleitung vorangeht.

Der Aufbau der Einleitung gehört bereits zu den angesprochenen Details, deren Grundmuster vom *1. Oboenkonzert* an in vielfältiger Abwandlung stets beibehalten wird. Immer ist sie in zwei auffällig kontrastierende Abschnitte geteilt, wobei beide Abschnitte wieder in zwei oder mehr Unterabschnitte zerfallen können. Diese Unterabschnitte verhalten sich zueinander zwar gleichfalls kontrastiv, doch ist der Kontrast zwischen ihnen durch zumindest ein beibehaltenes Merkmal vermittelt. Andersherum: die Einheit des gesamten Abschnitts wird durch die weitere Unterteilung nicht gefährdet. So gliedert sich die Einleitung des *1. Oboenkonzerts* in ein Solo mit Orchesterbegleitung und ein Tutti des Kammerensembles. Die beiden Abschnitte unterscheiden sich nicht nur hinsichtlich der Besetzung, sondern auch in bezug auf die in ihnen durchgeführte Satzweise. Der erste Abschnitt, ein begleitetes Solo, ist von kammermusikalischer Transparenz und gehört dem seriellen Pointillismus an – wenn auch mit unüberhörbaren Ansätzen zu melodischer Gestaltung. Der zweite, das Tutti, ist von ausgesprochen feld- oder flächenhaftem Charakter; textile Metaphern wie »dicht gewebt« oder »Klangband« drängen sich zu seiner Bestimmung auf. Bei konstant punktueller Satzweise ist der erste Abschnitt in zwei Unterabschnitte gegliedert: Bis zum Ablauf der ersten Hälfte wird der Solist ausschließlich vom Streichquintett begleitet, in der zweiten stehen ihm die *suoni fissi* zu Seite, um den auffälligsten Unterschied anzuführen. Für die weitere Unterteilung des Tuttis sei hier nur auf die Analyse verwiesen.

Neben dem Phänomen der »doppelten Einleitung« gehört seit dem *1. Oboenkonzert* eine Episode zum eisernen Bestand, in der sich der Solist mit homologen oder doch wenigstens eng verwandten Instrumenten des Orchesters zu einem Ensemble zusammenschließt, das wie von ferne die Erinnerung an die konzentrierte Haltung klassisch-romantischer Kammermusik heraufbeschwört. Mit einem veritablen Streichquartett ist im *Violinkonzert* in dieser Hinsicht wohl ein Höhepunkt erreicht. Im *1. Oboenkonzert* ist es die dritte Kadenz, die diesem Muster folgt: Hier kommt es zu einem Trio zwischen Solo-Oboe, Altflöte und Klarinette. Man ist versucht, diese und die entsprechenden Episoden als utopische und/oder nostalgische Inseln der Seligkeit in den zerklüfteten Gefilden der Entfremdung zu deuten.

Im *1. Oboenkonzert* ist ferner die auratische Streicherbegleitung in nuce vorgebildet, die in der Mehrzahl der Fälle den stets lang ausgesponnenen Schlußmonolog des Solisten überhöht – auch wenn es sich hier vorerst nur um einen einzigen ausgehaltenen Akkord handelt (»Archi tutti con sordine. Vicinissimo al ponte, sempre ppp e legatissimo« lautet die entsprechende Vortragsbezeichnung).

Schließlich ist auf das Phänomen der Aleatorik hinzuweisen. Ihre Behandlung in den späteren Konzerten folgt grundsätzlich den im *1. Oboenkonzert* vorgeprägten Bahnen. In völliger Umkehrung der Verhältnisse des *Klavierkonzerts*, in dem der Solist bei der Gestaltung der ersten Kadenz einigen Spielraum genoß, im Gegensatz aber auch zu dem, was häufig zu lesen ist,[2] ist nicht der Solopart der Ort aleatorischer Freiheit – im Gegenteil, dieser ist genau fixiert, lediglich auf eine Taktgliederung ist verzichtet. Der Spielraum, den der Solist genießt, geht kaum über das ihm auch in herkömmlicher solistischer Musik verstattete Maß an agogischer Freiheit hinaus. Das mag gegenüber dem seriellen Rigorismus der 50er Jahre im allgemeinen und gegenüber den ersten Konzerten Madernas im besonderen nicht unbeträchtlich scheinen, hat indes mit Aleatorik wenig zu schaffen, will man das Verständnis des Begiffs nicht bis zur Unbrauchbarkeit ausweiten.

Immerhin muß die Freiheit des Solisten bei der Interpretation des Tempos bedeutend gewesen sein: Lothar Faber versicherte wiederholt, daß Maderna ihm in bezug auf das Tempo fast freie Hand gelassen habe und in begleiteten Partien etwa auftretende Differenzen durch Fermaten oder Wiederholungen im Orchester auszugleichen pflegte,[3] ein Verfahren, das in den späteren Partituren expressis verbis zu den Gestaltungsmöglichkeiten zählt und das uns in der Tat zur maderna-typischen Aleatorik führt. Der Improvisierende – auch und gerade in den Solokonzerten – ist der Dirigent, nicht der Solist. Unter Einhaltung genau fixierter Spielregeln hat er im *1. Oboenkonzert* die Wahl zwischen in sich festgelegten Besetzungsalternativen, kann manches wiederholen, hie und da Dynamik oder Tempo nach Gutdünken ausführen lassen. Diese Wahlmöglichkeiten sind ihm zunächst innerhalb der Kadenzen gegeben – in diesem eingeschränkten Sinne hat die populäre Formel von »Kadenz = Freiheit« und »Zwischenspiele = serieller Rigorismus« einen wahren Kern. Aber bereits im *2. Oboenkonzert* werden dem Dirigenten auch außerhalb der Kadenzen solche (und darüber hinausreichende) Gestaltungsmöglichkeiten an die Hand gegeben – bis ihm schließlich im *Violinkonzert* fast der gesamte Orchesterpart zur Schlußredaktion anvertraut ist.

---

2  Auch Christoph Bitters als Programmtext und Plattenkommentar weitverbreiteter Aufsatz »Bruno Maderna - Komponist und Dirigent« ist in dieser Hinsicht zumindest irreführend formuliert.

3  Mündliche Mitteilung an den Verf.

# Das Konzert im Überblick

Um im folgenden die Verständigung zu erleichtern, zunächst ein schematisches Ablaufprotokoll. Grundlage ist die bei Bruzzichelli erschienene Taschenpartitur (s.u.), der alle Text- und Seitenangaben entstammen. Die Gliederung in drei Hauptabschnitte I bis III stammt vom Verf., ebenso die Bezeichnungen der Abschnitte. Eine Ausnahme bilden die Kadenzen, deren Bezeichnung und Abgrenzung vom Komponisten herrührt. Die Grenzen der Unterabschnitte im Ablaufprotokoll decken sich in den meisten Fällen mit der in der Partitur vorgenommenen Gliederung durch doppelt gezogene Taktstriche. Ausnahme: Kein Doppelstrich findet sich nach der ersten Kadenz und vor T. 73, dem Beginn des mittleren Tuttis. Weitergehende Unterteilungen (im Protokoll durch mehr als zwei Ordnungsziffern ausgewiesen) wurden vom Verf. vorgenommen, Zitate aus der Partitur erscheinen in Anführungszeichen.

Folgender Aubau im groben:

| | | Takt |
|---|---|---|
| 1. Teil: | **Oboe d´amore** | |
| | Prolog: Solo mit Begleitung | 1-38 |
| | Eingangstutti | 39-56 |
| | »1ª Cadenza« | $56^{bis}$ |
| | Beschluß: Solo mit Begleitung | 57-61 |
| 2. Teil: | **Oboe** | |
| | »2ª Cadenza« | $61^{bis}$ |
| | Solo mit Begleitung | 62-72 |
| | Mitteltutti | 73-86 |
| | »3ª Cadenza«, später mit Ensemble | $86^{bis}$-88 |
| | »4ª Cadenza«, später mit Ensemble | $88^{bis}$-93 |
| | »5ª Cadenza« | $93^{bis}$ |
| | Schlußtutti | 94-108 |
| 3. Teil: | **Englischhorn** | |
| | Epilog: »6ª Cadenza« | $108^{bis}$ |

läßt sich wie folgt weiter gliedern.

## 1. Teil: Solist mit Oboe d´amore

### 1.1   T. 1-38:   Solo mit Begleitung (Prolog)

auskomponiert, Viertel = 60 ca., »Tempo sempre molto rubato«, 3 x 4/4, 7/8, 11 x 4/4, 2/4, 10 x 4/4, 7/8, 10mal 4/4, 7/8

T. 1-18: Solo und Streichquintett
Solo tacet T. 13-16
T. 15-38: Solo und *suoni fissi*

1.2   T. 39-56:   Eingangstutti

auskomponiert, Viertel = 54 ca., »Rigoroso«, 5 x 3/4, 8 x 4/4, 5 x 3/4

T. 39-43: Bläser und Streicher
T. 44-47: Bläser, Streicher und *suoni fissi*
T. 48-51: Bläser und Streicher
T. 52-55: Bläser und *suoni fissi*
T. 56: Überleitung, Solo und Raganella

1.3   T. 56$^{bis}$:   »1ª Cadenza«

ohne Taktstriche oder Tempoangaben, sonst herkömmlich notiert; Solo Oboe d'amore, gegen Ende zwei Akkorde des Ensembles:
Ziffer 1: Pauken
Ziffer 2: Harfe

1.4   T. 57-61:   Solo mit Begleitung (Beschluß)

auskomponiert, Viertel = 52 ca., »ma a fantasia«, 5 x 4/4

T. 57-60: Solo und Bläser
T. 61: Solo und Streicher

## 2. Teil: Solist mit Oboe

2.1   T. 61$^{bis}$:   »2ª Cadenza«

die Solostimme ist notiert wie die der ersten Kadenz, für neue Spieltechniken treten (wenige) Sonderzeichen hinzu; für das Orchester gilt ein gleiches, die Notation geht allerdings häufiger (namentlich bei den Schlaginstrumenten unbestimmter Tonhöhe) ins »Graphische« über

Ziffer 1 (Part. S. 9, obere Hälfte): Erste Schlagzeugphantasie für je drei Becken, kleine Gongs, große Gongs; dazu mehrere Herdenglocken, Tamburin mit Schellen, sehr kleine Side drum, Bambusspiel sowie Xylophon, wahlweise Marimba oder Vibraphon; notiert in einem mit Wiederholungszeichen versehenen Rahmen: »Ripertere al massimo tre volte [...] ogni ripetizione sarà differente solo nella dinamica, nel tempo formale e nei modi di attacca [...]«

Ziffer 2 (ab Part. S. 9, untere Hälfte):
das fortlaufend notierte Oboensolo

Ziffern 3-7, 7$^{bis}$, 8 (Part. S. 10, zweites System bis unten): nach und nach zum fortlaufenden Solo dazu: Blechbläser (Hn, Pos, Tr), tiefe Holzbläser (Bkl, Fg), tiefe Streicher (Vc, Cb)

[Ziffer 9] (Part. S. 11, zweites System bis unten): blockhafter Einsatz von hohem Holz (2 Pikk), Schlagzeug (Raganella, jap. Claves, Bambus, gr. Tamtam), *suoni fissi* (Cel, Hrf, 2 Pff), hohen Streichern (2 Vn, Va)

Ziffer 10 (Part. Doppelseite 12/13): Solo läuft weiter fort, dazu 2 Pikk und Cb, zu kombinieren wahlweise mit Ziffer 10 A(S. 12: Kl, Bkl, Fg, Vib, Mar, 2 Vn, Va, Vc) oder 10 B (S. 13: div. Metallophone, Recoreco, jap. Sistrum, Cel, Hrf, 2 Pff); für beide gilt »Dinamica [...] ad libitum«

Generalpause

Ziffer 1 (Part, S. 14, obere Hälfte): Oboensolo, entspricht der alten Ziffer 2

Ziffer 2 (Part, S. 14 unten, S. 15): Zweite Schlagzeugphantasie, besetzt mit einem ganzen Arsenal exotischer Instrumente, löst den Solisten behutsam ab: »La percussione dovrebbe cercare d'imitare l'oboe solo«

**2.2   T. 62-72   Solo mit Begleitung**

auskomponiert, Viertel =112 ca.,
1/4, 3 x 4/4, 1/4, 3/4, 5/8, 4/4, 5/8, 2 x 4/4

T. 62-70: Solo, Bläser, *suoni fissi* und Streicher
T. 71/72: Solo, Bläser, *suoni fissi*

**2.3   T. 73-86   Mitteltutti**

auskomponiert, Schlagzeug T. 73-80 u. 85 graphisch; [l'istesso tempo], T. 85 Viertel = 58 ca.,
3 x 3/8, 5/8, 3/4, 3/8, 5/8, 2 x 3/8, 2/4, 5/8, 2 x 2/4

T. 73-80: Perkussion
T. 74-84: dazu Bläser
T. 75-84: dazu *suoni fissi*
T. 85/86: nur Streicher und Perkussion (jap. Sistrum, 2 jap. Gongs)

2.4   T. 86$^{bis}$-88»3ª Cadenza« mit anschließendem Ensemble

T. 86$^{bis}$: Solo, Altflöte und Baßklarinette als Ziffern 1-3 im Modus der ersten Kadenz, also ohne Takt- oder Tempoangaben, sonst aber traditionell notiert

T. 87-88: 2 Pff, Hrf, Bläser; auskomponiert (mit einigen Sonderzeichen), Viertel = 60 ca., 2 x 3/4

2.5   T. 88$^{bis}$-94»4ª Cadenza« mit anschließendem Ensemble

T. 88$^{bis}$: Oboe solo, wie erste Kadenz
T. 89-94: 2 Violinen, Vib, exotische Schlaginstr.; auskomponiert, Achtel = 122 ca., 5 x 3/8

2.6   T. 93$^{bis}$        »5ª Cadenza«

Oboe solo, wie oben

2.7   T. 94-108   Schlußtutti

auskomponiert, vereinzelt Sonderzeichen für neue Spieltechniken, Viertel = 58 ca., ab. T. 100 Viertel =54 ca.

T. 94-99: 2 Altfl, 2 Pff, Hrf, Str, ab T. 98 auch Holz , 6 x 4/4
T. 100-108: Bläser u. Streicher mit drei Röhrenglockenspielen, 9 x 3/4

# 3. Teil: Solist mit Englischhorn (»6ª Cadenza«), Epilog

T. 108$^{bis}$: fortlaufend notierte Solostimme ohne Takt- oder Tempoangaben, ferner

Ziffer 1 (Part. S. 32): Schlagzeug mit der Besetzungsalternative A (Marimba, Bambus, 6 Dragon Heads, 3 Bongos) oder B (Vib, Recoreco, 6 Herdenglocken, 3 Röhrenglocken)

Ziffer 2 (Part. S. 33): Metallophone (und/oder?) Ziffer 2a: *suoni fissi*; auskomponiert, 2/4, 4/4, taktiert 1 bis 2; Viertel = 72 ca.

Ziffer 3 (Part. S. 34): Akkord in Pfundnoten unter Fermate für Streicher, bis zum Ende von Ziffer 4 zu halten

Ziffer 4 (Part. S. 35): tiefes Holz, Blech, auskomponiert; Viertel = 128 ca. 6mal 3/4; im zweiten Takt dazu: jap. Claves, im dritten u. vierten: Pauken

Ziffer 5 (und/oder ? Ziffer 5a, Part. S. 36): wie Ziffer 2/2a im Tempo Viertel = 60 ca., ein Takt

Ziffer 6 (Part. S. 37): Bongo, Tunga, Tomtom, Große Trommel, Pauken in D, A, G, Cis, Es, B, notiert im Rahmen, graphisch mit Wiederholungszeichen

# Entstehung und Aufführungspraxis

Neben den angesprochenen Konstanten des Aufbaus und der Faktur teilt das *1. Oboenkonzert* mit den späteren Konzerten gewisse Eigenheiten der Entstehungsgeschichte und der Textlage, die problematisch zu nennen aus philologischer Sicht man nicht umhin kann.

Das Werk entstand im Auftrag der Stadt Darmstadt und sollte seine Uraufführung bei den dortigen Ferienkursen im Jahre 1962 erleben – in einem Konzert des Kranichsteiner Kammerensembles unter der Leitung von Pierre Boulez. Die historische Gelegenheit zu einer Umkehrung der üblichen Verhältnisse – daß nämlich einmal ein berühmter Kollege ein Werk von Maderna aus der Taufe heben würde – wurde verpaßt: Maderna konnte das Konzert nicht rechtzeitig fertigstellen, und Boulez trat ihm die Leitung des unvollendeten Stückes ab. Maderna rundete den Torso unter Zuhilfenahme von Fragmenten aus gleichzeitig im Entstehen begriffenen Werken ad hoc ab, wobei vor allem die Gestaltung des Finales durch eine Tonbandzuspielung auffiel. Maderna gab dieser halb improvisierten Aufführung vom 15. Juli 1962 mit dem Solisten Lothar Faber nicht den Titel »Konzert«, sondern nannte sie schlicht *Komposition für Oboe und Kammerensemble*. Im Winter wurde die *Komposition* beim NDR in Hamburg wiederholt, im April 1963 auf der Biennale von Venedig, hier offenbar schon unter der Bezeichnung *Konzert...* (*Documenti*, S. 236). Bei den Kranichsteiner Ferienkursen von 1963 erlebte sie eine Reprise (am 24. Juli) in einer Form, die dem Text der von Aldo Bruzzichelli, Florenz o. J., in Kopie der nicht mehr auffindbaren Handschrift herausgegebenen Partitur fast zur Gänze folgte.

Die nächsten Aufführungen erlebte das Stück bei Radio Wien, für die Saison 1963/64 wurde es gar in Städten wie Dortmund oder Bochum aufs Programm gesetzt. Wie man sieht, war das *1. Oboenkonzert* für die Verhältnisse der Musica nova, vor allem aber für Maderna persönlich, geradezu ein »Renner«. Lothar Faber spricht von zahlreichen Rundfunkeinspielungen und schätzt, daß er das Werk ca. 45 Mal unter der Leitung des Komponisten aufgeführt hat.[4]

Bei Bruzzichelli erschien schließlich sogar eine gestochene Taschenpartitur (Copyright 1963, Verlags-Nr. S-038), und auch nach dem Tod Madernas taucht das *1. Oboenkonzert* immer dann auf, wenn es gilt, sein Schaffen repräsentativ zu würdigen: So findet sich eine knappe Werkbeschreibung in Jo Elsendoorns Gedenkartikel;[5] eine Neueinspielung mit dem Solisten Han de Vries, dem RSO Saarbrücken auf der Gedenkplatte *In memoriam Bruno Maderna 1920-1973*,[6] und auch bei der Bonner Veranstaltung »Ommagio a Bruno. Eine Maderna-Retrospektive« stand es auf dem Programm.[7] Schließlich scheint auch der Komponist selbst das *1. Oboenkonzert* geschätzt zu haben. Als einzigen Beitrag aus eigener Feder nahm er es in die (wohl 1966 o. J. und Aufnahmedaten erschienene) Schallplattenkassette *La nuova musica* auf, die er zusammen mit Severino Gazzelloni bei der RCA Italiana herausgab.[8]

---

4  Mündl. Mitt. an den Verf.
5  Jo Elsendoorn: »Bruno Maderna: Een groot geniaal Mensenkind, dat componist en dirigent was«, in: *Muziek & Dans*, Mai 1983, S. 13-31
6  Erschienen 1980 zum 60. Geburtstag des Komponisten als Doppelalbum bei Willem Breuker BVHaast Records 032/033.
7  Eine Veranstaltung vom 16.-18.März 1984. Solistin war Catherine Milliken. Daß das Werk allein in den angeführten Fällen nach Faber noch zwei weitere Interpreten gefunden hat, ist für ein Konzert der Nachkriegsavantgarde alles andere als selbstverständlich und spricht ein weiteres Mal für seine Popularität.
8  RCA ITALIANA MLDS 61005(3), Martizen-Nr. PKBY 22383 3 S. 2A. Das knappe, von Maderna und Gazzelloni unterzeichnete Editorial lautete: »Grazie alla RCA Italiana possiamo presentare un panorama della musica attuale *nelle sue più significative tendenze*. Abbiamo fatto del nostro meglio e speriamo che il pubblico ci voglia ascoltare con simpatia« (Hervorhebung vom Verf.) Immerhin!

Am IMD in Darmstadt werden Mitschnitte der beiden »Uraufführungen« von 1962 und 1963 verwahrt. Die Entstehungsgeschichte des Konzerts ist klingend also recht gut dokumentiert. Von den schriftlichen Quellen läßt sich Ähnliches leider nicht behaupten: An Skizzen scheinen sich nur Entwürfe zu den graphisch notierten Schlagzeugpartien erhalten zu haben; die Handschrift der endgültigen Partitur gilt als verschollen (*Documenti*, S. 236ff.).

Der Vergleich der beiden Darmstädter Aufnahmen mit der RCA-Einspielung und der Taschenpartitur[9] ergibt bei Berücksichtigung der stärksten Abweichungen folgendes Bild:

— Bis Takt 61 (d.h. bis vor die 2. Kadenz), stimmen alle drei Ausgaben mit dem Notentext überein;

— in der Aufnahme von 1962 ist vor die 2. Kadenz statt der späteren Schlagzeugphantasie eine Zwischenspiel mit Klavier eingeschaltet; anstelle der lebhaften Beteiligung des Ensembles im Verlauf der 2. Kadenz hören wir lediglich sparsame Kommentare des Schlagzeugs;

— das Solo mit Orchester der Takte 62-72 ist von Anfang an dabei; jedoch erscheint die Fortsetzung durch das Tutti (T. 73-86) erst 1963;

— in der 5. Kadenz war 1962 nach der ersten Zeile des Solos ein Zitat vom Beginn der Komposition *Honeyrêves* zu hören gewesen (Altflöte, unterstützt von Perkussion); am Ende der 5. Kadenz setzte das Tonband ein, das in Bologna als zweiter Teil der elektronischen Komposition *Le rire* identifiziert wurde (*Documenti*, S. 238).[10] Dementprechend fehlte 1962 das Tutti vor der Schlußkadenz. Noch 1963 allerdings war es abweichend von der Partitur und der RCA-Einspielung gestaltet, auch wenn der Solist in dieser zweiten Darmstädter Aufführung in der Schlußkadenz nicht mehr vom Tonband, sondern von den Orchestereinwürfen der Partitur begleitet wurde. Darunter war 1963 allerdings ein Bläsersatz, der später verschwand.

Interessanter noch sind vielleicht die Abweichungen vom Notentext, welche die auf jeden Fall nach Drucklegung der Partitur produzierte RCA-Aufnahme aufweist. Interessant deshalb, weil sie im Kern genau dem

---

9   Ich beziehe mich im folgenden stets auf die Taschenpartitur, wohingegen in den *Documenti* die große zitiert wird. Es sei ausdrücklich darauf hingewiesen, daß die Paginierung der Ausgaben nicht übereinstimmt.

10  Der zweite Teil von *Le rire* wurde von Maderna gern und häufig, oft unter dem Titel »Introduzione«, in die verschiedenen Aufführungen des *Hyperion*-Komplexes, aber auch in andere Werke aufgenommen (*Documenti*, S. 244 u. passim).

Niedergelegten folgt (bemerkenswert in dieser Hinsicht die getreue Realisierung der graphisch notierten Partien für Schlagzeug). Die Abweichungen betreffen zunächst die Solostimme: So lautet das Initial der 1. Kadenz (T. 56 und 56$^{bis}$) b$^2$, a$^1$, as$^1$ (statt a$^2$, b, as; NB: Oboe d'amore); am Beginn der 2. Kadenz höre ich eher einen Triller als den vorgeschriebenen Akkord; in der 5. Kadenz fehlt die zweite Hälfte der dritten Zeile – um nur die auffälligsten anzuführen. Durchaus denkbar, daß Maderna den Solopart vor Drucklegung in Einzelheiten noch revidiert hatte, Faber aber weiterhin die frühere Fassung spielen ließ.

Einen gravierenden Eingriff in den Text bietet die 3. Kadenz: Statt des Notierten erklingt in der Altflöte der Beginn von *Honeyrêves*. Vielleicht handelt es sich um einen privaten Scherz zwischen Maderna und Gazzeloni (der bei dieser Aufnahme mit den Solisten des Orchesters der RAI wohl diesen Part gespielt hat), womöglich in Anspielung an die Uraufführung von 1962. Das Zitat entbehrt allerdings nicht einer gewissen immanenten Stringenz, schließlich ist in den weiteren Verlauf des Konzerts auch der Anfang des Klavierparts aus *Honeyrêves* eingegangen (unmittelbar auf die 5. Kadenz folgend die erste Hälfte in PF I; zwischen 3. und 4. Kadenz, also direkt im Anschluß an das improvisierte(?) Flötenzitat, die zweite Hälfte).

Weitere Abweichungen betreffen das Perkussionsinstrumentarium (so scheint bei Ziffer 1 der letzten Kadenz ein in der Partitur nicht ausgewiesenes Zymbal mitzuwirken), vor allem aber Einsatz und Ausdehnung der Orchestereinwürfe in der 6. Kadenz.[11]

Dabei erschient das Ergebnis der Abweichungen oft befriedigender, als man es sich bei exakter Einhaltung der Partiturvorschriften vorstellen könnte. So läßt Maderna den Streicherakkord (Ziffer 3) nicht wie vorgesehen in der Pause nach der ersten Phrase des großen lyrischen Aufschwungs des Englischhorns vom c$^1$ zum as$^2$ einsetzen, sondern bereits auf dem Schlußton der Phrase, wodurch die Spannung der Linie besser aufrechterhalten bleibt. Auch läßt er den Akkord über das Fortissimo-Ende des Bläsereinsatzes (Ziffer 4, Maderna läßt bei RCA Claves und Pauken fort) hinaus erklingen und erzielt somit einen Überblendungseffekt mit räumlicher Wirkung. Ziffer 6 (sechs Pauken mit Bongo, Tomtom, Tunga und Großer Trommel) läßt er weit vor der duch einen Pfeil relativ zur Solostimme markierten Stelle beginnen, verhilft ihr so zu größerer Ausdehnung, ohne den Solisten allzu lange pausieren zu lassen und hat Gelegenheit, mit Gusto ein heraufziehendens und sich wieder entfernendes Gewitter zu entfachen.

---

11 Ziffer 2 fehlt übrigens in allen drei Aufnahmen; Lucas Vis folgt Maderna in diesem Punkt.

Auch die erste Schlagzeugphantasie (vor der 2. Kadenz) läßt Maderna über den Einsatz des Solisten hinaus ausdehnen, ohne daß dies aus der Partitur hervorginge. Das ist nicht nur a priori interessanter als die bloße Aneinanderreihung, es entspricht auch dem Schluß der Kadenz, an dem das Schlagzeug seinerseits nach und nach die Oboe ablöst.

\*

Nach Aufführungsmöglichkeiten und Genese steht das *1. Oboenkonzert* mithin an der Schwelle zur offenen Form, zum »opera aperta«, mit Umberto Eco zu sprechen.

»Offene Form«, das bedeutet bei Maderna zunächst einmal offene Grenzen innerhalb des eigenen Schaffens – schon während des Komponierens. Was mit der Übernahme von Reihenmaterial und »Halbfertigprodukten« begann (*Klavierkonzert – Dark Rapture Crawl*) setzt sich fort im Selbstzitat (*1. Oboenkonzert – Honeyrêves*, wiewohl man hier auch von einem Parodieverfahren sprechen könnte) und mündet in die montageartige Kombination ganzer Abschnitte oder vollständiger Kompositionen, die – nicht, kaum oder lediglich mechanisch redigiert (retrograde Lesarten) – zu neuen, größeren Werken oder Werkkomplexen zusammengestellt werden. Unter den konzertanten Werken ist vor allem das *Violinkonzert* von diesem Verfahren betroffen. Das kann so weit gehen, daß die Grenzen zwischen Werk und Improvisation – wobei der Improvisierende hier einmal der Dirigent/Komponist, nicht der Instrumentalist ist – zur Gänze verschwinden: Unter dem Titel *Serenata IV* führte Maderna bereits 1961 bei den Darmstädter Ferienkursen ein Stück für Flöte und Kammerensemble auf, welches völlig aus Fragmenten von in Entstehung begriffenen eigenen Werken – unter ihnen auch das *1. Oboenkonzert* – zusammengestellt war. Nur der Beginn einer Partitur ist zu dieser Aufführung erhalten, im übrigen lediglich ein Schema, in dem die Abfolge der Fragmente festgelegt ist (vgl. *Documenti*, S. 232).

Daß eine so geartete Offenheit nicht nur Resultat werktheoretischer Erwägungen ist, sondern sich zu einem guten Teil auch der (Zeit-) Not verdankt, dürfte die Entstehungsgeschichte des in Rede stehenden Konzerts deutlich gemacht haben.

Auch wenn der Grad der Offenheit während der Komposition bis zur Montage gesteigert wird, bewirkt dies nicht automatisch die offene Form des Resultats, des so entstandenen Werkes. Dieser Aspekt der Offenheit, dem man im Gegensatz zur angesprochenen »auktorialen« Offenheit das

Epitheton »exekutiv« beigeben könnte, hat zur Folge (und zum Ziel), daß das Werk prinzipiell bei jeder denkbaren Aufführung innerhalb gewisser, vom Komponisten gesetzter Grenzen anders realisiert werden kann: Die Interpreten, Dirigent und/oder Instrumentalisten, sind aufgerufen, an bestimmten Stellen unter mehreren vom Komponisten vorgeschlagenen Wegen ihre Wahl zu treffen.

Als Extreme einer im Prinzip kontinuierlichen Skala von Möglichkeiten exekutiver Offenheit stehen sich bekanntlich eine eher formal und eine eher strukturell offene Form gegenüber: auf der einen Seite die den Ausführenden anheimgestellte Anordnung in sich fixierter Ereignisse; auf der anderen die festgelegte Abfolge in sich in mehr oder weniger hohem Grade offener Strukturen. Nur diese letzte Möglichkeit existiert im *1. Oboenkonzert.*

So streng auktoriale und exekutive Offenheit in der Theorie zu scheiden sein mögen, so eng hängen sie bei Maderna in der Praxis zusammen, was nicht zuletzt mit seiner Doppelrolle als Dirigent und Komponist zu tun haben mag. Denn wo die Komposition sich der Montage präexistenter Partituren nähert, liegt der Gedanke nahe, mehr als nur eine Kombinationsmöglichkeit zuzulassen, im Extremfall gar auf die Empfehlung zu einer bestimmten Kombination zu verzichten und nur noch unabhängig voneinander die zu einem Komplex gehörenden Werkteile zur Verfügung zu stellen. Dieser Extremfall – bei dem das Verfahren aus der ersten Kadenz des *Klavierkonzerts* auf einen ganzen Werkkomplex angewandt wird – führt vor allem zum *Hyperion*, der aus einer Anzahl nur scheinbar eigenständiger Werke (sie tragen eigene Titel, sind zum Teil in selbständigen Partituren veröffentlicht) besteht, die von Fall zu Fall neu zusammengestellt werden müssen. Maderna hat hier nichts Verbindliches hinterlassen. Die im Verlagskatalog der Edizioni Suvini Zerboni angeführten Kombinationen, die teilweise auf ihn selbst zurückgehen, sind in dieser Beziehung, wie Mario Baroni nachgewiesen hat, eher irreführend als hilfreich.[12] Wie erwähnt, hat Maderna aus dem *Hyperion*-Komplex auch Aufführungen gestaltet, die nach Aufbau und Dramaturgie der von ihm geplegten Form des Solokonzerts nahekamen, allen voran das auch auf Schallplatte veröffentlichte *Hyperion III* für Flöte und Orchester.[13] Dennoch ist in diesem Zusammenhang der Begriff »Konzert« stets auffällig gemieden. In keinem der Werke, die Maderna mit diesem Terminus bezeichnet hat, ist diese extreme Situati-

---

12 In den verschiedenen Artikeln zu den zum *Hyperion*-Komplex zählenden Werken in den *Documenti*.
13 WERGO Schallplatte 60029.

on der offenen Form anzutreffen, sie sind in ihrer Großform für seine Verhältnisse ungemein streng festgelegt. Die exekutive Offenheit in den »Konzerten« ist auf die strukturelle Ebene beschränkt oder auf begrenzte Abschnitte.

Übrigens verwendet Maderna die Bezeichnung »Konzert« auch dann nicht, wenn, abweichend vom Herkömmlichen, der Einsatz von Tonbändern vorgesehen ist. Offenbar gehört die Gattung Konzert für ihn ganz der »ersten Dimension«, der rein instrumentalen also, an. Dabei stand er an sich der Kombination von Solo, Ensemble und elektronischer Musik, wie nicht nur die *Komposition...* beweist, aufgeschlossen gegenüber.

# Analyse

Das *1. Oboenkonzert* gliedert sich aufgrund seiner bewegten Entstehungsgeschichte und in der in ihm sich ankündigenden Neigung zur offenen Form in eine Vielzahl kurzer und kürzester Abschnitte. Zusammengehalten werden sie vor allem durch die nirgends infragegestellte Identität des Solisten. Im großen ist zunächst einmal Dreiteiligkeit festzustellen, eine Anlage, die in einer Aktion des Solisten manifest wird: Er wechselt von der Oboe d'amore über die normale Oboe hin zum Englischhorn. Dem Wechsel vom mitteltiefen über das hohe zum tiefen Soloinstrument entspricht der Verlauf der Spannungskurve. Die Rahmenteile sind ruhigen Charakters und von lyrisch-elegischer Grundhaltung, wobei diese im Schlußteil bis zum Nostalgischen vertieft wird. Damit steht Maderna ganz in der Tradition des 19. Jahrhunderts. Es genügt hier der Hinweis auf Wagners *Tristan und Isolde*, Verdis *Otello* (»Salce, salce...«) oder *Un ballo in maschera* (Amelia an der Schädelstätte): Das Englischhorn ist das Instrument der Melancholie par exellence. Der Mittelteil lebt von der raschen Abfolge häufig kontrastierender Affekte, von der oft abrupten Gegenüberstellung gegensätzlicher Klangwelten und Satzbilder. Hier haben Miteinander und Gegeneinander Platz, hier ist der Ort für Virtuosität nach traditionellem und modernem Verständnis: für Brillanz, Geläufigkeit und neue Spieltechniken, für aggressive Selbstbehauptung und für – auch komische – Verzweiflung des Solisten / Protagonisten.

Bereits bei der Besprechung der Klimax des *Klavierkonzerts* wurde erläutert, warum es erlaubt ist, zu solch programmatischen Deutungen zu greifen. Es mag hier der Ort sein, zusätzlich eines der seltenen Briefzeugnisse Madernas anzuführen, ein Zeugnis, in dem die inhaltliche Komponente seiner Musik unverhüllt dargelegt wird. Unterm 24. Juli 1964 sandte er zur Vorbereitung der ersten szenischen Aufführung aus dem *Hyperion*-Komplex (*Hyperion lirica in forma di spettacolo*; im Herbst des Jahres in Venedig über die Bühne gegangen) an Virginio Puecher, den Regisseur dieser Aufführung, ein Tonband. Es enthielt mit größter Wahrscheinlichkeit einen Mitschnitt der tags zuvor aufgeführten *Dimensioni IV* für Flöte und Orchester, mithin Musik, die in die venezianische Bühnenfassung Eingang finden sollte und sich ihrerseits aus Bearbeitungen der Partituren *Dimensioni III* und *Aria* zusammensetzte. Zunächst einmal ist bemerkenswert, daß Maderna das Stück in seinem Begleitbrief ohne Umschweife als »Flötenkonzert« bezeichnet – ganz im Gegensatz zu seinen Gepflogenheiten: »Come ti ho detto si tratta di una parte della musica della nostra opera combinata in forma di concerto per flauto.« Das weist darauf hin, daß für Maderna die Bereiche des Dramatischen und des Konzertanten an sich eng zusammengehören, daß die Musik eines Konzertes Eingang in eine szenische Aufführung finden kann, daß andersherum Musik zu einem szenischen Ereignis ihrerseits in die Form eines Konzertes gebracht werden kann. Daß er dennoch – außer hier in quasi privater Korrespondenz – in einem solchen Fall den Titel »Konzert« skrupulös vermeidet, sahen wir bereits. Weiter folgt eine knappe Beschreibung der orchestralen Abschnitte in rein musikalischen Termini, und schließlich heißt es: »Arriva in fine una lunga cadenza del Flauto solista. Questa cadenza composta di frasi lunghe e brevi a sé stanti può essere interpolata da azioni sceniche del MACCHINA O DI PERSONAGGI. Il flauto (il Poeta) cerca di convincere, protesta, si accora, si arrabbia, insomma si comporta come CARATTERE.« Und weiter unten heißt es noch: »A queste strutture si contrappongono gesti disperati del POETA (che suona il Flauto Piccolo-Ottavino).« (Alle Hervorhebungen von Maderna; zitiert nach *Documenti*, S. 253f.)

Ohne Abstriche lassen sich diese Aussagen auf die Konzerte seit dem *1. Oboenkonzert* übertragen. Auch in ihnen verhält sich der Solist als *dramatis persona*, wird zum Protagonisten eines Dramas, eines Dramas freilich, das mit rein musikalischen Mitteln dargestellt wird. Dabei sollte ausdrücklich darauf hingewiesen werden, daß dies nichts mit der Konzeption des »instrumentalen Theaters«, wie sie etwa von M. Kagel ausgebildet wurde, zu tun hat.

# Die auskomponierten Abschnitte

## 1. Teil: Oboe d'amore, T. 1-61

Der erste Teil ist in vier überaus deutlich voneinander abgesetzte Abschnitte gegliedert: in einen Prolog, ein Tutti, die erste Kadenz und einen Beschluß, wobei die beiden letzten Abschnitte unmittelbar ineinander übergehen. Der erste Teil gehört wie erinnerlich zur ersten Schicht der Komposition, seit der Aufführung von 1962 war er bereits in unveränderter Form dabei. Dennoch scheinen die vier Abschnitte völlig unabhängig voneinander geschaffen worden zu sein, eine Verwandschaft des Materials ist aus der Partitur nicht abzuleiten. Das bedeutet nicht, daß es sich um eine bloße Aneinanderreihung handelt. Durch das – freilich recht allgemeine – Mittel des Kontrasts, von dem besonders Besetzung und Satzweise betroffen sind, sind die Abschnitte aufeinander bezogen. Wenngleich bei Besetzung und Satzweise im strengen Sinne nicht davon die Rede sein kann, hat es doch den Anschein, als seien die Abschnitte geradezu komplementär angelegt:

|  | Prolog | Tutti | 1.Kadenz | Beschluß |
|---|---|---|---|---|
| **Satzweise** | punktuell | flächig | mondisch | Melodie u. Begleitung |
| **Besetzung** | Solo mit Ensemble (keine Bläser) | Ensemble ohne Solo | Solo ohne Ensemble | Solo mit Ensemble (mit Bläsern) |

Gegenüber den bereits besprochenen Konzerten der 50er Jahre enthält diese Eröffnung alte und neue Elemente. Völlig neu – und wegweisend für die weitere Entwicklung – ist der Satztyp »Melodie mit Begleitung«. Neu ist auch die Stellung eines Solos am Anfang. Ansonsten entsprechen die ersten drei Teile bei Umstellung der ersten zwei der Eröffnung des *Klavierkonzerts*: Auch dort fand sich nach einem flächigen Tutti und einem pointillistischen Solo mit Begleitung an dritter Stelle ein allerdings nicht als »Kadenz« bezeichnetes unbegleitetes Solo. Im quasi systematischen Durchspielen der drei elementaren Aggregatszustände eines Konzertes, strukturalistisch ausgedrückt: +Solo, +Orchester / +Solo, -Orchester / -Solo, +Orchester, quartum non datur, gleich zu Beginn liegt etwas Expositorisches; ohne weiteres ließe sich ja eine Eröffnung mit, sagen wir, mehreren abgeschlossenen Tutti oder Soli mit Begleitung denken.

## Prolog

Die Bezeichnung »Prolog« für den ersten Abschnitt wurde mit Bedacht gewählt, um nicht nur die Stellung am Anfang, sondern auch den sprachähnlichen Gestus der Episode zu treffen.

Wie eine Frage stellt die Oboe d'amore die erste Phrase in den Raum; sie wird von den Streichern verzerrt (mit einer Gegenfrage?) beantwortet: weit auseinandergezogen im Tonraum, rhythmisch am Ende leicht gestaucht, mit einem Akkord als drittem Klang: s. Notenbeispiel S. 116.

Nach Art einer Sequenz schließt der Solist die zweite Phrase an: Die Bewegungsrichtung ist nicht verändert, die Hälfte der Pause wird dem Wert der dritten Note zugeschlagen; diese in einen sekundierenden Streicherakkord eingebettet. Der Ausgleich des Aufstiegs der beiden ersten Phrasen erfolgt durch die absteigende kleine Septime $d^3$-$e^2$: Das sind fast klassische Gestaltungskriterien. Eine weitere Sequenzierung folgt: Nach kleiner None und Quart nun auf den Raum einer kleinen Terz zusammengerückt und durch den Wegfall der Pause beschleunigt, wird der Spitzenton $dis^3$ erreicht. Ausgleich wieder durch ein einzelnes fallendes Intervall, $a^2$-$f^2$; dann Beschluß der Passage durch den in vier Stufen durchschrittenen Weg vom Spitzenton zum tiefsten (und Anfangston) fis/ges$^1$.

Es würde zu weit führen, hier im einzelnen den Gang der Streicher weiterzuverfolgen. Es möge der Hinweis genügen, daß das Klima der ersten Takte beibehalten wird. Zu den aus dem Beispiel ersichtlichen Möglichkeiten der verzerrten Imitation und der akkordischen Unterstützung treten weitere hinzu wie Spiegelungen (ebenfalls frei, resp. verzerrt) oder Drehungen sowie komplementäres Ausfüllen der Pausen des Soloparts.

Dessen Gang ließe sich auch im folgenden als Variation des Geschilderten analysieren. Zunächst erscheint wieder eine aufsteigende Dreiton-Folge, im Rhythmus der ersten, doch ist die Pause nun hinter die erste Note gerückt. Nach einer Pause von vier Takten, in der als erste der *suoni fissi* die Harfe einsetzt und die Streicher nach und nach verschwinden, drei abermals aufsteigende Folgen, deren Ambitus nunmehr ständig vergrößert wird: große Terz, große None, Oktave plus Sext. Eine so klare Sequenzierung wie zu Beginn liegt hier nicht mehr vor, auch sind die Rhythmen stark abgewandelt. Die zweite Folge enthält überdies keinen zweiten Ton; die erste statt dessen eine zusätzliche Achtelnote, die ein wenig die Wirkung einer Verzierung, eines Vorschlags hat. Einen solchen »Vorschlag« besitzt auch die folgende absteigende Phrase, der eine weitere dreitönig absteigende folgt, die aber weniger als Ausgleich der Aufwärtsbewegung wirkt, denn als selbständige Umkehrung. Als Verkürzung der aufsteigenden Folge

116  Konzert für Oboe und Kammerensemble (1962)

1. Oboenkonzert, Partitur, S. 1

bleiben aufsteigende isolierte erst große, dann kleine Sekunden, schließlich der Einzelton. Der in strengem Rhythmus lapidar absteigende Gang der Solostimme, der nahezu den gesamten Ambitus dieser Passage durchmißt, beschließt unmißverständlich den Prolog. Daß der sofort sich anschließende Akkord des Klaviers (Pf II) und die verbleibenden Noten den Schluß des Solisten bekräftigen bzw. ausgesprochene Überleitungsfunktion haben, verweist einmal mehr auf die dienende Rolle des Ensembles. Wenn auch das Satzbild das alte pointillistische ist, so ist doch durch die Bevorzugung des Solisten bei der Instrumentation eine neue Situation geschaffen: Das Individuum – um bei unserer stehenden Metapher zu bleiben – hat am Anfang und am Ende die Initiative ergriffen, das Kollektiv reagiert. In dem besprochenen Abschnitt kündigt sich zurückhaltend, aber unmißverständlich Madernas neuer Konzerttyp an.

Der gesamte Prolog steht an der Schwelle zwischen punktuellem und melodisch-motivischem Satz. Die erste Phrase des Solisten läßt den Hörer noch im Ungewissen, ob es sich hier um ein zweitöniges Motiv mit nachfolgendem Einzelton handelt; erst bei Wiederkehr der Folge, die ja beschleunigt wird, kann sie sich als Motiv etablieren. Die Wiedereroberung des geschlossenen Diskurses – der Melodie – aus dem Seriellen heraus, wird zum Ereignis. Dennoch haftet der so gewonnenen Sprache nichts Klassizistisches an, auch wenn Maderna nichts tut, um die im Verlauf mehrfach sich ergebenden quasi tonalen Inseln: diatonisch ausgeschrittene Terzen, Leit- und »Gleit«-Töne usf. zu umgehen, sondern sie eher zu genießen scheint. Durch solche Einsprengsel stellt sich für kurze Zeit eine Hörerwartung ein, die im folgenden nicht erfüllt wird; das jedoch nicht in einem Maße, das zur Frustration und schließlicher Interesselosigkeit führt, sondern das im Gegenteil durch eine größere Plastizität, als sie bei strenger Beachtung seriell-atonaler Observanz möglich wäre, das Interesse erhalten bleibt. Mitunter – freilich weniger schon hier im Prolog als in den nachfolgenden Kadenzen – ist es, als würde bewußt die Tür zur Vergangenheit aufgestoßen: Plötzliche, unerwartete Quint- oder Quartmotive (auch wieder diatonisch ausgeschrittene) wirken wie Signalrufe; manche Arabeske erinnert an den Gesang der Vögel; Vor- und Doppelschlag-Figuren wecken die Erinnerung an Spielweisen der Volksmusik – weniger oder gar nicht an barocke Verzierungspraxis. Es hat zuzeiten den Anschein, als solle bewußt Archetypisches – Schalmei oder Dudelsack – beschworen werden.

Solchen Höreindrücken zum Trotz: auch der Prolog könnte durchaus auf ebenso »seriellem« Wege enstanden sein, wie das *Klavierkonzert*. Versucht man – wie es im folgenden Notenbeispiel einmal durchgeführt wurde –, nach dem Vorbild der Dauertabellen des älteren Konzertes eine Rekon-

118                    Konzert für Oboe und Kammerensemble (1962)

1. Oboenkonzert. Prolog T. 1-10 u. T. 38-33 (K) in reihentechnischer Rekonstruktion nach dem Vorbild der Skizzen zum Klavierkonzert (Lagen u. Tonnamen vom Verf.)

struktion der dem Prolog zugrundeliegenden Reihen, so erhält man ein ähnliches Bild wie dort: quasi fugierter Einsatz mehrerer, einander auf (scheinbar?) unsystematische Art »ähnlicher« Reihen; Zusammenfassung mehrerer Reihentöne zu einem Akkord; die einzelnen Klänge der Reihen durch Pausen getrennt; schrittweise Differenzierung der verwendeten Dauerwerte.

Möglich scheint, daß der Prolog auf zwei verschiedenen Tabellen aufbaut, deren zweite retrograd spartiert wäre. Als Grenze hätte man in diesem Fall die Generalpause Takt 21 anzunehmen: vgl. Notenbeispiel S. 118.

Müheloser läßt sich serielles Denken an der Behandlung der anderen Parameter ablesen. Da ist z.B. die einigermaßen strenge Zuordnung der Spielweisen für die Streicher in den Takten 1-18: Die beiden Violinen spielen senza sordino, Cello und Baß mit; als »mittleres« Instrument spielt die Bratsche mal mit, mal ohne Dämpfer. Als später variierte Ausgangssituation gilt für die Dynamik: Violinen und Viola »pp«, Cello »ppp«, Baß »pppp«.

Für die *strumenti a suoni fissi*, welche die Streicher ab Takt 15 abzulösen beginnen, ist die Generallautstärke »pp« vorgeschrieben. Die Instrumentation scheint von den Dauern gesteuert: Klänge im Wert eines Achtels werden den Klavieren zugewiesen (in der Regel pizzicato oder manuell gedämpft), längere Werte fallen meist an Harfe und Celesta.

Der Übergang zum ersten Tutti wird durch den »Gelenkton« es[1] bewerkstelligt, den das Horn von Harfe und Klavier II abnimmt und ins Tutti hinüberträgt. Ein ähnlicher Übergang war schon im *Klavierkonzert* (vor Tutti II) zuhören gewesen.

**Eingangstutti**

Im ersten Tutti treten zu den Instrumenten des Prologs zunächst 2 x 3, dann 3 x 3 Bläser hinzu: 2 Flöten, Englischhorn, Klarinette, Baßklarinette, Fagott, Trompete, Posaune und Horn. Mit Ausnahme der Perkussionisten i.e.S. ist das Ensemble nun vollzählig vertreten.

Der Abschnitt ist gleichermaßen drei- wie zweiteilig. Dreiteilig fürs Ohr und zwei- oder gar vierteilig für den Analysierenden. Dabei handelt es sich beim dritten Teil um den (neuinstrumentierten) Krebsgang des ersten, was annähernd auch hörend nachzuvollziehen ist. Auf den flächig klangbetonten Charakter des Eingangstuttis – das somit in Opposition zum punktuell-melodischen Prolog steht – wurde oben bereits hingewiesen. Bei näherem Hinsehen lassen sich drei Satztypen ausmachen:

a) kurze, kompakte Akkorde (Dauer ein bis zwei Sechzehntel);

b) clusterähnliches Band aus pausenlos in kleinen Schritten geführten Stimmen;

c) aus kurzen bis kürzesten Motiven zusammengesetzte, von Pausen durchsetzte Stimmen mit zahreichen Trillern und Tremoloflecken in komplizierten rhythmischen Unterteilungen und Schichtungen – ein Satztyp,

1. Oboenkonzert, Basisakkorde (piani armonici) von Tutti A und Solo mit Begleitung II.2 (Rekonstruktion, meine Tonnamen, mjb)

der unmittelbar aus den seit dem *Flötenkonzert* beobachteten Klangflächen hervorgegangen ist (s. Notenbeispiel S. 120).

Im *Klavierkonzert* finden sich Zwischenformen. Es handelt sich um Verbindungen zwischen den einzelnen Tönen der jeweils gültigen *piani armonici* in der Art von gebrochenen Akkorden. Die Figuren des *Klavierkonzerts*, besonders aber die des hier besprochenen *1. Oboenkonzerts* erhalten durch den verstärkten Einsatz von Pausen und weniger offensichtliche Schichtung der ryhthmischen Unterteilungen, vor allem aber duch das weitgehende bzw. gänzliche Fehlen der unmittelbaren Tonwiederholung, die im *Flötenkonzert* noch die bei weitem am häufigsten anzutreffende Zerlegungsfigur gewesen war, eine kompliziertere, aber auch weniger starre Form.

Die Zuweisung der drei Satztypen a) bis c) an die Instrumente des Ensembles erfolgt blockweise, besser: gruppenweise, nach folgendem Schema:

| Gruppe | A (T. 40-43) | B (T. 44-47) | $B^r$ (T. 48-51) | $A^r$ (T. 52-55) |
|---|---|---|---|---|
| Bläser | c | c | c | b |
| suoni fissi | – | a | – | c |
| Streicher | b | c | c | – |

Takt 39, in dem lediglich der Gelenkton $es^1$ als Überleitung vom Prolog her erklingt, erfährt selbstverständlich keine Spiegelung. Auf den Krebsgang von B wird weiter unten eingegangen.

Zunächst einmal die Frage: Was geschieht in den Formteilen A und B? In A amalgamieren sich um den Zentralton $es^1$ (der in Madernas System als siebter von 12 Tönen zwischen zwei A's die Mitte einnimmt) die benachbarten Töne, so daß ein sich stetig verbreiternder Cluster, ausgeformt in den Satzweisen c und b entsteht – der sich in $A^r$ sinngemäß wieder zusammenzieht. Der erste Takt aus A resp. der letzte aus $A^r$ (T.40/55) enthält die Töne von h bis $f^1$, der zweite von as bis $fis^1$, der dritte von a bis $a^1$ ($es^1$ Zentralton!), zusätzlich aber auch das $c^2$; der vierte klar a bis $a^1$.

Dem Formteil B liegen neun Akkorde/piani armonici zugrunde, im folgenden I bis IX genannt. Als Akkorde (Satzweise a) erklingen sie in den *suoni fissi*, in den übrigen Instrumenten werden sie nach dem unter c beschriebenen Muster aufgefächert.

Die Akkorde I bis IX werden unten noch eine Rolle spielen. In Notenbeispiel S. 120 sind sie reihenmäßig aufgestellt. Wieder ist zu sehen, daß die Akkorde/Reihen untereinander gewisse Ähnlichkeiten zeigen (im Schema angedeutet), ohne daß eine wirkliche Systematik zu erkennen wäre. Der mittlere Akkord (V) besteht aus zwei symmetrischen Hexachorden; III besteht aus einer lediglich siebentönigen Auswahl aus V, ist also mit ihm deckungsgleich. Wiewohl in der Tabelle und im Eingangstutti weitere und engere Akkorde abwechseln, steht am Ende der Folge mit einem Ambitus von $E_1$ bis $c^4$ der weiteste und am Beginn mit einem Ambitus von $des^1$ bis $a^1$ der am wenigsten ausgedehnte Akkord.

$B^r$ bringt eine freie krebsläufige Variante von B, wobei die Figuren aus Satztyp c nicht-stimmig auf andere Instrumente übertragen werden und

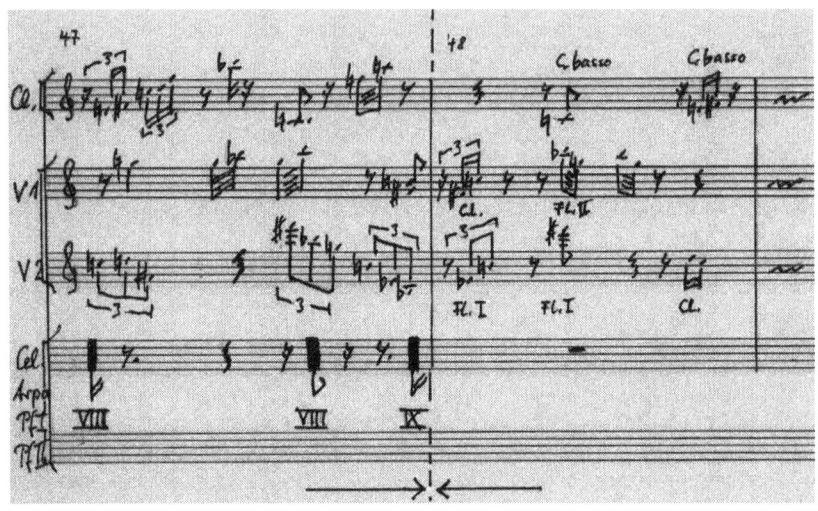

1. Oboenkonzert, Spiegelachse u. umgebende Takte 47/48 (vereinfacht)

vieles – so z.B. die komplette Akkordfolge Satztyp a – wegfällt. Notenbeispiel S. 122 zeigt im Auschnitt den letzten Takt von B, wie er in der Klarinette und den zwei Violinen ausgeformt ist, und den Beginn der Spiegelung in neuer Instrumentation: Viele Pausen sind hinzugetreten, die Rhythmen zum Teil verändert; unter den Stimmen sind in platzsparender Kurzschrift die entsprechenden Akkorde der *suoni fissi* notiert, aus den die oberen Stimmen abgeleitet sind (Das 2. Viertel von Takt 47 zählt schon zum Bereich von VIII); der Anfang der Klarinettenstimme und die Stimme der zweiten Violine zeigen noch rudimentär, daß die ryhthmischen Figuren aus geschichteten Unterteilungen hervorgegangen sind: Achteltriolen überwiegen in der zweiten Violine; Sechzehnteltriolen zu Beginn der Klarinettenstimme.

## Beschluß

Zum ersten Mal im Verlauf des Konzertes wird im Beschluß die Kombination Oboe solo plus Bläser eingesetzt; die homophone Satzweise (Melodie und akkordische Begleitung) erinnert an neoklassizistische Muster. Der letzte Takt knüpft von der Besetzung her an den Anfang des Prologs an (Violine, Viola, Solo); in Takt 61: steigendes (fragendes) Intervall der Streicher, Antwort der Oboe d'amore fallend ($g^2$-as$^1$). Das ist das (um einen Ganzton nach oben transponierte) Intervall des allerersten Taktes.

Der Beschluß rundet den ersten Teil des Werkes zu satzmäßiger Geschlossenheit.

## II.2 Solo mit Begleitung T. 62-72

Mit den elf Takten des zweiten Solos mit Begleitung haben wir den einzigen in herkömmlichem Sinn brillant-konzertanten Abschnitts des Werkes vor uns. Zur akkordischen Begleitung der Bläser und Streicher ergeht sich die Solo-Oboe in raschem Passagenwerk, das von Trillern durchsetzt ist. Am Schluß des Abschnitts wird die akkordische Begleitung aufgelöst, und die arabeskenhafte Satzweise der Solostimme geht auf die Holzbläser des Ensembles über (T. 71-72). Die *suoni fissi* – hier verteten durch Celesta, Harfe, Vibraphon und Marimba – nehmen eine Mittelstellung ezwischen dem Passagenwerk der Solostimme und dem blockhaften Satz der übrigen Ensembleinstrumente ein. Es fällt ihnen so etwas wie die Rolle eines Concertinos zu.

Der Abschnitt basiert auf dem Material des Eingangstuttis, genauer: auf den Akkorden I bis IX aus dessen Mittelteil. Bläsern und Streichern fällt – im nur leicht modifizierten Note-gegen-Note-Satz – die akkordische Präsentation zu. Horn, Trompete und Posaune kommen bis Takt 69, in dem sich das strenge Gefüge ein wenig aufzulockern beginnt, stets zum Einsatz, Holzbläser und Streicher in wechselnden Kombinationen. Die Abfolge der Akkorde unterscheidet sich von der des Eingangstuttis; sie lautet hier:

I, VII, I, IV, IX, VIII, VI, V, III, V, II, VI, V, VIII, I, IX,

schließlich ein – nur noch in Umrissen zu verfolgender – »Schnelldurchgang« von I bis IX.

Die Solostimme erweist sich – sieht man von ihrer allerersten Spielfigur in Takt 62 ab – einmal mehr als melodische Auffächerung der Basisakkorde, die ganz oder in Ausschnitten durch die Verbindung von in der Regel benachbarten Akkordtönen präsentiert werden.

Etwas komplizierter verhält es sich mit dem »Concertino«, den *suoni fissi*: Ihre filigranen Figuren sind zwar ebenfalls aus den Akkorden abgeleitet, jedoch nicht aus deren ursprünglicher Form, sondern aus ihren (freien) Umkehrungen, d. h. von oben nach unten gelesen oder, reihenmäßig betrachtet, im Krebsgang. Bei Akkorden sehr weiter Lage würden solche Spiegelungen, konsequent durchgeführt, zu instrumentaltechnisch nicht realisierbaren Klängen führen. Daher erklären sich wohl einige Abweichungen vom beschriebenen Verfahren. Bei den Akkorden mit sehr geringer Tonauswahl (I, III) ist in der Partitur ferner zu beobachten, daß der zur Verfügung stehende Vorrat von den *suoni fissi* in mehreren Oktavlagen ausgebreitet wird. Das steht im Gegensatz zur Konzeption der *piani armonici*, ist aber ein deutlicher Hinweis darauf, daß die beschriebenen Akkorde eben auch als »Reihen« zu werten sind.

Das Notenbeispiel auf S. 125 soll anhand einer schematisierten Fassung der Takte 66/67 das Gesagte verdeutlichen.

## Mitteltutti

Das mittlere Tutti gehört zu den später ins Werk aufgenommenen Teilen. Eine Verwandschaft mit den vorangehenden Abschnitten ist nicht mehr festzustellen. Durch das markante Satzbild wird abermals ein völlig neuer Klang eingeführt. Er erinnert ein wenig an die Klangfläche, die im *Klavierkonzert* auf das Zuschlagen des Deckels folgt und zur ersten Kadenz hinleitet. Der Beginn hier ist fast ebenso spektakulär: mit schwerem Metallstab »il più ff possibile« angeschlagene Chimes, sofort anschließend accelerierende Schläge auf Japanische Claves (ff dim., mit zwei abschließenden, wieder retardierenden sff-Schlägen) und japanisches Sistrum, dazu Schellensistrum in rotierender Bewegung. Das verweist innerhalb des Konzerts zurück auf das Portal zur ersten Kadenz und wird ähnlich zur Eröffnung der dritten, die auf dieses mittlere Tutti folgt, benutzt. An das graphisch notierte Schlagzeugportal schließen sich die Bläser in meist engsten Melodieschritten »sempre pp« und »ugualissimo« an, druchgehend im Staccato. Alle Stimmen bewegen sich in Sechzehnteln; unregelmäßig eingestreute Pausen und Überbindungen ergeben Strawinsky-nahe rhythmische Wirkungen, die den zahlreichen Taktwechseln zu entsprechen scheinen, in Wahrheit jedoch ganz unabhängig von ihnen entstehen. Im ersten Teil tritt zu den Bläsern eine Anzahl weicher klingender Schlaginstrumente hinzu, die in einem Rahmen notiert sind. Später verdichtet sich der Satz der *suoni fissi*, der fast völlig aus Einzeltönen besteht. In den zwei Schlußtakten greifen die Streicher mit ihrem Pizzicato das Staccato der Bläser auf; das gleichzeitig wieder einsetzende Sistrum leitet zur dritten Kadenz über.

## Zwischenspiele und Schlußtutti

Sehr knapp sind die Zwischenspiele nach der dritten und der vierten Kadenz ausgefallen: Dritte bis fünfte Kadenz schließen sich für den Hörer nahezu zu einer zusammen. Ebensowenig wie im Fall des mittleren und des Schlußtuttis scheinen die Intermezzi aus dem Material des Eingangstutti abgeleitet; das Zwischenspiel nach der dritten Kadenz ist gar als Teil-Parodie eines anderen Werks anzusprechen: In Klavier I erscheint der zweite

Konzert für Oboe und Kammerensemble (1962)

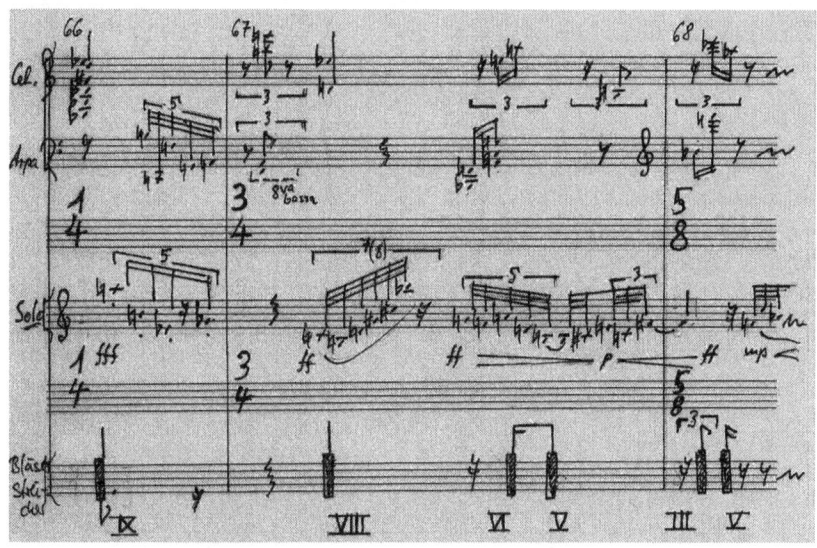

1. Oboenkonzert, T. 66/67 (Schema)

Teil des Klavierparts aus *Honeyrêves*, die übrigen Stimmen sind nach den bekannten Prinzipien (freie Krebsläufigkeit, melodische Akkordzerlegung) aus dem Zitat abgeleitet.

Bis Takt 99 ist auch das Schlußtutti über ein *Honeyrêves*-Zitat errichtet, diesmal über den ersten Teil des Klavierparts. Ab Takt 97 wird zusätzlich ein Bläserakkord aufgebaut: Mit dem Ton $h^2$ setzt als letztes die Ensemble-Oboe ein. Lagenmäßig aus den übrigen Bläsern hervorgehoben (Cluster $d^1$-$f^1$) kann es als Echo des $h^2$ vom Beginn der gerade verklungenen fünften Kadenz gelten (s.u.).

Der Rest des Abschnitts lebt vom Kontrast zwischen einem extrem filigran gearbeiteten Streichquintettsatz und einem sich stetig, aber kaum merklich verändernden Akkordpedal der Bläser. Für auratische Überhöhung, die ohne Zweifel auf den Einsatz des Englischhorn in der letzten Kadenz einstimmen soll, sorgen drei vom Forte zum dreifachen Pianissimo zurückgenommene Röhrenglockenspiele.

# Die Kadenzen

## 1. Kadenz

Sorgfältig wird die Aufmerksamkeit des Hörers auf den Beginn der ersten Kadenz gelenkt. Zunächst einmal geschieht dies durch den Schluß des vorangehenden Tuttis, dessen Klangband immer mehr zerfasert, bis schließlich erwartungsvolle Stille eintritt. Takt 56, in dem der Solist wieder eintritt, mag als sublime Form eines Zirkustuschs zu deuten sein: Der Trommelwirbel ist in das Geräusch der Ratsche eingegangen – zum ersten Mal wird ein Schlaginstrument ohne bestimmte Tonhöhe eingesetzt –, der Fanfarenstoß in das langezogen crescendierende $a^2$ der Oboe d'amore. Die erste Hauptnote der eigentlichen Kadenz wird über kurze Töne erreicht, die wie ein verzerrter Mordent wirken:

Im weiteren Verlauf werden einzelne Noten ähnlich hervorgehoben wie hier das $d^1$. Ungefähr in der Mitte führt dies zu quasi barocker Scheinpolyphonie durch den Einsatz scharf punktierter lombardischer Rhythmen (große Intervalle) und tremolierender Verbindung zweier Töne. Das Tremolo wird zum Triller verengt, dieser vom Ganztonabstand auf Halbtonabstand zusammengezogen (er wird vom Ensemble durch einen Paukenwirbel Ziffer 1 beantwortet) und schließlich durch mensurierte Repetition eines Einzeltons in die Einstimmigkeit zurückgenommen (beantwortet vom Ensemble durch einen nicht tremolierten Harfenakkord Ziffer 2). In der dritten und abschließenden Phase der Kadenz überwiegt ruhige melodische Bewegung nach klassischem Muster: Sekundfortschreitungen, Sprungausgleich, gleichmäßige Achtelbewegung bestimmen das Bild. Die Überleitung zum nächsten Formteil, den »Beschluß«, bewerkstelligt eine Sequenz.

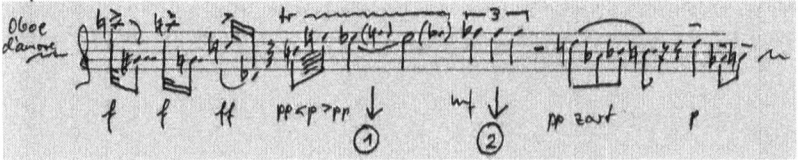

## 2. Kadenz

Als turbulentester Abschnitt des Konzertes ist die zentrale zweite Kadenz der eigentliche Gegenpol zur lyrischen sechsten. Sie ist nach dieser die zweitlängste und die mit dem größten Spielanteil des Kammerensembles. Sie besitzt eine eigene ausgedehnte Einleitung in Form einer ersten Schlagzeugphantasie; eine zweite löst am Ende den Solisten ab und sorgt für die Überleitung zum Mitteltutti.

Im Gegensatz zum Part der Oboe d'amore in der ersten Kadenz (besonders in der Schlußphase) und im Beschluß, der als doch recht flüssiger Diskurs gestaltet ist, ist das Solo der Oboe in der zweiten Kadenz geprägt von äußerst knappen Phrasen und versprengt herausgeschleuderten Einzeltönen. Häufig verwendetes Staccato und die Heranziehung neuer oder doch wenigstens unüblicher Spielweisen verstärken den Eindruck von Zerissenheit. So setzt die Oboe (nach Maßgabe der Partitur) mit einem Akkord ein. Weiter begegnen extremes Überblasen mit geräuschhaftem Ergebnis sowie das Spiel nur auf dem Mundstück, das einen – vielleicht humoristisch gemeinten – quietschenden Klang ergibt.

In den kapriziösen Charakter fügt sich der erste Einsatz des Ensembles. Dämpfeffekte, die an Spielweisen des Jazz erinnern, Klappengeräusche, ansatzloses Durchblasen bei den Bläsern; Pizzicato, Alla-punta- und Collegno-Spiel bei Cello und Baß: Die Bezeichnung »Happening«, im Grunde auf die ganze zweite Kadenz anzuwenden und von Maderna selbst für ähnliche »aleatorische« Abschnitte in den Mittelteilen späterer Werke verwendet[14], ließe sich hier treffend ins Feld führen.

Der nächste Einsatz des Ensembles bringt den dynamischen Höhepunkt. Er folgt auf einen zum Fortissimo anschwellenden Triller des Solisten, der in ein langezogenes $e^3$ in dreifachem Forte mündet. Das Ensemble beantwortet diesen Ausbruch mit unmißverständlich brutaler Geste: harte Schläge auf Tamtam, Claves, Glocken und Bambusspiel, schwere Akkorde und Cluster in den *suoni fissi*, dazu die hohen Streicher und die schrillen Pikkoloflöten, das alles im Fortissimo. Ohne Frage ist diese Episode der des *Klavierkonzerts* verwandt, der wir im Vorgriff Vortragsbezeichnungen späterer Konzerte (*2. Oboenkonzert, Violinkonzert*) das Epitheton »disperato« beigegeben haben.

Je nach Wahl des Dirigenten präsentiert sich der nächste Einsatz des Ensembles entweder als völlig aufgelöste Klangfläche oder aber akzentuiert durch Akkorde der *suoni fissi*. Nach dem quasi fugierten Einsatz der

---

14 Zum Beispiel in den Vorworten zur *Grande Aulodia* und *Quadrivium*.

Instrumente der ersten und dem blockhaften Eindruck der zweiten Orchesterepisode könnte man hier von gleichbleibend mittlerer Dichte reden.

Eine Generalpause (in der Partitur angedeutet durch zwei breite auseinanderstrebende Pfeile, die die Armbewegung des Dirigenten nachzeichnen) beendet die dritte Episode. In nervös-fahriger 32stel-Bewegung, »sempre ppp«, ständig von Pausen unterbrochen, setzt die Oboe unbegleitet neu ein. Abgelöst wird sie später vom Schlagzeug: »la percussione dovrebbe cercare d'imitare l'oboe solo«, verlangt Maderna in der Partitur. Durch den Einsatz von fünf verschieden dimensionierten *dragon heads*, die die letzten Figuren des Solos einigermaßen erkennbar aufgreifen können, gelingt dies auch. Im übrigen könnte man die gesamte zweite Schlagzeugphantasie, die hiermit eröffnet ist und die Kadenz beschließt, als eine Musterschau exotischer Instrumente bezeichnen: Neben den erwähnten *dragon heads* hört man japanische und brasilianische Claves, Reco-reco, Guiro und Bambusspiel. Die »Xylophone« werden bald abgelöst von drei japanischen Trommeln, schließlich von »Metallophonen«: je drei Triangeln, Bekken, kleine Gongs, chinesische Gongs, Tamtams und zwei japanische Gongs. Denken in Orchestergruppen – und seien sie geographischer Natur – also auch hier.

Daß die Begleitung der zweiten Kadenz gewissermaßen nachgearbeitet wurde, zeigt sich nicht zuletzt daran, daß sich für die Ensemblestimmen z.T. eine direkte und fast mechanische Ableitung aus der Solostimme nachweisen läßt, am deutlichsten wohl im Part des Xylophons (ad lib. Marimba oder Vibraphon) in der Einleitung. Die Töne stammen vom Anfang der Solostimme (der Eingangsakkord und die nachfolgenden »groppetti« ohne Hauptnote nicht gerechnet), der Rest aus der zweiten bis neunten Note der Oboe nach der Generalpause. Rhythmen und Lage sind freilich gegenüber der Oboe verändert.

## 3. bis 5. Kadenz

Wie erwähnt, schließen sich dritte, vierte und fünfte Kadenz für den Hörer zu einer einzigen, zweimal unterbrochenen zusammen; die einzelnen Kadenzen sind wenig ausgedehnt, und auch die Orchesterzwischenspiele sind recht knapp gehalten.

Dementsprechend ist die Eröffnung der dritten Kadenz aufwendiger gestaltet als die der beiden folgenden (die den einfachen Einton-Beginn mit langgehaltener Einzelnote aufweisen): Ein abrupter Farbwechsel von den Bläsern zu den Streichern, gleichzeitiger Wechsel vom Pianissimo zum Forte sorgt zunächst für den energischen Abschluß des vorangehenden

Konzert für Oboe und Kammerensemble (1962)

Mitteltuttis (T. 86/87). Gleichzeitig setzen, zunächst von den Streichern fast überdeckt, jap. Sistrum und zwei jap. Gongs ein. Nach Besetzung und Ausdehnung nimmt diese erneute perkussive Eröffnung eine Zwischenstellung ein zwischen dem lediglich eintaktigen Portal zur ersten und der ausgedehnten Phantasie vor der zweiten Kadenz:

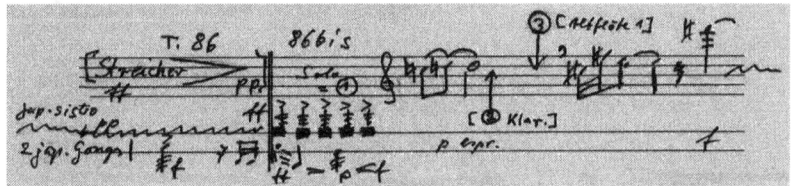

Hervorstechendstes Merkmal der dritten Kadenz ist die Beteiligung von Altflöte und Baßklarinette des Ensembles im obligaten, wenn auch ohne Taktgliederung notierten Satz. Diese lyrische kammermusikalische Episode wird jäh durch das *Honeyrêves*-Zitat unterbrochen, worauf der Solist in der vierten Kadenz den Faden allein wieder aufnimmt. Vierte und fünfte Kadenz sind die einzigen, die ganz ohne die Beteiligung des Kammerorchesters auskommen. Beide beginnen mit einem lang ausgehaltenen Einzelton, der in der fünften Kadenz durch seine hohe Lage, plötzliches markiertes Abreißen und echoartige Wiederholung erheblich intensiviert erscheint:

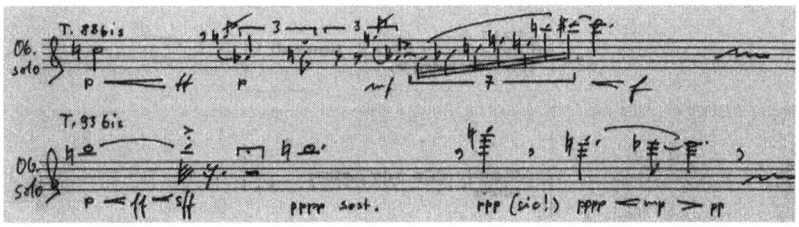

1. Oboenkonzert, Anfang der 4. (oben) und 5. Kadenz

In keiner der drei mittleren Kadenzen wird von neuen Spieltechniken Gebrauch gemacht. In der fünften fallen lediglich die extrem hohe Lage des Beginns und eine ausgedehnte Tremolo-Passage auf.

## 6. Kadenz

Über den lyrischen, fast nostalgischen Charakter der Schlußkadenz wurde bereits zu Anfang einiges gesagt. Selbst rasche Passagen wirken hier als weich fließende Arabesken, weniger als virtuose Zurschaustellung. Die zahlreich eingefügten Pausen und Fermaten: wirkliche Ruhepunkte und »Atempausen«, nicht Unterbrechung – wie in der zweiten Kadenz. Nur gelegentlich sind kurze Gruppen in kleinen Notenwerten als Momente der Irritation eingestreut. Die Ensemble-Einwürfe 1) (eine Art knapper dritter Schlagzeug-Phantasie), 2) und 3) (*suoni fissi*, Glocken, kleine Gongs) werden an solchen Stellen eingefügt. Ein großer lyrischer Aufschwung vom $c^1$ zum $a^2$ wird, wie erwähnt, von einem auratischen Streicherakkord gestützt; daran schließt sich der weiträumigste Intervallschritt der Solostimme überhaupt an: e -$a^2$-$as^1$. Die weitausgreifende Geste wird – abermals unmißverständlich brutal – von einem massiven Bläsereinwurf beantwortet (Bkl, Pos, Fag, Hn, Tr, dazu Claves und Pauken, die nach raschen, tonleiterartigen Passagen in stark dissonierenden gehaltenen Akkorden zusammentreffen).

Wiederum die Perkussionisten sorgen für den letzten Kommentar des Ensembles: eine Zusammenstellung tiefer, warm klingender Membranophone (Pauken, gr. Trommel, dazu Tomtom, Tunga, Bongos).

Anfang und Schluß der Kadenz jedoch gehören dem Solisten allein. Wieder liegt die Betonung auf dem lang gehaltenen Einzelton; das Ende ist von nahezu tonikaler Wirkung:

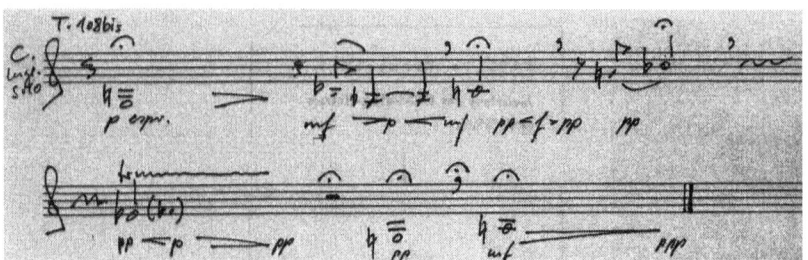

# Zusammenfassung

Mit dem *Konzert für Oboe und Kammerensemble* beginnt ein neuer Abschnitt im konzertanten Schaffen Madernas. Die im *Klavierkonzert* nur gelegentlich zu beobachtende Abwendung von einem integralen Konzertideal, bei dem die Solostimme nahezu wie ein Instrument des Orchesters behandelt wird, ist vollzogen. Der Solist steht von nun an unangefochten im Vordergrund und wird zum Protagonisten eines Dramas: Es geht um den Konflikt zwischen Individuum und Masse. Demgemäß zerfällt die Form in eine Folge von mit Vor-, Zwischen- und Nachspielen ausgestatteten Kadenzen, ein Vorgang, der im *1. Oboenkonzert* krisenhaft deutlich zutage tritt.

# 2. Oboenkonzert

Das 2. Oboenkonzert – die Partitur trägt den Titel *Concerto per oboe e orchestra n.2* – erlebte als erstes der Konzerte Madernas seine Uraufführung außerhalb Darmstadts. Entstanden im Auftrag des Westdeutschen Rundfunks Köln, war es am 10. November 1967 im großen Sendesaal des WDRs zum ersten Mal zu hören. Es handelte sich um das Eröffnungskonzert der prestigeträchtigen Konzertreihe »musik der zeit« für die Saison 1967/68, in dem Maderna das Sinfonieorchester des Kölner Senders leitete. Neben seinem neuen Werk standen ausschließlich deutsche Erstaufführungen – von Kazuo Fukushima, Paolo Renosto und Olivier Messiaen – auf dem Programm, eine Zusammstellung, die ein bezeichnendes Licht auf die mäeutischen Qualitäten wirft, um deretwillen der Dirigent Maderna in jenen Jahren bei uns besonders geschätzt war. Den Solopart des Konzerts hatte selbstverständlich Lothar Faber übernommen. Er war zu dieser Zeit Solo-Oboist des Kölner RSO, ihm ist das Werk gewidmet.

Faber war es auch, auf den die Anregung für die Komposition zurückging. Er war in den Besitz einer Musette gelangt, und Maderna zeigte sich von den Klangfarben dieses ungewöhnlichen Instruments angetan. Interessiert habe ihn vor allem das hohe Register, dessen Reiz für ihn durch die mitunter unsichere Intonation in diesem Bereich noch erhöht worden sei. Von Seiten des WDR habe man usrprünglich eine Umarbeitung des *1. Oboenkonzerts* unter Einbeziehung der Musette vorgeschlagen, Maderna habe es jedoch vorgezogen, ein völlig neues Konzert zu schaffen, berichtet Faber zur Entstehung des Werkes.[1] Wahrscheinlich fühlte Maderna die Notwendigkeit, dem *1. Oboenkonzert*, das ja nachgerade zum Repertoirestück geworden war, ein neues Werk an die Seite zu stellen.

Da zum zweiten der »Faber-Konzerte« ausnahmsweise eine Programmnotiz erhalten ist, die auf den Komponisten zumindest zurückgeht, soll die Gelegenheit, ihn wenigstens indirekt zu Wort kommen zu lassen, nicht ungenutzt verstreichen:

»...Das zweite Oboenkonzert wurde auf Anregung Lothar Fa-

---

1 Mündliche Mitteilung an den Verf.

bers komponiert, um für den besonderen Klang der wiederentdeckten Musette (Sopranino-Oboe), die eine Quinte über der normalen Oboe liegt, ein Stück zur Verfügung zu haben. Die Musette hat zwei verschiedene Schallbecher. Der eine ergibt einen sehr aggressiven, dudelsackähnlichen Ton, der andere einen milderen, mehr pastoralen Klang. Nach der Musette wechselt der Solist auf die normale Oboe. Drei Orchesteroboen sind – gewissermaßen als Echo des Soloinstrumentes – auf dem Podium getrennt postiert. Einen besonderen Teil bildet ein vom Schlagzeug begleitetes Notturno der Streicher. Die Schlußpartie des Werkes ist für Oboe d'amore geschrieben. Die serielle Struktur wird durch freie, aber streng kontrollierte Einschübe aufgelockert. (Nach Mitteilung des Komponisten.)«[2]

Sieht man einmal vom letzten Satz mit seinem legeren Zugeständnis an den Jargon der Avantgarde ab, ist der unprätentiöse Text meilenweit entfernt von den wortreichen und theoriebefrachteten Manifesten, die die Protagonisten der neuen Musik nach 1950 ihren Schöpfungen normalerweise mit auf den Weg gaben. Offen wird der praktische – »musikantische«, um das Wort hier noch einmal in Erinnerung zu rufen – Anlaß der Komposition angesprochen. Alle anderen Angaben beziehen sich unmittelbar auf klangliche und bauliche Qualitäten des Stückes und der verwendeten Instrumente. Die Bezeichnung »Notturno« für die Streicherepisode knüpft ebenso ohne Umschweife an überlieferte Begriffe an wie der Titel »Konzert« selbst.

Das *2. Oboenkonzert* wurde nach seiner Uraufführung noch mehrmals gespielt und aufgezeichnet. 1968 war es mit dem Residenzorchester Den Haag in Darmstadt zu hören, im September desselben Jahres in identischer Besetzung in Venedig beim XXXI. Festival di musica contemporanea; im März 1968 spielten es Faber und Maderna nach Auskunft der *Documenti* (S. 265) ein letztes Mal beim Süddeutschen Rundfunk ein. Anders als das erste, hatte das *2. Oboenkonzert* nach Faber allerdings keine weiteren Solisten gefunden – wohl nicht zuletzt des ungewöhnlichen Soloinstruments wegen.

Die Partitur erschien 1969 in Mailand bei den Edzioni Suvini Zerboni (S. 6804 Z.) als Reproduktion des Manuskripts. Über den Verbleib dieser Vorlage geben die *Documenti* keine Auskunft, das beim Westdeutschen Rundfunk verwahrte Material kommt wegen einiger Abweichungen vom

---

2 Programmheft des WDR »musik der zeit I« vom 10.11.1967

Text der Partitur als Druckvorlage nicht in Frage. Mit den meisten Partituren des späteren Maderna teilt die des 2. *Oboenkonzerts* die ungewöhnliche Größe (ca. 58 x 45 cm im Querformat) und ein gewisses unaufgeräumtes Aussehen, das die Orientierung auf den ersten Blick nicht immer leicht macht. Zum einen bedient sich der Komponist verstärkt neuer, teils »graphischer« Notationsweisen, zum anderen arbeitet er zunehmend mit Schere und Klebstoff – das montageartige Kompositionsprinzip bleibt dem Auge des Betrachters nicht verborgen. Dazu gesellen sich zahlreiche verbale Anweisungen: in der Partitur selbst, aber auch vorangestellte »istruzioni al direttore«. Aus ihnen soll bei der Besprechung des Werkes ausgiebig zitiert werden. Auf der ersten Seite trägt die Partitur den Widmungsvermerk »dedicato a Lothar Faber«; am Ende liest man »Köln 10 November 1967«.

Ein Blick in das Notenarchiv des Westdeutschen Rundfunks, das das handschriftliche Material der Uraufführung beherbergt, lehrt allerdings, daß zu diesem Zeitpunkt von einer Fertigstellung der Partitur noch nicht die Rede sein kann. Das Material bietet vielmehr wiederum den – zumindest für den Forscher reizvollen – Anblick eines Halbfertigprodukts: Zwar ist, von einigen weniger bedeutenden Ausnahmen abgesehen, der vollständige Text der später veröffentlichten Partitur zu finden, aber die einzelnen Abschnitte befinden sich in unterschiedlich ausgearbeitetem Zustand. Zudem sind sie auf losen, z.T. einzelnen Blättern notiert, und eine durchgehende Paginierung fehlt ebenso wie eine durchgehende Taktierung. In Reinschrift liegt lediglich der erste Teil des Konzertes vor, zwar gleichfalls auf losen Blättern, Bögen und Kartons, immerhin aber durchgehend paginiert (S. 1-11) und mit (drei verschiedenen) Taktierungen versehen (A-$X^3$, 1-16$^{bis}$, dann 1-21$^{bis}$). Das entspricht der späteren Partitur (ohne deren Seite 1) bis Takt 37$^{bis}$, ohne das auf dieser Seite notierte Musette-Solo. Dieses befindet sich auf einem Einzelblatt und ist lediglich flüchtig mit Bleistift festgehalten; jede Art von Vortragsbezeichnung fehlt noch. Die beiden verbleibenden Soli (Oboe, Takt 58$^{bis}$ und Oboe d'amore, Takt 79$^{bis}$) sind ebenfalls mit Bleistift auf Extrablättern notiert, jedoch auch im Detail bereits weitgehend ausgearbeitet. Wie die Handschrift zeigt, hatte Maderna im Falle des Solos Takt 58$^{bis}$ zunächst an die Mitwirkung des Schlagzeugs (4 Becken, 3 Tamtams, 5 Gongs) gedacht, dies aber später nicht weiterverfolgt. Die das Obensolo rahmenden Tuttiabschnitte (Part. Takt 38-58 und Takt 59-79) gehen auf eine Partitur zurück, die in der Form, in der sie handschriftlich vorliegt (ebenfalls in Bleistift), weder bei der Uraufführung erklungen ist, noch in die Partitur aufgenommen wurde. Womöglich war diese handschriftliche Partitur, deren Taktierung (22-42) an den Schluß der Reinschrift anschließt, ohnehin als eine Art Urpartitur gedacht gewesen, als Materiallager gewissermaßen: Kompositionstechnische Markierungen, mit farbigen Stiften eingetragen, lassen darauf schließen.

Zur Koordination seiner bunten Blätter hatte Maderna einen regelrechten Fahrplan aufgestellt, ein Flußdiagramm, das sich unter dem WDR-Material erhalten hat. Der Plan hat eine doppelte Funktion: Er legt das Procedere für die aleatorischen Abschnitte fest – denn auch hier ist es wieder in der Hauptsache der Dirigent/Komponist, der an manchen Stellen letzte Hand anzulegen hat –, und er ist eine Anweisung zur Partitursynthese, regelt die Abfolge der in sich geschlossenen Abschnitte, bestimmt die Lesart der Vorpartitur. Ich möchte den Plan im Wortlaut anführen. Eingekreiste oder gerahmte römische bzw. arabische Ziffern verweisen auf Orchestergruppen aus der Begleitung zum Musette-Solo Takt 16$^{bis}$; mit »Musette (dolce)« und »(hart)« sind die in der zitierten Programmnotiz erwähnten, mit unterschiedlichem Schallbecher versehenen Formen der Musette gemeint; Taktzahlen und Seitenangaben beziehen sich selbstverständlich auf das handschriftliche Material, nicht auf die veröffentlichte Partitur:

a) Cor + Klar  **IV**$^3$
b) Bassi Arco/Celli e Guit pizz
c) Arpe + Guitarre  **V**
d) Percuss. (da A a X$_3$) con piccoli strumenti
↓

Percuss (da A a X$_3$) original
    (via Cbassi + Celli)
↓  (via Arpe/Guit.)

MUSETTE (hart) + Arpe **I** + Guitarre e celesta **II**
↓             poi Arpe ↓2 con pizz. Celli + Bassi ↓*1*

Taktstock (pagg. 9-10)
↓

Musette (dolce) e per il resto come da pag. 11
↓

Musette (dolce) come da foglia separata
    Entra da batt. 22 (3/4 poi 4/4) a 42 con
↓  soli Viole, Celli, Hr/Kl. e Ob.

Oboe solo come da foglia separata
  ↓  → Entra da batt. 22 (3/4 poi 4/4) soli archi espress.

---

3  Die hier nur typographisch hervorgehobenen Gruppenbezeichnungen erscheinen im Original eingekreist, in Kästchen etc.

## 2. Oboenkonzert

> Oboe d'amore come da foglia separata
> → ENTRANO – Cbassi Arco – Celli e Guit. pzz.
> Percussione da inizio (da A-$X_3$) con strumenti piccoli
> lasciando alla fine solo il oboe d'amore

Selbst für den, der mit den Einzelheiten des Konzertes nicht vertraut ist, dürfte dieses Szenario aufschlußreich sein. Sehr deutlich wird das Montageprinzip. Klar ist das formale Grundschema zu erkennen: der Wechsel der Soloinstrumente vom höchsten zum tiefsten; die nach und nach aus vier Gruppen des Orchester zusammengefügte Einleitung; die Wiederaufnahme der Einleitung zur Begleitung des letzten Solos. Das »Baukastenprinzip« wird deutlich. So ist zu sehen, daß der Löwenanteil des Soloparts unabhängig vom Orchester entstanden ist: das letzte Musette-Solo, das für die Oboe und das für die Oboe d'amore sind jeweils auf »foglie separate« notiert. Auch Madernas Denken in Orchestergruppen, die den traditionellen Instrumentenfamilien nahestehen oder mit ihnen übereinstimmen, tritt an den Tag. Die Vorliebe für solch konventionelle Gruppierungen ist jedoch eigentümlich mit seriellem Denken in weitesten Sinne verknüpft, wie es sich in der Zuweisung bestimmter Spielarten an die einzelnen Gruppen niederschlägt. Gleich oben im Schema sind vier solcher Gruppen zusammengefaßt: a) die Bläser (Hörner und Klarinetten); b) die gestrichenen Kontrabässe auf der einen, die gezupften Celli mit den notgedrungen gezupften Gitarren auf der anderen Seite; c) die Zupfinstrumente (Harfen, Gitarren); d) das Schlagzeug. Ferner ist zu beobachten, wie durch variierte Wiederholung aus begrenztem Material ausgedehnte Abschnitte gewonnen werden: Am Schluß der Einleitung sind die Takte A-$X^3$ zunächst nur von den »kleinen«, d.h. wohl von den hoch klingenden Schlaginstrumenten zu spielen, dann noch einmal von allen. Später, vor und nach dem Solo der normalen Oboe, sind die Takte 22-42 (des Mss.!) einmal mit Bläsern und tiefen Streichern, beim zweiten Mal von allen Streichern (und zwar »espress.«, d.h. »espressivo«) zu spielen. Auch hier wieder das Denken in Instrumentenfamilien.[4]

---

[4] Solche Operationen haben aufwendigere Vorbilder. Man denke an die Lesarten, die »letture«, der Urpartituren im *Klavierkonzert*. Freilich sind diese mit der Vorpartitur des *2. Oboenkonzerts* nur bedingt zu vergleichen, denn letztere ist vollständig ausgearbeitet, inklusive Instrumentation, Artikulation, Dynamik etc., während die Urpartituren des älteren Werkes gänzlich abstrakt nur Dauern und Tonhöhen notieren.

# Das 2. Oboenkonzert im Überblick

Alle Seiten- und Taktangaben beziehen sich auf die S.Z.-Partitur; die Bezeichnungen der einzelnen Formteile, mit Ausnahme derer in Anführungszeichen, stammen von mir. Dauer lt. Partitur ca. 17 min., Besetzung: 2 Ob, Eh, 3 Klar, Bkl, 4 Hn, Schlagzeug: 5 Spieler, 6 V, 6 Ve, 3 Vc, 3 Cb, Solo: Musette (»dolce« und »hart«), Oboe, Oboe d´amore.

## 1. Teil: Orchestereinleitung (Seite 1-4, obere Hälfte)

### 1.1. erster Teil der Einleitung (S. 1)

vier Gruppen, aleatorisch, Gruppen 2 bis 4 ad lib. zur Wiederholung

*Gruppe 1:* 2 Klar, Bklar, 4 Hn*
← *Gruppe 2:* 3 Cbassi arco*
← *Gruppe 3:* 2 Hrfn, Tempo: Viertel = 56 ca.*
← *Gruppe 4:* Git, E-Git, 3 Vc pizz.*

← 1.2. zweiter Teil der Einleitung (S. 2-S. 4 oben)

graphisch, aber taktmäßig fixierte Fantasie für fünf Perkussionisten: (»Battere in 2 – M. 45-52 ca.«), taktiert A-Tt nach deutschem Alphabet, aber ohne U.

## 2. Teil: Solist mit Musette (Takt 1-37$^{bis}$)

### 2.1. erstes Solo mit Orchester (Takt 1-16$^{bis}$)

2.1.1. »Tacktstock (sic) 1« (Takt 1-16)
auskomponiert, 16mal 2/4 im Tempo Viertel = 60: Musette solo mit Celesta und zwei Harfen

2.1.2. Takt 16$^{bis}$ (S. 5 unten-9 linke Hälfte) Solo-Musette durchgehend auskomponiert, ohne Taktgliederung; dazu fünf aleatorische Orchestergruppen (Gruppen 2 und 3 ohne Wiederholung)

← *Gruppe 1:* 2 Harfen; Tempo Viertel = 72 ca. (S. 6)
← *Gruppe 2:* Cel, Git, E-Git; Viertel = 72 ca. (S. 6/7)
← *Gruppe 3:* Perkussionist 4: 3 Woodblocks (S. 8)
← *Gruppe 4:* Git, E-Git, Celli, Bässe (S. 8)**
← *Gruppe 5:* 2 Harfen (S. 8)**

### 2.2. erstes Tutti (»Tacktstock 2«, Takt 17-29)*

auskomponiert, 13 x 4/4; Viertel = 66 ca., 4 Hörner (Takt 17-20), 2 Oboen, Englischhorn (Takt 21-29), Streicher ohne Bässe

### 2.3. zweites Solo, später mit Orchester (Takt 29$^{bis}$-37)*[*?]

2.3.1. Takt 29$^{bis}$: Musette solo, ohne Taktgliederung; Viertel = 52 ca.

2.3.2. Takt 30-37: 8 x 4/4, Viertel = 46 ca., durchkomponiert: Solo-Musette mit 2 Oboen und Englischhorn

### 2.4. Orchester, später mit drittem Solo (Takt 37$^{bis}$, S. 12-13 oben)

vier Gruppen:
*Gruppe 1:* 6 Violinen, Generaltempo Viertel = 52-72
 ← *Gruppe 2:* 3 Tamtams
  ← *Gruppe 3:* 4 hängende Becken
   ← *Gruppe 4:* Solo-Musette

Gruppen 1-3 mit gerahmten »patterns« (Fragmenten), 2 und 3 graphisch, ad lib. zur Wiederholung; das Solo wieder konventionell, wenn auch ohne Taktgliederung, notiert im Tempo Viertel = 52 ca.

## 3. Teil: Solist mit Oboe (Takt 38-79)

### ← 3.1. zweites Tutti (»Tacktstock 3«, Takt 38-79)*

durchkomponiert; 7 x 3+4+4/4; Viertel = 72-84 ca.
volles Orchester ohne Violinen, Schlagzeug und *suoni fissi*

### 3.2. viertes Solo (Takt 58$^{bis}$, Seite 16 rechts-17 links)

ohne Taktgliederung auskomponiert; Viertel = 56 ca.; am Schluß in gerahmte *patterns* mündend, diese ad lib. zur Wiederholung

### ← 3.3. drittes Tutti (Takt 59-79)*

durchkomponiert; 7 x 3+4+4/4; Viertel = 72 ca.
nur Streicher ohne Bässe

### 4. Teil: Solist mit Oboe d´amore (Takt 79$^{bis}$, S. 21-24)

Solo durchgehend ohne Taktgliederung; Viertel = 50 ca.
Begleitung durch vier Gruppen, alle zur Wiederholung

← *Gruppe 1:* 2 Harfen; Viertel = 25 ca. (S. 21/22)\*
← *Gruppe 2:* Git, E-Git; Viertel = 25 ca. (S. 22-24)\*
← *Gruppe 3:* 3 Cbassi (S. 22/23)
← *Gruppe 4:* Schlagzeuggraphik im Rahmen (S. 23) für hängende Becken, Sistrum, 2 Tomtoms, Kastagnetten, Triangel

Die nach links gerichteten Pfeile deuten an, daß die so markierte Gruppe / der so markierte Abschnitt einsetzt, bevor die / der vorausgehenden beendet sind – nach Belieben des Dirigenten oder innerhalb eines in der Partitur angegebenen Bereichs.

# Grundlage des Satzes: Akkordfolgen

Alle mit einem Sternchen versehenen Gruppen / Formteile sind mehr oder weniger elaborierte Manifestationen einer Folge von acht bzw. zwölf Zwölfton-Akkorden, die, vom Cluster es$^1$-e$^2$ ausgehend, systematisch an Ausdehnung gewinnen, bzw. vom letzten und weitesten Akkord zum genannten Cluster sich zusammenziehen. Auch wenn diese Akkorde / Reihen in den drei Tutti-Abschnitten eher wie die bereits oben vorgestellten *piani armonici* funktionieren – aus dieser Konzeption dürften sie wohl auch hervorgegangen sein –, soll die Akkordfolge im folgenden schlicht Akkord I-IX heißen, da sie an anderer Stelle simultan verwendet wird und auch vertikale Lesarten der übereinandergeschriebenen Akkorde nutzbar gemacht werden. Das Notenbeispiel auf S. 142 zeigt die Akkorde I bis IX; die einzelnen Spalten wurden mit den Großbuchstaben A-L beziffert. Im Gegensatz zu den Basisakkorden des *1 Oboenkonzertes* ist hier in jedem der Akkorde das chromatische Total enthalten. Wie leicht zu erkennen ist, wird der Ambitus nach unten hin regelmäßig erweitert: jeweils um eine große Terz – um eine kleine, wo andernfalls ein Anfangston sich wiederholen würde (Ausnahme: VIII könnte eigentlich auf D beginnen); Spalte A tendiert also ihrerseits zur Zwölftönigkeit. Derlei ließe sich von den übrigen Spalten nicht behaupten: Tonwiederholungen auf derselben Position sind bei benachbarten Akkorden an der Tagesordnung, werden übrigens auch musikalisch ausgenutzt, wie unten zu sehen sein wird. Der Spitzenton wird zunächst gleichfalls um eine große Terz nach oben versetzt, und Maderna scheut sich nicht, mit Erreichen des vierten Akkordes, der ja den Großterzzirkel schließt, das Es der ersten Reihe zu wiederholen. Danach freilich geht es mit anderen Intervallen weiter, ohne daß eine Systematik aufschiene. Was den Aufbau der Akkorde in sich angeht, kann ich bis dato ebenfalls keine besondere Systematik erkennen. Daß der erste ausschließlich aus kleinen Sekunden, die späteren aus nach und nach größeren Intervallen gebildet sind, liegt schließlich in der Natur der Sache. Symmetrische Bildungen gibt es nicht – im Unterschied wiederum zum *1. Oboenkonzert.* Auch Verwandschaften zwischen benachbarten Akkorden, wie sie dort zu beobachten waren – identische Zwei- oder Dreitongruppen, ggf. in anderen Oktavlagen –, treten hier nicht in Erscheinung. Vielmehr scheint es dem Komponisten hier um eine möglichst große Verschiedenartigkeit zu tun gewesen sein.

Grundlage der oben im Schema mit zwei Sternchen markierten Teile ist eine zweite Folge von 12 Akkorden (*I-*XII), die allerdings nur mit Mühe und einigen Unsicherheiten zu rekonstruieren war (s. Notenbeispiel S. 144). Die einzige vollständige Manifestation dieser zweiten Akkordfolge ist in Gruppe 3 von Seite 1 (die beiden Harfen) dingfest zu machen; daß sie den Makel hat, mit einigen »Oktaven« behaftet zu sein, ohne daß dafür ein besonderer Grund zu erkennen wäre, soll ebensowenig geleugnet werden wie der eigentümliche einförmige Aufbau der oberen Register von *IV-*VIII. Möglicherweise ist diese Monotonie bewußt als Kontrast zur Mannigfaltigkeit im Aufbau der ersten Akkordfolge gesetzt worden.

## Die Akkordfolgen in der Urpartitur

Alle drei Tuttiabschnitte sind Lesarten der einen Urpartitur, die beim WDR verwahrt wird und die komplexeste Lesart der Akkordfolge I-VIII (IX gelangt nicht zur Durchführung) darstellt. Die Ausdehnung der Urpartitur beträgt 77 Viertel, eingeteilt in sieben Taktverbände zu je 3+4+4/4-Takte. In der Urpartitur hat Maderna für jede Stimme den Zeitpunkt des Akkordwechsels eingetragen – übrigens auch für den dann doch nicht mehr ausgearbeiteten Wechsel zu Akkord IX, also über das 77. Viertel hinaus. Das mag ein Hinweis auf eine wohl aus Zeitmangel nicht durchgeführte größere Ausdehnung sein, wirft in jedem Fall jedoch ein bezeichnendes Licht auf die Arbeitsweise: Demnach zählt die Festlegung des Geltungsbereichs der *piani armonici* offenbar zu den allerersten Schritten bei der Ausarbeitung der Partitur. Die Grundkonzeption ist also eine harmonische.

2. Oboenkonzert, Orchester, Akkorde I-IX

## 2. Oboenkonzert

Nur als Sonderfall treten alle Stimmen gleichzeitig in den Bereich eines neuen Akkords ein, sonst ergeben sich Bilder, wie die folgende, stark vereinfachte Darstellung sie anzudeuten versucht, Bilder die sich ebensoleicht rechnerisch (-4, -3, -2, -1, -0, +1, +2 etc.) wie rein graphisch erklären lassen:

```
3                    5                   7
3                   5                    7
3                  5                     7
3                 5                       7
3      (4)       5          (6)            7
3                 5                    7
3                  5                   7
3                   5                  7
3                    5                 7
```
*Zeitachse in Vierteln* . . . . . . . . . . . . . . . .

In rein satztechnischen Termini hätte man wohl von harmonischen Kanonbildungen zu sprechen!

Zur besseren Verständigung bei der Detailanalyse soll hier bereits der Aufbau der Urpartitur besprochen werden. Im wesentlichen lassen sich drei Schichten unterscheiden:

    A: eine statisch-harmonische;
    B: eine motorisch-rhythmische;
    C: eine filigran-melodische.

Wie nach allem kaum anders zu erwarten, sind die Schichten fest an bestimmte Orchestergruppen gekoppelt: Schicht A, die damit fast den Anstrich eines klassischen Akkordpedals erhält, an Klarinetten und Hörner – an dieselben Instrumente also, denen bereits in der Einleitung dieser Satztyp zufällt; Schicht B gehört den tiefen Streichern, Schicht C den Violinen und den Oboen – die damit vor den übrigen Bläsern des Orchester ausgezeichnet sind.

Farbwechsel kommen vor: So tauschen mit Erreichen von Akkord VIII Hörner und Oboen ihren Satztyp in hartem Schnitt, während Schicht C sich innerhalb der Streichergruppe auf Kosten von B kontinuierlich nach unten ausbreitet (ganz zu Beginn gehören auch noch Violine 5 u. 6 zur motorischen Schicht).

Das Notenbeispiel auf S. 146 zeigt die übereinanderkopierten Takte 41-43 und 62-64 der Partitur, die jeweils aus dem gleichen Abschnitt der Urpartitur stammen. Deutlich zu erkennen sind Schicht A in den Bläsern

2. Oboenkonzert, Akkorde I*-XII*

(im Beispiel oben) und Schicht B in den Streichern (unten); hier noch einschließlich V 5 und V 6). Schicht B erhält ihre räumliche Komponente dadurch, daß die repetierte Quintolen- bzw. Sextolenfigur von einem Instrument zum anderen wandert. Schicht C, die filigran-melodische (Notenbeispiel S. 147), breitet sich im Verlauf bis zu den Celli aus, die zum zitierten Zeitpunkt noch eine eigene, wenig markante vierte Schicht ausbilden: kurze Einzeltöne in der Dauer eines Sechzehntels oder Achtels, stets im Pizzicato und im Flageolett hervorgebracht. Ungefähr in der Mitte der Partitur werden die Schichten B und C quasi ineinandergeblendet: Schicht C hat nunmehr alle Streicher erfaßt[5], die Repetitionsfigur aus B wird abgelöst durch verschieden stark besetzte, je zweimal angeschlagene Akkorde: sf oder ff, zwei Sechzehntel oder Zweiunddreißigstel, meist Doppelgriffe – man könnte dies auch als Teilung der angesprochenen vierten Schicht ansehen.

Schicht C, nach uns nunmehr geläufigen Prinzipien aus Brechungsfiguren zusammengesetzt, bietet wieder ein äußerst komplexes Bild. Wie Maderna hier – und das betrifft auch Schicht B – die Aufeinanderfolge der Töne in den einzelnen Stimmen geregelt hat, darüber lassen sich nur noch Vermutungen anstellen. Die Folge der Basisakkorde I-VIII regelt schließlich nach Art der *piani armonici* lediglich die Lage der erklingenden Töne. Strenges Operieren mit Reihen liegt in den Einzelstimmen nicht vor, auch eine spaltenweise Lesart der Akkordtabelle ist nicht zu beobachten.

Wie Maderna die kompliziert ausschauenden Rhythmen der Einzelstimmen gewann, kann gleichfalls nur vermutet werden. Hat man die durch Unterteilung einer Grunddauer gewonnenen Klangflächen des *Flötenkonzerts* als ideellen Ausgangspunkt vor Augen, ließe sich eine der folgenden Hypothese ähnliche Arbeitsweise denken: (1.) Grundwert ist das Viertel, das (2.) durch Zellen oder Gruppen einer pro Viertel beibehaltenen Unterteilung ausgedrückt wird; diese Unterteilungen sind: (3.) Achteltriole, Sechzehntel, Sechzehntelquintole. Durch (4.) eingefügte Pausen lassen sich zwölf unterschiedliche abstrakte Grundrhythmen pro Viertel gewinnen:

a) 0, 1, 2    Pausen in einer Achteltriole;
b) 0, 1, 2, 3    Pausen in einer Sechzehntelgruppe;
c) 0, 1, 2, 3, 4 Pausen in einer Sechzehntelquintole.

Diese zwölf Grundmuster werden (5.) zahlen- oder buchstabenmäßig

---

5  Kontrabässe, die in der Partitur erscheinen, sind in der Urpartitur nicht vorgesehen.

2. Oboenkonzert, Tutti T. 41-43/T.62-64 a)
Schichten A und B

verschlüsselt und sind somit kompatibel zu dodekaphonen Tabellen und Prozeduren. Das ganze System kann (6.) in beliebigem oder systematischem Maßstab vergrößert und verkleinert werden, ließe sich durch Überbindungen komplizieren, so daß eine Vielzahl rhythmischer Formen gefunden werden könnte.

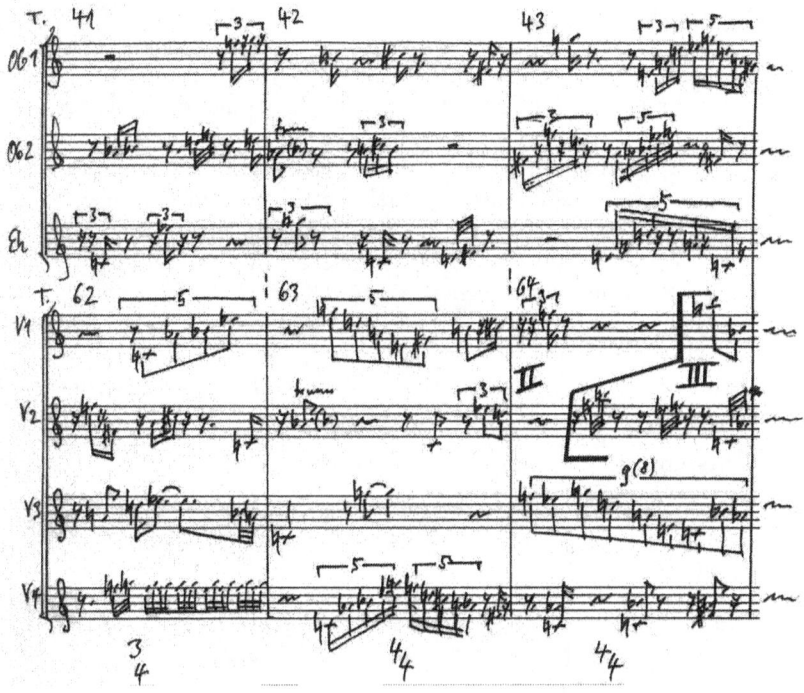

2. Oboenkonzert, Tutti T. 41-43/62-64 b)
Schicht C

Die Hinweise darauf, daß bei der Komposition der Rhythmen der Parameter »Dichte« eine gewisse Rolle gespielt hat, sind nicht zu übersehen, wenn darunter schlicht die Zahl der Einsätze pro Stimme in einem bestimmten Abschnitt verstanden wird. So gesehen, beträgt die Dichte im siebten und letzten 3+4+4/4-Taktverband:

    Hörner    11,    9,    7,    5
    Violinen  11,  14,  13,  12,  10,  9
    Viole     1,   1,   4  (i. e. 1, 2, 3)
    Celli      4,   5,   6
Einsätze pro Stimme (v. o. n. u.).

So klare Verhältnisse, das sei freimütig bekannt, lassen sich in den anderen Taktverbänden nicht ausmachen, häufig aber scheinen ähnliche Ordnungsprinzipien deutlich genug durch.

## Orchestereinleitung

Das 2. *Oboenkonzert* weist einmal mehr die typisch in zwei kontrastierende Abschnitte geteilte Einleitung auf. Beide werden diesmal – im Gegensatz zum *1. Oboenkonzert* – vom Orchester bestritten; der erste von Bläsern, Streichern und den gezupften Instrumenten, der zweite von den fünf Schlagzeugern, denen ausschließlich Instrumente unbestimmter Tonhöhe zur Verfügung stehen. Dieser Grobeinteilung entsprechend und sie satztechnisch auf die Spitze treibend, ist im ersten Teil die Diastematik, im zweiten der Rhythmus fixiert: Im ersten Teil hängen Rhythmen bzw. Dauern und die Abfolge des Materials in unterschiedlichen Graden vom Belieben des Dirigenten und/oder der Orchestermitglieder ab; im zweiten ist der Ablauf soweit festgelegt, wie sich dies mit Hilfe graphisch-proportionaler Notation bewerkstelligen läßt.

Vier Gruppen sind am ersten Teil beteiligt:

1) die Bläser mit Ausnahme der Oboen: neun gehaltene Akkorde unterschiedlicher Länge und z.T. verschiedener Besetzung; jeder Akkord wird »sf« markiert;

2) die drei – gestrichenen – Kontrabässe mit lang ausgehaltenen Tönen; drei voneinander unabhängige Linien, deren Dynamik in Absprache mit dem Dirigenten festzulegen ist;

3) die beiden Harfen mit kurzen Akkorden und Brechungsfiguren, in konventioneller Notation ohne Taktgliederung, beide »pppp kaum hörbar«;

4) die zwei Gitarren mit den drei (gezupften) Celli; in allen »Stimmen« wechseln kurze und lange Töne, erstere erklingen piano, letztere forte, oder: »Dinamica di questo gruppo pùo essere anche ppp-mp«; das gesamte Material dieser Gruppe ist in drei als A, B, C bezeichnete Unterabschnitte geteilt, deren Reihenfolge dem Gutdünken der Ausführenden unterliegt.

Den gewünschten Ablauf schildert der Komponist in den »istruzioni per il direttore« so:

»Il direttore ha a sua disposizione 4 gruppi di strumenti contrassegnati dai numeri 1, 2, 3, 4. I gruppi 2, 3 e 4 hanno dei ritornelli. Nei ›da capo‹ si devono interpolare i piccoli gruppi di note separati da virgole poste in alto o da speciali segni [d.i. runde, eckige, spitze Fermate u.ä.; mjb] a. V. Il direttore segnando con le dita i numeri, indicherà l'ordine d'entrata ai gruppi stessi.

Ciascun gruppo è a se stante e segue graficamente la parte con una propria interpretazione dei valori di durate (concordati precedentemente con il direttore. Solamente il gruppo delle arpe ha il tempo fissato intorno ad un minimo di metronomo di [Viertel] = 56. Per quanto concerne i contrabbassi e il gruppo dei fiati, le note quadrate seguite da una linea indicano dei suoni lunghi, mentre quelle senza linee vanno considerate suoni corti.

Per quanto riguarda il gruppo corrispondente al numero 1, il direttore dopo avergli dato l'attacca, indicherà i numeri da 1 a 9 con piccoli movimenti della mano sinistra.«

Dieser erste Teil der Einleitung stellt also die elementaren Satzkategorien Punkt (Celli, Gitarren), Linie (Bässe), Akkord (Bläser) und die Mischform Punkt/Akkord (Harfen) nebeneinander. Wegen der sehr tiefen Lage der Kontrabaß-Partien (höchster Ton: E) und ihrer extrem engen Stimmführung läßt sich bei ihnen lediglich ein ununterbrochen fließendes Klangband ausmachen, keine distinkten melodischen Linien. Diese Satzkategorie scheint mit Vorbedacht für den Eintritt des Solisten ausgespart, ebenso wie in der Bläsergruppe die Oboen nicht in Erscheinung treten. Ein gleiches gilt für die Tonhöhen, die nur in Ausnahmefällen über $f^2$ liegen, $b^2$ aber niemals überschreiten.

Vom Materialbestand her bietet sich folgendes Bild: *Gruppe 1* ist die akkordische Präsentation der Akkorde I-IX unter Aussparung der tiefen und hohen Randtöne; in der Regel erklingen die Töne 2 bis 9 (also Spalte B bis I).

Im einzelnen:
1: IX,   Töne 4, 5, 7, 8, 9
2: VIII,   "   3-8 (und 7 von IX)
3: VII,    "   2-9
4: VI,     "   2-9
5: V,      "   2-8
6: IV,     "   2-8
7: III,    "   2-9
8: II,     "   2-9 (die blinde Stelle in Bkl muß $as^1$ sein)
9: I,      "   2-9

Der Weg führt also von der weitesten zur engsten Lage, zum Cluster.

*Gruppe 3*: teils akkordische, teils gebrochene Darbietung der Akkordreihe *I-*XII, die umgekehrt vom Cluster $des^1$ -$c^2$ (mit herausgehobenem es²) zu einem Ambitus von Cis₁-f² fortschreitet – sofern die Reihenfolge der Unterabschnitte nicht vertauscht wird!

*Gruppe 2* und *Gruppe 4*: Jedes Instrument dieser beiden Gruppen bietet zunächst eine senkrechte Lesart der ersten Akkordfolge (I-IX), im einzelnen: Kb 3 entspricht Spalte A, E-Git Spalte B, Kb 2 Spalte C, Kb 1 Spalte E, Vc 3 Spalte F, Vc 2 Spalte G, Vc 1 Spalte H.

Dabei werden auftretende Tonwiederholungen als lange Töne ausgedrückt, in Gruppe 4, erstes Fragment (A) zusätzlich dynamisch hervorgehoben. Wiederum bleiben die vier letzten und höchsten Spalten, I-L, ausgespart. Liest man die Stimmen von hinten nach vorn, so ergibt sich für die Spalten A-H der Akkorde °I-°XII dieselbe Zuweisung an die einzelnen Instrumente wie die oben angeführte. Sie ist allerdings nicht mit der gleichen Präzision zu verfolgen. Zwischen den beiden Lesarten (I-IX und °XII-°I, Spalte A-H), liegt in jeder Stimme eine Handvoll Töne, deren Herkunft in Ermangelung einer Parallelstelle nicht zu ermitteln ist. Durch Oktavtransposition und durch Sektion in die austauschbaren Unterabschnitte A, B, C ist die tonräumliche Disposition von Gruppe 4 im Gegensatz zu den Gruppen 1 und 3 schon in der Grundgestalt – soll heißen bei nicht interpolierter Spielweise in gerader Leserichtung – nicht gerichtet, sondern diffus.

Der zweite Teil der Einleitung, eine ausgedehnte Phantasie für fünf Schlagzeuger, beginnt noch, während der erste läuft:

>»Il direttore, sempre senza bacchetta, comincia a battere con la mano sinistra in due tempi scegliendo il numero di metronomo da 45 a 52 ca., in modo che la percussione che ha una sua scrittura ›di azione‹ lo possa seguire. Dopo alcune misure è consigliabile che il direttore lasci che la percussione prosegua da sola, occupandosi invece di far terminare gli altri gruppi (2, 3, 4) come indicato in partitura.« (Istruzioni per il direttore)

Die Aktionsschrift für die Schlagzeuger ist verhältnismäßig klar. Jeder der Spieler hat für jedes Instrument bzw. jede Instrumentengruppe eine oder zwei waagerechte Linien, die wie üblich in regelmäßigen Abständen von »Taktstrichen« gekreuzt werden. Wiewohl nicht ausdrücklich vermerkt, dürfte die gewünschte Dauer durch die waagerechte, die Intensität durch die senkrechte Ausdehnung der verwendeten schwarzen Punkte, Linien, Flächen und Dreiecke angegeben sein. Allerdings tauchen auch einige weiße, also nicht ausgefüllte Symbole auf; womöglich sind hier andere, weichere, Schlägel gemeint.[6]

Bereits bei der Besprechung des *1. Oboenkonzertes* wurde erwähnt, daß der zweite Teil der Einleitung sich wiederum in mehrere kontrastierende Abschnitte gliedern kann, wobei der Kontrast dieser Unterabschnitte aber durch ein deutlich beibehaltenes Merkmal ein vermittelter ist. Idealtypisch ist das in diesem Konzert der Fall, wenn man Madernas WDR-Disposition folgt, dasselbe Material also zunächst nur durch eine Auswahl (die »kleinen«) der vorgesehenen Instrumente, dann durch alle vortragen läßt.

## Erstes Solo mit Orchester

»Il direttore sul 2/4 ([Achtel] = 60) comincerà a dirigere con la bacchetta ... e batterà normalmente. Alla battuta $16^{bis}$ (pag. 5) il direttore deporrà la bacchetta e accompagnerà il solista nei modi indicati per l'inizio; (libertà die far entrare i gruppi uno dopo l'altro anche in ordine diverso da quello segnato in partitura). Da tener presente sempre che i gruppi 2 e 3 non hanno ritornelli.« (Istruzioni per il direttore)

Das erste Solo mit Orchester gliedert sich in zwei Abschnitte. Der erste ist konventionell notiert (Takt 1-16), im zweiten fehlen im Solopart die Taktstriche, das Orchester ist in aleatorische Gruppen geteilt (Takt $16^{bis}$). Maderna nennt den ersten Abschnitt in der Partitur »Tacktstock 1« (sic), Takt $16^{bis}$ bleibt ohne besondere Bezeichnung. Dabei entspricht er recht genau dem, was früher – z.B. im *1.Oboenkonzert* – oder später – z.B. im *Violinkonzert* – als »Cadenza« bezeichnet wird. Daß Maderna den ersten Abschnitt (wie auch folgende im fixen Tempo) mit dem Werkzeug des Dirigenten tituliert, auch in den »istruzioni« noch einmal genau festlegt, wann der Dirigent zum Taktstock zu greifen hat und wann er mit unbewehrten Händen das Geschehen regeln soll, läßt darauf schließen, daß dem Konzertpublikum der Wechsel von strengen, »seriellen« und aleatorischen Partien im Wortsinne vor Augen geführt werden soll: So praktisch Madernas Dirigieranweisungen auch sein mögen, kann es doch keinen Zweifel daran geben, daß andere Dirigenten mit durchaus zufriedenstellenden Ergebnissen selbst zu entscheiden in der Lage sind, wann, wie und ob sie den Taktstock oder die bloße Hand einzusetzen haben. Madernas umsichtige und umständliche Anweisungen wären demnach ein Ausfluß der Erkenntnis, daß der Hörer, rein vom Akustischen urteilend, selbstverständlich nicht in der Lage ist, Zufälliges und Fixiertes zu scheiden.

6  So die dort im Vorwort expressis verbis getroffene Vereinbarung der Partitur *Quadrivium*.

Der Einsatz des Solisten in Takt 1 ist wie der im *Klavierkonzert* dem virtuosen Medias-in-res-Typ zuzurechnen. Als Widerpart ist dem Solisten die Celesta an die Seite gestellt, mit der zum ersten Mal auch ein hochklingendes Orchesterinstrument (mit fixer Tonhöhe) auf den Plan tritt. Ihr Part ist unmittelbar aus der Solostimme abgeleitet, in der Regel besteht er aus frei krebsläufigen Anordnungen der Oboen-Figuren in veränderten Rhythmen. Die zwei Harfen begleiten akkordisch:

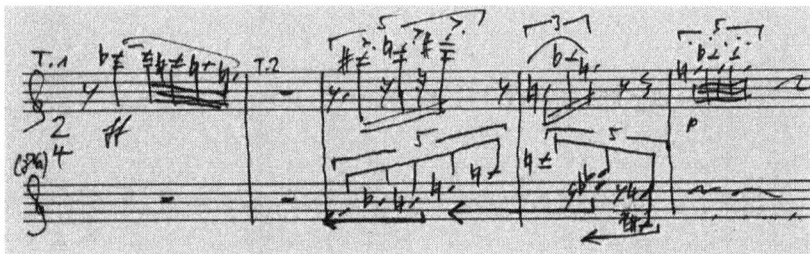

Zur Begleitung der sich unmittelbar und ohne weitere Umstände an den ersten Teil des Solos anschließenden Kadenz (Takt 16$^{bis}$) stehen dem Dirigenten wieder fünf Orchestergruppen zur Verfügung. Nach Besetzung und Notenmaterial entsprechen sie teilweise den Gruppen der Einleitung:[7]

*Gruppe 1* besteht aus zwei Harfen mit den in Brechungsfiguren aufgelösten Akkorden I-VIII. Harfe 1 bildet ihre Figuren aus dem Tonvorrat von C-Dur, Harfe 2 den ihren aus dem von Des-Dur. Das Generaltempo der Harfen ist Viertel = 72; die einzelnen Figuren sind in beiden Stimmen in unregelmäßigen Abständen zerteilt, wobei jeweils Pausen von 1 bis 4 Sekunden Dauer einzufügen sind. Beim Wiederholen sollen die Fragmente untereinander vertauscht werden; die dynamische Anweisung lautet: »da p a non più di f, secondo indicazione del direttore«.

*Gruppe 2* umfaßt Celesta, Gitarre und Baßgitarre. Sie schreitet in acht Vierteln, umgekehrt zu Gruppe 1, von Akkord VIII zu Akkord I fort. Dabei werden – als im Verlauf auch variierte Ausgangssituation – je eine Achteltriole, eine Sechzehntelgruppe und eine Sechzehntelquintole geschichtet. Der Celesta sind gemeinhin die drei höchsten, der Gitarre die vier mittleren, dem E-Baß die vier tiefsten Töne des jeweils erklingenden Akkordes zugeordnet. Anschließend läuft der gesamte Abschnitt leicht verändert im Krebsgang zurück, wobei aber durch teilweisen Stimmtausch die

---

7   Die Genese des Werkes und den angeführten Ablaufplan im Blick, wird natürlich andersherum ein Schuh daraus; S. 1 ist aus der Orchesterbegleitung zu Takt 16bis hervorgegangen.

ursprüngliche Lage der Akkordtöne – also die gesamte »Harmonik« – geändert ist. Die Dynamik der Gruppe ist »p delicato« für den geraden, »gradualmente crescendo al poco f« für den Krebslauf.

*Gruppe 3* wird wie Gruppe 2 nicht wiederholt. Ohnehin handelt es sich nur um den knappen Kommentar des vierten Schlagzeugers auf drei Holzblöcken mit dem typischen Bartók-Effekt (Akzeleration und Crescendo, graphisch notiert).[8]

*Gruppe 4*, Gitarren, Celli und Bässe, diesmal alle pizzicato, mit Material, das weitestgehend mit dem der entsprechend besetzten Gruppen aus dem ersten Teil der Einleitung übereinstimmt (spaltenweise Lesart der Akkorde I-IX und *XII-I mit dem rätselhaften Mittelstück).

*Gruppe 5* löst Gruppe 1 ab. Es handelt sich um eine nunmehr akkordbetonte Darbietung von I bis IX durch die Harfen. Die Vortragsbezeichnung lautet »secco« und »fortissimo«, für die allfälligen Wiederholungen sind wieder Interpolationen der Akkorde verlangt.

Der Weg des Solisten folgt im ganzen ersten Solo der uns seit dem *Klavierkonzert* bekannten Dramaturgie, deren Ziel – nach zunehmender Aufgeregtheit (hohes Tempo, Dauerfortissimo, unregelmäßige Rhythmen) – das hier ausdrücklich so verlangte »disperato« steht. Mit ihm schließt der erste Teil des Konzertes:

Überraschenderweise stellte sich der Solopart des ersten Teils (von Takt 1-Takt 16[bis] einschließlich) als notengetreue Transkription eines Abschnittes aus der Komposition *Widmung* für Violine solo heraus. Maderna dürfte beide Stücke gleichzeitig in Arbeit gehabt haben, jedenfalls spielte Theo Olof *Widmung* wenige Tage vor der Uraufführung des Konzertes zum ersten Mal.[9] Wie schon im ersten der Oboenkonzerte verwendet Maderna also Teile eines gleichzeitig entstehenden Solostückes in einem ganz anderen Zusammenhang.

---

8  Diese Episode fehlt im handschriftlichen Material wie in der Aufnahme; man kann sich des Verdachts nicht entschlagen, daß sie eingefügt wurde, um die halbleere Partiturseite graphisch aufzufüllen.

9  Anlaß war die Einweihung des Privatmuseums von Ottomar und Greta Domnick in Nürtingen am 27. Oktober 1967: *Documenti* S. 264).

Als Zitat wird man die Umarbeitung an dieser Stelle nicht apostrophieren dürfen; es handelt sich lediglich im eine materiale Gemeinsamkeit, die auch von Kennern beider Kompositionen mit Hilfe des Gehörs nur schwer oder gar nicht zu erkennen ist – vielleicht mit Ausnahme des Disperato-A's. In Umrissen gewahrt bleibt, trotz zahlreicher Modifikationen, die rhythmische Grundgestalt der Passage: von unregelmäßig gesetzten Pausen unterbrochene Bewegung in atemlos raschen Zweiunddreißigsteln. Wohl mit Rücksicht auf die Atemtechnik sind die Pausen in der Oboenfassung zahlreicher und ausgedehnter als im Violinstück. Durchgängig ist die Violinstimme im Oboenkonzert zwischen einer und vier Oktaven nach oben transponiert, wegen des der Violine gegenüber beschränkteren Umfangs der Musette teilweise der Not gehorchend, gewiß aber auch der wegen der Freude des Komponisten am außergewöhnlich klingenden hohen Register des seltenen Instruments. Die in der Violinfassung zahlreichen Doppelgriffe werden selbstverständlich aufgelöst; in die bekannten Brechungsfiguren, aber auch komplizierter. So ist die Musette-Stimme in Takt 14 zusammengesetzt aus einer 16tel-Sextole, die die Oberstimme einer Doppelgriff-Passage reproduziert, und einer Zweiunddreißigstel-Figur, die im Krebsgang die zugehörige Unterstimme präsentiert.

## Erstes Tutti und zweites Solo

Das erste auskomponierte Tutti schließt sich nach einer kurzen Generalpause an. Wie erwähnt, ist es das erste von drei Orchesterzwischenspielen, die aus der Urpartitur hervorgegangen sind. Die Lesart hat folgende Kennzeichen:

1. Es wird nur eine unvollständige Lesart von 53 (statt 77) Vierteln Ausdehnung geboten;

2. der Wechsel von 3er und 4er-Takten ist zugunsten eines stabilen 4/4-Takts aufgegeben;

3. die Lesart ist vereinfacht: Die statisch-harmonische Schicht (mithin Klarinetten und die Hörner außerhalb von Akkord VIII) fehlt ganz; die motorisch-räumliche ist eliminiert, die aus ihr hervorgehenden sff-Akkorde (in repetierten 16teln oder 32steln) sind zu einfachen Noten zusammengefaßt, ebenso die Sextolen- bzw. Quintolen-Repetitionsfigur. Rhythmen der melodisch-filigranen Schicht finden sich vereinfacht wieder; zahlreiche Pausen sind eingestreut. Mit einem Wort: Das Gewebe ist »luftiger« geworden.

4. Die Leserichtung ist retrograd, der Abschnitt beginnt mit Akkord VIII in weiter Lage. Die Spitzentöne von VIII ($f^3$-$g^3$-$b^3$), in der Partitur durch lange Dauern hervorgehoben und an den Anfang gestellt (als quasi imitatorisch durchgeführtes Motiv in den Violinen), gewährleisten einen lagenmäßigen Anschluß an das $a^3$, mit dem das erste Solo schließt. Die Generalanweisung für das Tutti lautet: »immer p und zart«, später »svanendo« – man darf hierin den Veruch sehen, den Abschnitt zu einem lyrischen Gegengewicht zum vorangehenden Disperato zu gestalten. Die Hörner und die Oboen (ab Akkord VII) sind gegenüber den Streichern ein wenig hervorgehoben: »Immer mp« gilt für die Hörner, »p espr.« für die Oboen.

Ab Takt 24 wird das Tutti »ausgeblendet«; die Besetzung wird nach und nach reduziert, die dynamische Anweisung lautet: »(ppp) svanendo«. In den letzten Takten bleiben lediglich zwei Violinen und die zwei Oboen des Orchesters mit dem Englischhorn – die ja in diesem Tutti zum ersten Mal zum Einsatz gelangten. Der Übergang zum zweiten, kurzen und unbegleiteten Musette-Solo ist mithin nicht kontrastiv-komplementär gestaltet (wie etwa der Übergang von der Einleitung zum ersten Solo), sondern klanglich behutsam vermittelt. Daß auch satztechnisch Kontinuität gewahrt bleibt, vermag ein aufmerksamer Hörer noch zu erkennen: Das Solo entspricht in seinem Duktus genau dem der Oboen im Tutti. Daß es sich beim zweiten Solo in der Tat um die Fortsetzung des Parts der ersten Oboe aus der Tuttipartitur handelt, ergibt erst das Studium des Notentextes. Der Solist knüpft genau dort an, wo das Tutti abbricht. In Einzelheiten ist die Solostimme gegenüber der Orchesterversion leicht abgewandelt; am auffälligsten ist wieder die fast durchgehende Verlagerung der einzelnen Phrasen in ein höheres Register.

Das unbegleitete Musette-Solo geht unmittelbar in ein ebenso knappes Echo-Quartett über, das vom Solisten mit den Oboen und dem Englischhorn des Orchesters gebildet wird und in ätherische Klangwelten führt. Vorlage dieser Episode war wieder die Komposition *Widmung* – diesmal der Beginn, man findet ihn in der Solostimme. Die Instrumente des Ensembles imitieren frei nach Art eines dreifachen Echos. In Notenbeispiel 6 sind der Anfang des Violinstücks und der Beginn des Quartetts einander gegenübergestellt. Es kann keinen Zweifel daran geben, daß wir es mit der bereits als Stilkonstante angesprochenen Kammermusik-Episode zu tun haben (vgl. Notenbeispiel S. 156).

2. Oboenkonzert, T. 30 ff., »Widmung«, Anfang

## Orchester und drittes Solo

Takt 37$^{bis}$ verbleibt in den ätherischen Regionen des Echoquartetts. Es dürfte sich um das im angeführten Programmtext erwähnte »Notturno« für Violinen und Schlagzeug handeln.

> »I violini interpolano liberamente i frammenti posti nei riquadri come da indicazione in partitura. I tam tam e i piatti invece, intepretano sugli strumenti i ›segni d'azione‹ indicati, con differenti bacchette (metallo, legno) oppure anche con strumenti di metallo come triangolo o piatto. Non è obbligatorio che vengano eseguiti tutti gli elementi. È invece necessario che l'esecuzione di quelli prescelti sia il più scrupulosamente possibile aderente alle grafia indicata.«
> (Istruzioni al direttore)

Die Fragmente der Violinen (Gruppe 1 der Partitur) stammen wieder aus *Widmung*. Es handelt sich um eine in kurze Phrasen zerteilte, ursprünglich aber zusammenhängende Passage, welche bald auf den im Echo-Quartett verwandten Anfang folgt und in extreme Höhen führt. Die in den »Istruzioni« zitierte Spielanweisung für die Geigen lautet: »Tutti i violini interpolano liberamente questi frammenti. Pause fra l'uno e l'altro da 1'a 12"«. Mit dem Klang der oft im Flageolett geführten Violinen vermischt sich das Schlagzeug. Hier werden ausschließlich Metallophone eingesetzt (Gruppe 2: Tamtam hoch, mittel, tief; Gruppe 3: vier hängende Becken). Die »Aktionsschrift«, deren konsequente Befolgung Maderna so sehr am Herzen zu liegen scheint, ist an dieser Stelle weniger leicht zu interpretieren als in der Einleitung. Ein Taktraster gibt es nicht, es treten nun auch sich kreuzende Linien auf, Spiralen, Felder und Flächen. Eine Interpretation der Waagerechten als Zeitachse ist nicht möglich, gemeint ist offenbar eher die Aktion auf dem Instrument selbst.

Als Gruppe 4 gekennzeichnet ist das dritte Solo. Es beginnt noch während des »Notturnos« der Gruppen 1-3, das somit auf halbem Wege zwischen einem selbständigen Orchesterzwischenspiel und einem begleitenden Klanghintergrund für den Solisten steht – je nach dem Gewicht und der Ausdehnung, das der Dirigent im verleiht.

Das Solo (Musette, dolce) hebt überraschenderweise mit einer vollständigen Zwöltonreihe an, ein Novum für Madernas Konzerte:

Analysiert man nach klassischem Muster bis zu jeweils illegitimen Tonwiederholungen, folgen auf die erste Zwölftonreihe fünf weitere Reihen unterschiedlicher Ausdehnung:

| Reihe | | | | | | | | | | | | | Σ |
|---|---|---|---|---|---|---|---|---|---|---|---|---|---|
| a | es | as | d | h | e | fis | f | g | c | des | b | e | 12 |
| b | h | fis | b | d | f | cis | gis | g | c | - | - | - | 9 |
| c | d | e | f | c | b | a | cis | g | fis | h | - | - | 10 |
| d | cis | c | d | es | b | h | gis | fis | a | f | h | - | 11 |
| e | es | b | h | g | f | e | cis | gis | a | d | c | fis | 12 |
| f | g | e | c | h | cis | d | b | gis | a | - | - | - | 9 |

Bereits die Länge der Reihen weist eine arithmetisch gesteuerte Ordnung auf. Zahlenmäßiges Operieren bestimmt aber auch den Aufbau der Reihen. Mit Hilfe von Permutationen sind sie alle aus Reihe a abzuleiten. Am deutlichsten erkennt man dies bei den Reihen c und f. Werden die Töne der Reihe a mit den Zahlen 1-12 verschlüsselt, ergibt sich für Reihe c:

+2:   3    5    7    9    11
−2:                        12   10   8   6   4

für Reihe f:

+1:   8    9    10   11   12
−1:        5    4    3    2

Komplizierter sind die Ableitungen für Reihe b:

−1:   4         3         2
+1:        6         7         8
−1:             11        10        9

und Reihe e:

## 2. Oboenkonzert

| −3: | | 11 | 8 | 5 | | 12 | 9 | |
|---|---|---|---|---|---|---|---|---|
| +3: | 1 | | 4 | | 7 | 10 | 3 | 6 |

Ganz anders ist wieder Reihe d gewonnen:

| 10 | 9 | 3 | 1 | 11 | 8 | 2 | 6 | 12 | 7 | 4 | [10] |
|---|---|---|---|---|---|---|---|---|---|---|---|
| −1 | | −2 | | −3 | | +4 | | −5 | | +6 | |

Fünf unterschiedliche Ableitungstechniken wurden also offenbar für den doch verhältnismäßig kurzen Abschnitt bemüht. Das hat etwas Verschwenderisches und Verspieltes, das zu der Strenge, in der sie durchgeführt werden, in eigentümlichem Gegensatz steht.

Rhythmisch ist Reihe a in vier Dreitongruppen gegliedert, die demselben Prinzip gehorchen: Je zwei kurze Werte gleicher Dauer folgen einem längeren Wert. Das tatsächliche Verhältnis der kurzen zu den langen Dauern ist in jeder Gruppe ein anderes:

Auch Reihe d beginnt mit zwei Varianten der Gruppe:

Der Beginn von Reihe e kann als erweiterte Variation aufgefaßt werden:

ebenso wie der von Reihe f:

Solo III verbindet »Notturno« und das zweite Tutti. Die Stelle, an denen jenes zu schließen und dieses einzusetzen hat, ist – mit einiger Variationsbreite – in der Solostimme markiert (Partituranweisung für den Schluß der Gruppen 1 bis 3 von Takt 37[bis]: »I gruppi 1, 2, 3 possono terminare, ad libitum, al segno [x] oppure al segno [y, dieses kurz vor dem frühestmöglichen Einsatz des zweiten Tutti] posti nella parte del solo (Musette). No si cessa bruscamente, ma gradualmente, uno strumento dopo l'altro.«).

Da die Abschnitte komplementär besetzt sind (weder Violinen noch

Schlagzeug gelangen im zweiten Tutti zum Einsatz), könnten sie im äußersten Fall auch nahtlos ineinander übergehen.

## Mittelteil

Auch wenn das Ende des dritten und letzten Musette-Solos in den Beginn des Mittelteils übergehen, ist dieser doch von außerordentlicher Geschlossenheit. Fast möchte man von einem regelrechten Mittelsatz sprechen: Zwischen zwei kontrastierende, aber deutlich (und hörbar) aufeinander bezogene Lesarten der Tuttipartitur ist eine einzige großdimensionierte Kadenz der normalen Oboe gestellt.

Die Merkmale der Lesarten sind

*T. 38-58* (»Tacktstock 3«):
— Bläser (außer Oboen) in gerader Leserichtung (I–VIII) mit Schicht A, der statisch-harmonischen;
— Oboen in gerader Leserichtung mit Schicht C, der filigran-melodischen; wie erwähnt, tauschen Hörner und Oboen im Geltungsbereich von Akkord VIII ihre Schichtzugehörigkeit;
— Streicher ohne Violinen in retrograder Leserichtung mit Schicht B, der motorisch-räumlichen, und Schicht C.

*T. 59-79*:
in der Partitur ohne eigene Bezeichnung, also wohl als Fortsetzung von »Tacktstock 3« zu sehen;
— alle Streicher, nunmehr in gerader Leserichtung mit Schichten B und C.

Der Zusammenhang der beiden Tuttiabschnitte ist vor allem durch die Präsenz von Schicht B gut wahrzunehmen. Deren markantestes Merkmal, die von Instrument zu Instrument wandernde Sechzehntel-Repetitionsfigur, erklingt durch die palindromische Anordnung des Leserichtung in den Streichern im ersten Abschnitt am Schluß, im zweiten am Anfang.

T. 58[bis], die wiederum nicht als solche bezeichnete Oboenkadenz, ist in zwei kontrastierende Phasen gegliedert – wir kommen nicht umhin, abermals diese lapidare Feststellung zu treffen. Die erste Phase steht ganz im Zeichen der *melodia assoluta*, die Diktion hat etwas Organisches. Bereits der erste Ton – ein langgezogenes $e^1$ im Piano – erscheint weniger gesetzt als zu wachsen. Maderna hat ihn gegenüber dem WDR-Manuskript nachträglich um den Wert einer ganzen Note verlängert und in der Partitur über den letzten Takt des Orchesterzwischenspiels angeordnet. Die Solo-Oboe soll sich also offensichtlich aus dem letzten Bläserakkord des Tuttis lösen (der ja mit 2 Ob, Eh, 3 Kl und Bkl besetzt ist: Akkord VIII, Schicht A). Der Anfangston $e^1$ bleibt für die gesamte erste Phase der Kadenz der tiefste, das Weitere wächst förmlich aus ihm heraus. Als erster, archetypischer Melodieschritt folgt die große Sekunde zum $fis^1$; er wird wiederholt, bevor in höhere Regionen ausgegriffen wird. Wohlausgewogen ist die Bilanz weitausgreifender und engräumiger Phrasen im weiteren Verlauf. Die Rhythmen sind geschmeidig; ein nur durch kurze Atempausen gegliedertes Legato ist die vorherrschende Artikulationsart. Freie Sequenzbildungen, aber auch solche in strengem Sinne, begegnen auf Schritt und Tritt. Wie selbstverständlich, fällt mit dem Erreichen des Spitzentons der ersten Phase, $fis^3$, der dynamische Höhepunkt zusammen; auch das Fis wird über eine Sequenz erreicht, das $f^3$, seinerseits gerade erst als Spitzenton etabliert, auf diese Weise überraschend nach oben korrigiert. Logisch, daß auf diese Anstrengung die erste ausgedehnte Pause folgt:

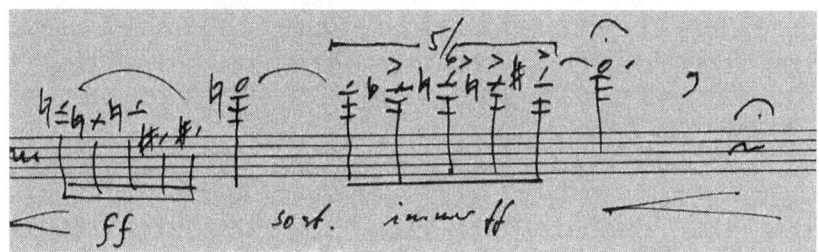

Die zweite Phase ist vom Prinzip der Fragmentarisierung beherrscht. Jäh wechseln Artikulation und Dynamik, kurze Phrasen gegensätzlichen Charakters sind von zahlreichen Pausen getrennt.

Der in unserem Zusammenhang bemerkenswerteste Zug der Kadenz ist ihr »offenes« Ende. Sie schließt in unausgesetzter 32stel-Bewegung, »immer ff« und staccato. Extreme Lagenwechsel führen mit spieltechnischer Notwendigkeit zu einer die Egalität der Notation konterkarierenden Unregelmäßigkeit. Die Passage ist durch dicke schwarze Rahmen in unterschiedlich lange *patterns* geteilt und zwischen Wiederholungszeichen gestellt. Die Partituranweisung lautet: »Il solo continuerà ad interpolare i patterns, posti fra i segni di ritornello, fino a cessare su indicazione del direttore.« Unterdessen beginnt die zweite Hälfte von »Tacktstock 3«, des Streicherintermezzos. Zum ersten Mal im konzertanten Schaffen Madernas begegnen wir an dieser Stelle der Verbindung eines fixierten Orchesterparts mit einem aleatorischen Solo.

Rein analytisch betrachtet, stellt Takt 58$^{bis}$ die üblichen Rätsel. Immerhin treten zweimal komplette Zwölftonfolgen auf – von Reihen zu sprechen, verbietet die Vorsicht. Auch tritt motivisch-intervallische Konstruktion (offenbar in Verbindung mit permutativen Prinzipien) stärker in den Vordergrund als in früheren Kadenzen. So ließe sich etwa die gesamte erste Zeile als Transposition des Sekund-Quart-Initials e$^1$-fis$^1$-h$^1$ auffassen,[10] eine Intervallfolge, die im weiteren Verlauf überaus häufig anzutreffen ist.

## Schluß

Wie schon im *1. Oboenkonzert* ist der Schluß als lang ausgesponnener Monolog des Solisten in Form einer Kadenz gestaltet. Abermals steht das tiefste der verwendeten Soloinstrumente – hier die Oboe d'amore – am Ende; wieder behält der Solist das letzte Wort. Sein Gesang schließt in lang gehaltenen tiefen Tönen mit fast tonikaler Wirkung. Die Rolle des Orchsters allerdings unterscheidet sich von der im *1. Oboenkonzert:* Markante, gar aggressive Unterbrechungen fehlen, stattdessen bildet das Ensemble einen kontinuierlichen Klanguntergrund. Das Material für die Begleitung ist wieder aus dem der ersten Partiturseite bzw. aus der Begleitung zum ersten Solo abgeleitet.

Als *Gruppe 1* setzen bald nach dem Solisten die Harfen ein. In äußerst langsamem Tempo (Viertel = 25ca.) und immer »äußerst ppp« exponieren sie abermals die Akkorde I-IX als Wechsel von kurzen, sofort abgedämpften (notiert als kurzer Vorschlag ohne Hauptton) und ausklingenden Akkorden bzw. Akkordbestandteilen. Bis zum Schluß ist die Gruppe ad libitum wiederholen zu lassen.

*Gruppe 2* umfaßt die Gitarren. Tempo, Dynamik und Satzweise entsprechen Gruppe 1. Das Material ist eine akkordische Zusammenfassung der Gitarrenstimmen aus Gruppe 2 von T. 16$^{bis}$, also der mittleren und tiefen Töne der Akkorde I-VIII mit Krebsgang und Stimmtausch.

*Gruppe 3* ist die Wiederaufnahme der Kontrabaßpartien aus Einleitung und Solo, »ppp, kaum hörbar«.

»percussione da inizio ... con piccoli strumenti« hieß es auf Madernas Disposition. Für die Partitur hat er als *Gruppe 4* eine neue, nicht taktmäßige, sondern rein graphische Partitur gezeichnet. Beteiligt sind hängende Becken, Bambus, Tomtoms, Sistrum, Kastagnetten und Triangel. Klang-

---

10 Gegenüber der WDR-Fassung ist die Partitur leicht vereinfacht und gekürzt. Dort heißt es: e, fis, e, fis, h, d, a, a, fis, cis, h, d, a, gis, e, dis, dis...

lich ist das eine Umkehrung der Verhältnisse im Vorgängerkonzert, formal eine Entsprechung: Dort fügte Maderna als letzte Orchesterepisode ebenfalls eine reine Schlagzeuggruppe ein, aber dort waren es die tiefen und überwiegend abgestimmten Instrumente des Ensembles, vornehmlich Pauken, große Trommel etc.

Über dem von Orchester und Dirigenten zu bildenden Untergrund aus verwehten Saitenklängen, dem konturlosen Klangband der Bässe und den – in Madernas WDR-Aufnahme – wie absichtslos eingestreuten Lauten der Schlaginstrumente kann der Solist ungestört seine Kadenz entfalten. Sie ist wieder von ruhig-elegischer Grundhaltung, wenn sie auch nicht den Grad an Nostalgie erreicht, wie er dem Englischhorn-Solo im ersten Konzert eignet. Ruhig und souverän beginnt der Solist seinen Diskurs, über eine große Dezime ausgreifend. Die besondere Klangqualität des tiefen Registers der Oboe d'amore wird weidlich ausgenutzt, ebenso wie ihr Kontrast zu den weniger auffällig klingenden höheren Lagen. Im an weich fließenden Arabesken reichen Fortgang werden nur für einen Moment Fortissimo-Regionen erreicht und aufgeregte Töne angeschlagen, ehe die völlig sedierte, in Terz- und Sekundschritten sich genügende Schlußphase beginnt.

Stärker noch als in T. 58$^{bis}$ ist hier die Präsenz einer gleich zu Anfang leicht verschleiert exponierten Intervallfolge spürbar. Die Kombination Terz-Sekund ist nachgerade ubiquitär. Komplette Zwölftonfolgen treten nicht auf. Einigermaßen auffällig ist die Einführung des chromatischen Totals:

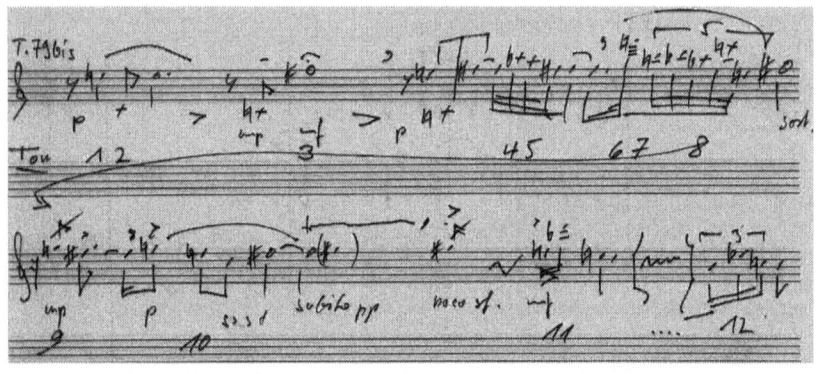

2. Oboenkonzert. Reihenfolge der 12 Töne in der Schlußkadenz

| 1 | 2 | 3   | 4 | 5 | 6 | 7 | 8  | 9 | 10 | 11  | 12 |
|---|---|-----|---|---|---|---|----|---|----|-----|----|
| e | c | fis | b | a | d | h | as | g | f  | cis | es |

|   |   |   |   |   | kl. Terz – |   |   |   |   |   |   |
|---|---|---|---|---|------------|---|---|---|---|---|---|
|   |   |   |   |   kl. Sekund – |||   |   |   |   |   |
|   |   |   |   kl. Terz – ||||   |   |   |   |   |
|   |   |   kl. Sekund – |||||   |   |   |   |
|   |   kl. Sekund + ||||||   |   |   |   |
|   kl. Sekund – |||||||   |   |   |   |

## Zusammenfassung

Über den Materialbestand des *2. Oboenkonzerts* läßt sich also festhalten:

1. Einleitung erster Teil: Akkorde I-IX und *I-*XII (sowie *missing links* über IX hinaus?) in akkordischen, spaltenweisen Lesarten;

2. Erstes Solo, Solostimme T. 1-16$^{bis}$: Redaktion eines Abschnitts aus dem ersten Teil von *Widmung* für Violine solo; Celesta, T. 1-16: ihrerseits aus dieser Redaktion abgeleitet; Orchesterbegleitung zu T. 16$^{bis}$; analog zur Einleitung;

3. Tutti T. 17-29: vereinfachte retrograde Lesart der auf der Akkordprogression I-VIII (!) basierenden Tutti-Partitur, bricht nach 52 Vierteln ab;

4. Zweites Solo, T. 29$^{bis}$: Fortsetzung der retrograden Stimme der ersten Oboe aus der Tutti-Partitur in leicht modifizierter Form;

5. Quartett T. 30-37: Redaktion des Anfangs von *Widmung*, zu Beginn in gerader, dann in retrograder Leserichtung;

6. Solo T. 37$^{bis}$: Solostimme neu, aus einer zu Beginn exponierten Zwölftonreihe permutativ entwickelt; Gruppe 1 (6 Violinen) mit auseinandergerissenen, aber unredigierten Fragmenten aus *Widmung*;

7. Orchester T. 38-58: Lesart der Tutti-Partitur, Bläser in gerader, Streicher (ohne Geigen) in retrograde Richtung; T. 59-79: vollständige und gerade Lesart der Streicherstimmen der Tutti-Partitur;

8. Soli T. 58$^{bis}$ und T. 79$^{bis}$: neukomponiert; schwacher Hinweis auf einen Zusammenhang zwischen beiden Kadenzen: der Schritt E-Fis;

9. Orchester von T. 79$^{bis}$: Redaktion der analogen Gruppen aus Einleitung und T. 16$^{bis}$ und neue Partitur für Schlaginstrumente.

Zum Verhältnis Tutti–Solo sieht das Fazit so aus: Auch wenn Maderna den Terminus aus nicht ganz klaren Gründen meidet, besteht das *2. Oboenkonzert* aus einer Folge von aleatorisch oder nicht begleiteten Solokadenzen mit orchestralen Zwischenspielen und einer Orchestereinleitung. Die Ausdehnung der obligaten Solo-Orchester-Abschnitte ist demgegenüber verschwindend gering. Zu den bereits in den früheren Konzerten erprobten Möglichkeiten, nämlich 1. Solostimme und Orchesterpart auskomponiert; 2. Solostimme (zumindest der Ablauf) auskomponiert, Orchester aleatorisch, tritt als dritte Kategorie die Kombination einer auskomponierten Orchesterpartitur mit einem aleatorischen Solo hinzu (Ende Takt 58$^{bis}$). Die vierte denkbare Möglichkeit, nämlich die, sowohl Solo als auch Orchester aleatorisch zu behandeln, harrt noch ihrer Verwirklichung.

Die vom Üblichen abweichende Besetzung des Orchesters ist sorgfältig auf die Soloinstrumente abgestimmt. So bleibt die Musette das höchste Blasinstrument des gesamten Ensembles. Als einzige Orchesterbläser haben die Oboen mit dem Englischhorn teil an der filigran-melodischen Schicht der Tutti-Partitur (abgesehen von der kurzen Horn-Episode bei Akkord VIII). Im Quartett mit dem Solisten fungieren sie als reales und direktes Echo desselben, in den beiden ersten aus der Tutti-Partitur abgeleiteten Orchesterzwischenspielen als indirektes, eher ideelles.

Die Solo-Introduktion wird sorgfältig vorbereitet, die für sie kennzeichnenden Satzkategorien werden bis zu diesem Zeitpunkt ausgepart: 1. das hohe Register, 2. distinkte melodische Bewegung, 3. hohes Tempo, 4. die Klangfarbe »Oboe«, 5. die Fixierung von Tonhöhe und Rhythmus gleichzeitig – also die konventionelle Partitur. Das erste Solo schließt im »Disperato«.

Anders das zweite: das vorangehende Orchesterzwischenspiel wird behutsam auf die Oboen hin reduziert, und der Solist übernimmt die Fortführung des Parts der 1. Oboe des Orchesters. Das zweite Solo endet in der versöhnlichen Stimmung des Echoquartetts.

Die Rolle des dritten Solos bleibt eigentümlich unbestimmt. Die Orchestergruppen von T. 37$^{bis}$ haben ein stärkeres Eigenleben, mehr Kontur als die der Rahmenteile, sie können sich laut Programmzettel zu einem eigenen Formteil – dem »Notturno« – ausweiten, auf das bald das komplementär be- und gesetzte zweite Orchesterzwischenspiel folgt. Das Solo beginnt während des einen und endet nach Beginn des anderen Abschnitts; es wird so mit seiner eigenen Vergangenheit konfrontiert: Die 1. Oboe bringt ab T. 38 das retrograde Echo des zweiten Solos (T. 29$^{bis}$).

Das vierte Solo ist das einzige, in dem die Oboe überwiegend unbegleitet zu hören ist. Sie löst sich nach Art des »Urton«-Beginns aus dem Bläserakkord des zweiten Tuttis. Das Ende ist offen: Der Solist umspielt mit seinen *patterns* das letzte Tutti.

Das lyrische Schlußsolo ist ein in sich gerundeter Epilog. Der Solist beginnt allein, nach und nach treten die diskret im Hintergrund gehaltenen Orchestergruppen hinzu, die ebenso behutsam wieder zurückgenommen werden. Der Solist steht am Ende wieder allein.

Die Tuttiabschnitte gewinnen dank ihrer Ableitung aus einer gemeinsamen Partitur zumindest im Ansatz wieder gliedernden Ritornellcharakter zurück. Das gilt in hohem Maße für die das vorletzte Solo rahmenden Abschnitte. Die Präsenz der motorischen Schicht dürfte hier für problemlose Orientierung sorgen. Die übrigens in sich nahezu palindromisch angelegte Hornepisode bei Akkord VIII schließt den Anfang des ersten und den Schluß des zweiten Tuttis zusammen – die umgekehrte Leserichtung verschlägt in diesem Fall wenig. Auch wer die materialen Gemeinsamkeiten zwischen dem ersten Teil der Einleitung, der Begleitung zu Takt 16$^{bis}$ und der von Takt 79$^{bis}$ nicht kennt oder wahrnimmt – was angesichts des wohl absichtlich diffusen Satzes auch kaum möglich scheint –, wird aufgrund der gleichen oder annähernd gleichen Besetzung dieser Teile hörend den Bogen schließen können.

Die Verwendung von Musette, Oboe und Oboe d'amore und die Gliederung in Kadenzen; die Stellung des tiefsten Instruments am Schluß und viele weitere Details weisen das *2. Oboenkonzert* deutlich als Schwesterwerk des ersten aus. Dennoch gibt es eine stilistische Entwicklung zwischen ihnen. Auch das zweite Werk besteht aus zahlreichen, oft völlig disparaten Abschnitten, aber sie gehen meist ineinander über. Die Behandlung der Soloinstrumente ist – schlicht gesagt – weniger avantgardistisch geworden: Neue Spieltechniken werden gar nicht herangezogen. Dafür ist der Anteil der aleatorischen Partien gewachsen, sind hier die Möglichkeiten vielfältiger geworden.

# Violinkonzert (1969)

Zusammen mit der ebenfalls 1969 fertiggestellten Komposition *Quadrivium* eröffnet das *Violinkonzert* die Reihe der großen symphonischen Spätwerke Madernas. Unter den Solokonzerten nimmt es eine Sonderstellung ein. Anders als die Oboenkonzerte oder die konzertanten Werke für die Flöte ist es ein Einzelstück, das einzige Konzert für ein Streichinstrument, und darin dem gleichfalls ohne Schwesterwerk dastehenden *Klavierkonzert* vergleichbar. Auch ist es von ungewöhnlicher Ausdehnung. Bei einer Spieldauer von bis zu 35 Minuten ist es rund doppelt so lang wie die kaum über eine Viertelstunde hinausreichenden Oboenkonzerte. Nach dem Kammerensemble des *1. Oboenkonzerts* und dem reduzierten Orchester des zweiten ist zum ersten Mal auch das Orchester wieder von symphonischem Zuschnitt. Zu den stark besetzten Bläsern (3 Fl, 2. auch Pikk, 2 Ob, Eh, Es-Kl, 2 Kl, Bkl, 3 Fg, 3. auch Cfg, 3 Hn, 3 Tr, 3 Pos, Tuba) treten zwei allerdings bescheidene Streichorchester (je 6, 3, 3, 3 fünfsaitig; das zweite Orchester ist als Echo-Orchester im Hintergrund postiert) und ein reiches Arsenal an *strumenti a suoni fissi*: 3 Harfen, Gitarre, Mandoline, Xylophon, zwei Marimbaphone. Als einziges Schlaginstrument unbestimmter Tonhöhe wird ein hängendes Becken verlangt.

Der geballte Apparat wird dem Solisten an einigen Stellen mit einer programmatischen Unmißverständlichkeit gegenübergestellt, die nur noch mit der des *Klavierkonzerts* zu vergleichen ist. Die Wirkung ist hier durch die Wahl des Soloinstruments noch gesteigert. Keine Frage, daß die kleine, zerbrechliche Violine gegenüber dem massiven und vergleichsweise mechanisch gespielten Flügel das geeignetere Instrument ist, den Dichter, den Poeten und Sänger in feindlicher Umwelt zu repräsentieren. Denn daß es dieses Drama ist, um das es auch hier wieder geht, hat Maderna in dem bereits oben angeführten Interview mit Christoph Bitter in aller Deutlichkeit erklärt. Es ist aufschlußreich zu lesen, wie Maderna auf Bitters überaus vorsichtig formulierte Frage nach der Rollenverteilung in seinem Konzert antwortet. Die programmatische Gleichsetzung von Solo = Individuum und Tutti = Masse diskutiert er mit keinem Wort. Lediglich der Vermutung, es könne sich bei der Gegenüberstellung der beiden Antagonisten ein einsinnig auf Kontrast und Opposition beschränktes Verhältnis ergeben, tritt er entgegen:

> Bitter: Lei parlava poco fa di ideali artistici; se ho ben capito (e facendo questo collegamente con molta precauzione) si può dire che il violino corrisponda a quello che Lei ha chiamato il profeta e che l'orchestra sia la massa che gli va contro?
>
> Maderna: Si, gli va contro, ma a volte ne resta anche affascinata, a volte sembra quasi che gli va dietro, che si sia convinta; ma poi subito c'è una resistenza. È il problema dell'uomo che cercha sempre di fondersi in una collettività senza rendersi conto del fatto che non ci può essere una collettività senza il modello di un'individualità.

(Zitiert nach *Documenti* Seite 104)

Auch wenn das *Violinkonzert* aufgrund seiner Länge und seiner Besetzung aus den übrigen Konzerten Madernas heraussticht, teilt es mit ihnen neben dem »Programm« die bislang dingfest gemachten formalen Konstanten. So ist die als Wechsel von Solokadenzen und Zwischenspielen angelegte Großform ebenso beibehalten wie etwa die »doppelte« Einleitung, die kammermusikalische Episode oder der ruhige, von einer auratischen Streicherbegleitung überhöhte monologisierende Schluß.

Dabei ist das *Violinkonzert* in strengem Verstande keine Originalkomposition, sondern ein Pasticcio, eine Collage aus älteren Werken und Werkteilen – wenn auch eine ungemein schlüssig gelungene.

Vollständig übernommen wurde die Kompostion *Widmung* für Violine solo, die bereits für das 2. *Oboenkonzert* einen beträchtlichen Teil des Materials geliefert hatte. Im *Violinkonzert* wird sie vom Solisten unter zu vernachlässigenden Modifikationen gegenüber der solistischen Fassung als 2. Kadenz gespielt und mit verschiedenen Orchesterkommentaren versehen.

Bereits aus dem Jahre 1965 stammen die beiden ersten Teile der 1. Kadenz (Takt 52$^{bis}$). Es handelt sich um die zwei ersten Teile der ursprünglich dreiteiligen Kadenz aus der zum *Hyperion*-Komplex gehörenden Komposition *Stele per Diotima*, die 1966 beim NDR in Hamburg uraufgeführt worden war. Der erste Teil (*Stele* Takt 50bis) für Violine solo wurde wörtlich übernommen, den zweiten (*Stele* Takt 50$^{tris}$), im Original in der aparten Besetzung Violine, Klarinette, Horn und Baßklarinette, hat Maderna für die klassische Streichquartett-Besetzung arrangiert und dabei leicht umgearbeitet: Das Taktschema ist verändert, es gibt einige Striche und Umstellungen, und die Tempi sind in der Streicherfassung generell etwas zügiger.

Der dritte und abschließende Abschnitt der Kadenz aus *Stele* ist nicht ins *Violinkonzert* eingegangen: Die Violine hat hier ihre auch während des Quartetts beibehaltene Führungsrolle verloren und bringt nur knappe Einwürfe zu den Stimmen der drei anderen Instrumente.

Maurizio Romito hat in den *Documenti* (S. 287) darauf aufmerksam gemacht, daß die Streicherfassung der Kadenz zum ersten Mal in der auch als 6. *Serenade* bezeichneten Komposition *Amanda* (Uraufführung 1966) erscheint. Weiter weist er darauf hin, daß auch die zweite Quartettepisode des *Violinkonzerts* (Takt 52$^{\text{quintuor}}$-57) für Violine solo, 1. Violine, Mandoline und Gitarre aus *Amanda* stammt (dort Seite 8-9 bis Takt 11), ferner der erste Teil der Orchestereinleitung (Takt 1-41, in *Amanda* Takt 14-55), der im Konzert allerdings in retrograder Lesart gebracht wird. Für alle anderen Orchesterabschnitte macht Romito die Partitur *Entropia III* als Vorlage namhaft, die teils wörtlich, teils redigiert übernommen wurde.

*Entropia* wurde wahrscheinlich im selben Jahr wie das Konzert konzipiert, die Partitur erscheint zum ersten Mal unter den Materialien zur Berliner Aufführung »Suite aus der Oper ›Hyperion‹« vom 13. Mai 1969 (*Documenti* S. 279ff. und 282ff.) Dort diente sie als Einleitung des Schlußabschnitts, der mit einer Vertonung des »Schicksalslieds« aufwartete, ferner – besetzt nur mit Streichern, »sempre ppp« und »da lontano« – zur Begleitung eines Oboensolos, das nach Takt 50 dieser Vertonung eingeschaltet wurde.[1] Schon bei dieser Gelegenheit wurde *Entropia III* also in einem quasi konzertanten Zusammenhang benutzt, und es ist nicht auszuschließen, daß Maderna bei der Abfassung der Partitur bereits eine Verwendung im *Violinkonzert* ins Auge gefaßt hatte.

Das Konzert war vier Monate nach der »Suite« zum ersten Mal zu hören, am 12. September 1969 beim XXXIII Festival internazionale di musica contemporanea di Venezia. Maderna selbst leitete das Orchester des Teatro La fenice, der Solist war Theo Olof.

Im Gegensatz zu allen bislang behandelten Konzerten trägt die in Kopie der Handschrift bei Ricordi erschienene Partitur[2] keine Widmung an

---

[1] Möglicherweise war die Streicherbegleitung identisch mit der für den Schluß des Konzerts, deren Ausdehnung, 28 Takte, mit der in den *Documenti* für *Entropia III* genannten übereinstimmt. Da das Werkverzeichnis die Taktarten nicht nennt, muß dies als Vermutung stehenbleiben; die unveröffentlichte Partitur von *Entropia III* stand mir während der Analyse des Konzerts nicht zur Verfügung.

[2] Mailand 1969, nachgedruckt 1979, Nr. 131592. Laut *Documenti* (S. 287) ist die Vorlage verschollen. An Skizzen sollen sich lediglich einige Notizen und

den Solisten der Uraufführung. Massimo Mila glaubte dahinter noch absichtsvolles Vorgehen vermuten zu müssen. Er verwies auf das besondere Verhältnis, das Maderna als ehemals geigendes Wunderkind zur Violine gehabt habe, auf die vom Komponisten selbst gern erzählte (z.B. auch während des angeführten Interviews) Geschichte vom Nagel im Hals des Instruments, der die Handhaltung des vom Üben ermüdeten Kleinen stabilisieren sollte, und sah den Antrieb zur Komposition des *Violinkonzerts* in einer »spontanea neccessità interiore« – im Kontrast zu den von den Interpretenpersönlichkeiten Fabers und Gazzellonis angeregten Bläserkonzerten (*Mila* S. 67f.). Hingegen macht Romito im Werkverzeichnis unter Berufung auf mehrere sekundäre Quellen Theo Olof als Widmungsträger aus, was impliziert, daß die Widmung in der Partitur schlicht vergessen wurde.

Maderna selbst hat der Annahme, er habe das Werk für Olof geschaffen, zumindest nicht widersprochen.[3] Dennoch sprechen zwei Gründe dafür, daß die Widmung absichtlich »vergessen« wurde. Zum einen mag es Maderna unangenehm gewesen sein, ein Konzert, in dem, überspitzt gesprochen, nicht eine einzige Note original ist, mit einer offiziellen Dedikation zu versehen. Zum anderen war ein beträchtlicher Teil des Soloparts, nämlich der Löwenanteil der ersten Kadenz, nicht von Theo Olof, sondern von Saschko Gawriloff uraufgeführt worden – im Rahmen der Premiere der *Stele per Diotima* beim NDR. Gawriloff hat denn auch überraschend schnell nach der Uraufführung das ganze Konzert gespielt und unter der Leitung von Michael Gielen auch für den Rundfunk aufgenommen, zum ersten Mal wohl im August 1970 mit dem Orchester des Westdeutschen Rundfunks in Darmstadt.

Der bei der RAI archivierte Mitschnitt der venezianischen Uraufführung ist nahezu fünf Minuten kürzer als eine Einspielung des Konzerts in dem bereits erwähnten Gedenkalbum zum 10. Todestag Madernas.[4] Hierbei handelt es sich um eine Aufnahme des Saarländischen Rundfunks mit dem dortigen RSO, dem Komponisten als Dirigenten und Theo Olof als Solisten. Nach Auskunft der Plattenhülle stammt die Aufnahme aus dem

Aufzeichnungen, zwei Versionen des Vorworts und neun Blätter mit der zweiten Kadenz erhalten haben.

3 So im zitierten Gespräch mit Bitter. Dieser stellt fest, daß Maderna das Konzert für Olof geschrieben habe, richtet sich damit aber nicht an Maderna – dem somit eine direkte Bestätigung erspart blieb –, sondern an den gleichfalls zugegenen Geiger (vgl. *Documenti* S. 103).
4 BVHaast Records 033/ Seite 1.

September 1969, ein allerdings unwahrscheinliches Datum. In den Archiven des SR befinden sich zwei Aufnahmen des Werkes, beide mit Maderna und Olof: eine »Fassung von 1970, 1. Interpretation« und eine »2. Interpretation« aus dem Jahre 1971. Die frühere Aufnahme dürfte im Zusammenhang mit der »Uraufführung der endgültigen Fassung«[5] im Rahmen der Veranstaltung »Musik im 20. Jahrhundert«, die vom 28.-31. Mai 1970 vom SR ausgerichtet wurde, entstanden sein. In diesem Zusammenhang entstand auch das zitierte Interview.

Leider ist aus dem Werkverzeichnis nicht zu erfahren, worauf die doch erhebliche zeitliche Differenz zwischen der eigentlichen Uraufführung und der Saarbrücker Einspielung zurückzuführen ist, mir selbst war das Band der RAI nicht zugänglich. Theo Olof kann sich der Unterschiede der Fassungen nicht erinnern, weist jedoch darauf hin, daß Maderna die aleatorischen Partien bei jeder Aufführung auf sehr unterschiedliche Weise interpretieren ließ,[6] was kaum auf eine Differenz von fünf Minuten hinauslaufen dürfte. Auch ein Vortrag Madernas bei den Darmstädter Ferienkursen vom 31. August 1970, eine Woche nach der dortigen Aufführung durch Gawriloff und Gielen, der den Titel trug »Zwei Versionen des Concerto per violino e orchestra«, hilft nicht weiter. Von ihm existiert offenbar nur die Ankündigung (*Documenti* S. 287).

# Das Violinkonzert im Überblick

Grundlage für den folgenden Überblick über den Verlauf des *Violinkonzerts* ist die bei Ricordi veröffentlichte Partitur. Wie bei der Besprechung früherer Konzerte entstammen Formbezeichnungen in Anführung diesem Text, während alle anderen Bezeichnungen vom Verfasser gewählt wurden. Um einzelne Abschnitte in den ausgedehnten Kadenzen identifizieren zu können, werden Partiturseite und Zeile der Solostimme angegeben, nötigenfalls mit zusätzlichen Angaben. Solo (14/2) bedeutet also Seite 14 der Partitur, zweite Zeile der Solostimme. Abweichend von der bisher geübten Praxis, sind bereits in den Überblick analytische Details eingearbeitet, und zwar zu solchen Abschnitten und Aspekten, auf die weiter unten nicht gesondert eingegangen wird. Die z.T. stichwortartige Formulierung dieser Beobachtungen ist eine Notlösung, aber angesichts der

---

5 So die Formulierung einer kurzen Notiz in *Melos* 1970, S. 257.
6 Brief an den Verf. vom 1.4.1985.

Ausdehnung des Werkes, die eine auch nur annähernd gleichrangige Besprechung aller Teile unmöglich macht, ist Knappheit dringend geboten.

Zunächst seien vier Hauptabschnitte unterschieden: Die Orchestereinleitung (Teil 1), die 1. Kadenz (Teil 2), das Mitteltutti (Teil 3) und die 2. Kadenz (Teil 4).

Eine erste Untergliederung: die Teile 1 und 2 sind in deutlich unterschiedene Unterabschnitte gegliedert: Teil 1 in Einleitung zur Einleitung (1.1) und eigentliche Einleitung (1.2), Teil 2 in die erste Solokadenz (2.1), ein Streichquartett (2.2), ein – wiederum klar zweiteiliges Orchesterzwischenspiel (2.3) und ein weiteres Quartett mit Zupfinstrumenten (2.4).

Dieses Gerüst zugrunde gelegt, ergibt sich der nachstehende Ablauf:

# 1. Teil: Orchestereinleitung

### 1.1 »Einleitung zur Einleitung«

aleatorisch (Seite A und A1), zur Verfügung stehen fünf Gruppen:

*Gruppe 1* die drei Bässe des 1. Streichorchesters
Tempo Viertel = 100 ca., dann subito 60 ca.

*Gruppe 2* Xylophon, Marimba 1 und 2
Tempo Viertel = 72 ca.

*Gruppe 3* die drei Bässe der Echostreicher
Tempo Viertel = 52 ca.

*Gruppe 4* Posaune 1 und 2
Tempo Viertel = 72 ca.

Alle Gruppen in nur wenig modifiziertem Dauerfortissimo; die Gruppen 1 bis 3 werden nach Belieben wiederholt, wobei die Stimmen fragmentarisiert und die Fragmente untereinander ausgetauscht werden sollen; Gruppe 4 ist taktmäßig auskomponiert und soll nur eine einzige Wiederholung erfahren.

Grundmaß der Bewegung der Gruppen 1 bis 3 sind durchgehende 32stel, unterbrochen von unregelmäßig eingestreuten Pausen unterschiedlicher Ausdehnung. Nur durch die Pausensetzung unterscheiden sich die Stimmen von Gruppe 1 in der zweiten Zeile (unter Gruppe 3 unten auf der Seite notiert), ansonsten spielen die Bässe dieselbe Tonfolge. Aus dieser zweiten Zeile abgeleitet sind die Echo-Bässe: Sie stehen dazu im Verhältnis der Krebsumkehrung. Ableitungen der zweiten Zeile der Bässe sind auch die Fragmente der Schlaginstrumente von Gruppe 2.

*Gruppe 5* Holzbläser tutti (mit Pikk und Cfg)
ohne Tempo

Die Instrumentalisten dieser Gruppe sollen nach und nach einsetzen; jede Stimme besteht aus drei bis fünf kurzen Fragmenten unterschiedlichen Charakters.

Das Tonmaterial der Stimmen ist die arabeskenhafte Formulierung der entsprechenden Stimmen aus späteren Tuttiabschnitten völlig punktuellen Ansehens. In der Regel stammen die ersten Fragmente aus dem Tutti-Einwurf zur zweiten Kadenz (T. 106-109), des weiteren aus dem Bereich der Takte 86-96 des Mitteltuttis.

## 1.2 »Einleitung«

auskomponiert mit Aufführungsvarianten, S. 1-11, T. 1-52, zwei kontrastierende Phasen

### 1.2.1 Einleitung erster Teil (T. 1-42)
*suoni fissi* besetzt mit Xyl, Mar 1 u. 2; Git, Mand, Hrf 1, 2, 3 und 1. Streichorchester
stabiler 3/4-Takt, Tempo Viertel = 84 ↗ 84 ca.

Ein Crescendo al fine in fast allen Parametern: a) dynamisch vom Pianissimo zum Fortissimo fortschreitend; b) vom Ganztoncluster in tiefer Lage hin zum Zwölftonfeld mit großem Ambitus; c) Anzahl der beteiligten Instrumente wächst kontinuierlich; d) das Passagenwerk der Saiten- und Schlaginstrumente ist überwiegend aufwärts gerichtet. Das pausenlose, ständig dichter werdende Akkordband der Streicher wird durch wechselnotenhaftes Austauschen ins Melodische überführt.

### 1.2.2 Einleitung zweiter Teil (T. 43-52)
Blechbläser tutti, Streichorchester 1 u. 2 (Echo)
stabiler 4/4-Takt, Tempo Viertel = 112 ca.
der Dirigent kann den Abschnitt auf verschiedene Weisen wiederholen lassen (s.u.)

Das Blech spielt lediglich Einzeltöne und Akkorde von der Dauer eines Sechzehntels in völlig aperiodischer Einsatzfolge und -dichte; die Dynamik liegt überwiegend im Forte-Bereich, die Generalanweisung für die Artikulation lautet: »16mi sempre staccatissimo«. Die beiden Schlußtakte wiederholen verkürzt und leicht modifiziert die Anfangstakte bis T. 46, 1. Achtel.

Das erste Streichorchester verdoppelt einerseits z.T. den Bläsersatz im Unisono, verlängert aber die Klänge nach Art eines künstlichen Nachhalls. So bleibt z.B. der erste Bläserakkord (ges2, as1, h1, b, des1 in Tr 1 u. 2, Hn 1, 2, 3, auf dem zweiten Sechzehntel von Takt 43) in den Violinen bei gleichem Einsatzort für die Dauer von zehn Sechzehnteln (V 1-4, mit der Auswahl ges2, as1, h1, b). Zusätzlich finden sich in den Streichern Klänge, die nicht als Verdopplung des Bläsersatzes aufzufassen sind (oder vice versa?), ab T. 46 gehen beide Gruppen völlig eigene Wege.

Das zweite Streichorchester verdoppelt das erste wörtlich. Simultan bei den ersten Einsätzen, dann nach Art eines Echos mit ständig wachsender Verzögerung, so daß die Differenz am Schluß mehr als einen Takt beträgt.

Der Bläsersatz (bis T. 46) ist fast unverändert in den Beginn des Mitteltuttis (T. 58-70) inkorporiert. Der Streichersatz ist – weniger gut zu erkennen – mit dem der Streicherpartitur T. 125ff. aufs engste verwandt.

## 2. Teil: »I CADENZA«

### 2.1 erste Kadenz, erster Teil

(Solo, S. 12-15, T. 52$^{bis}$)

die Solostimme, bis auf einige »proportional« notierte »irregolare«-Figuren fortlaufend und genau, wenn auch ohne Taktgliederung, fixiert

die Tempi sind:

Viertel = 52 ca.
Achtel = 112 ca.        (13/7)
Achtel = 120 ca.        (14/1)
Viertel = 52 ca.        (14/2)
Viertel = 120 ca.       (14/4)
Viertel = subito 100 ca.    (14/4, Ende)
Viertel = subito 72 ca.     (14/5, 3. Viertel)
Achtel = subito 100 ca.     (14/7, 6. Viertel)

Vier Orchestereinwürfe begleiten und unterbrechen den Solisten. In sich recht genau ausnotiert, ist ihr Einsatz relativ zur Solostimme exakt festgelegt:

*Ziffer 1* (vor 12/5)
Echostreicher ohne Bässe
16 1/4-Takte im Tempo Viertel = 84 ↗ 92 ca.; sempre pp;
Partituranweisung: »A questo punto il direttore accompagna liberamente il solo accenando gli 1/4 leggermente con la mano sinistra«

   Reales und doppeltes (Vor-) Echo der darüber notierten, sehr kantablen Zeile des Solisten (12/5). Instrumentenwechsel mit jedem Ton, jeder wird im Flageolett hervorgebracht, vielleicht als Reaktion auf die vorangehende Zeile des Solisten, in der dieser auf der E-Saite, freilich in »normaler« Spielweise, bis zum fünfgestrichenen D aufsteigt (mit der Spielweisung »p, ma sonoro e molto espressivo. Mf continuare sempre oltre la tastiera il più intensivo possibile. Rimarrà la intensità senza il suono!«). Die Violinen übernehmen auch den Rhythmus des Solos, dehnen die Passage allerdings durch eingefügte Pausen. Bratschen und Celli setzen später mit einem zweiten Echo ein.

*Ziffer 2* (nach 13/2)
Blechbläser tutti
ein Takt 4/4 im Tempo Viertel = 120 ca.
Partituranweisung: »Orchestra interrompe. Solo attacca subito dopo«

   Es handelt sich um eine mit Ausnahme der veränderten Stärkegrade (hier zwischen p und f) wörtliche Übernahme des Bläsersatzes aus Takt 44 (zweiter Teil der Einleitung). Das Orchester reagiert mit diesem Einwurf auf den ersten Fortissimo-Ausbruch des Solisten und fällt in dessen »rapido ma molto irregolare«-Figur ein, in der Doppelgriffe und Einzeltöne, verbunden mit weiten Lagenwechseln, eine ebenso »zackige« Klangwelt entstehen lassen, wie die des oben beschriebenen und hier wieder aufgegriffenen Bläsersatzes.

*Ziffer 3* (Ende 13/5-13/6)
Hängendes Becken (sein einziger Einsatz im Werk), »sempre pppp« mit weichen Schlägeln; ohne Tempo, colla parte mit dem Solo

   Der Einsatz des Beckens fällt zusammen mit dem Schluß des ersten Abschnitts des Solos, an dem die Violine ihren Anfangston, g, wieder erreicht, zum vierfachen Piano zurücknimmt, durch Bogentremolo färbt und in einer »lunga« bezeichnete Pause verschwinden läßt. Diese wird vom Becken überbrückt, das auch die erste, ausschließlich im Flageolett hervorgebrachte Linie der Violine nach ihrem Neuansatz abtönt.

*Ziffer 4* (in die erste Figur von 14/1 hinein)
3 Hörner, 3 Trompeten; vier Takte: 2+4+2+4/4, Tempo Viertel = 104, Partituranweisung »Orchestra interrompe« und »Solo termina il fraseggio e attacca subito dopo l'interruzione dell'orch.«

Eine nur geringfügig modifizierte Übernahme der entsprechend besetzten Partien der Takte 88-91 und 94/95 des Mitteltuttis, analog zur Intervention bei Ziffer 2 in eine »ff e molto irregolare« col legno geschlagene Phrase der Geige hineinfahrend.

## 2.2 erste Kadenz zweiter Teil

(Quartett T. 52$^{bis}$, A-X)
unter der *Ziffer 5* ein taktmäßig ausnotiertes Streichquartett mit dem Solisten als Primarius und den Stimmführern des ersten Streichorchesters (V, Va, Vc), taktiert A-I, I$_1$-T, V, W, Z, Y, J, X

die Tempi:
| | | |
|---|---|---|
| Viertel = 100 ca. | 5+5/8; 4+3+3+3/4 | (Takt A-F) |
| Achtel = 120 ca. | 11+13+4/8 | (Takt G-I) |
| Achtel = 108 ca. | 7+12/8 | (Takt I$_1$, K) |
| Achtel = 100 ca. | 12/8 | (Takt L) |
| Viertel = 72 ca. | 9 x 4/4 | (Takt M-V) |
| Viertel = 60 ca. | 4+3+3+3/4 | (Takt W-X) |

## 2.3 erste Kadenz dritter Teil

(Orchesterzwischenspiel)

*2.3.1 Orchesterzwischenspiel erster Teil* (T. 50$^{tris}$, S. 18 unten-S. 19)
beide Streichorchester ohne Bässe, aleatorisch (s. u.)

In allen Stimmen Fragmente aus der vorangegangenen Kadenz und dem Streichquartett nach Art einer Collage; Reihenfolge ad lib. Ausdehnung und formale Disposition des Abschnitts ist dem Dirigenten überlassen.

*2.3.2 Orchesterzwischenspiel zweiter Teil* (T. 52$^{quatuor}$, S. 20)
alle Zupfinstrumente (Mand, Git, 3 Hrf), aleatorisch

Analog zu 2.3.1, nur entstammen die Fragmente den
Zupfparts aus dem ersten Teil der Einleitung.

Das Orchesterzwischenspiel und die Einleitung zur Einleitung sind
komplementär besetzt. Mit Ausnahme von Tuba, Hörnern und Trompeten kommen damit alle Orchestermitglieder in den Genuß frei zu gestaltender Partien.

### 2.4 erste Kadenz vierter Teil

(Quartett, T. $52^{quintuor}$-57)

die Solostimme beginnt, zunächst ohne Taktgliederung. In
der zweiten Zeile treten hinzu: Violine 1, Mandoline, Gitarre,
nun taktiert.

Die Tempi:

Viertel = 60 ca. (Takt $52^{quintuor}$)
Viertel = 60 ca. 3+5+4+4+4/4 (Takt 53-57)

## 3. Teil: Mitteltutti (T. 69-108)

Bläser tutti (mit 3 Fl, 3 Fg), Zupfinstrumente tutti, Echo-
Streicher mit 1. Baß
auskomponierte Partitur, durch Wiederholungsvorschriften
aleatorisch im Ergebnis (s.u.)
Tempo Achtel = 112 ca., ständig wechselnde Viertel-, Achtel-
und Sechzehntel-Taktarten (s.u.)

Laut *Documenti* eine (Teil-?) Lesart der Partitur *Entropia III*. Mario
Baroni schreibt über die drei Stücke diesen Titels: »le ›Entropie‹ sono fra le
brani maderniani che più chiaramente contravvengono ai sistemi di attesa e
di ordine percettivo e che più rigidamente si attengono ai calcoli seriali di
matrice darmstadtiana« (*Documenti* S. 279).

In der vorliegenden Formulierung äußert sich der serielle Kalkulus z.B.
in der Dauernbehandlung der Bläser. Zunächst (Takt 58-68) hat jeder Einsatz der Holzbläser die Dauer eines Achtels, jeder Einsatz der Blechbläser
die Dauer eines Sechzehntels. Ab Takt 69 treten Klänge der Dauer drei
Sechzehntel hinzu (Blech und Holz), die bis zum Schluß gegenüber den
Achteln und Sechzehnteln – ganz selten auch Vierteln – in erdrückender
Überzahl erscheinen. Die Einsätze selbst können aus Einzelnoten beste-

hen oder aus zwei- bis vielstimmigen Akkorden (auffallend: Takt 81, auf dessen zweites Sechzehntel zum einzigen Mal alle Bläser gleichzeitig einsetzen). Auffallend häufig – nicht immer – sind die Klänge einer Instrumentenfamilie zugeteilt, auffallend häufig auch – ebenfalls nicht immer – ist ihr Tonmaterial aus Ausschnitten des Quintenzirkels gebildet. Einige Beispiele: Takt 62, 4. Sechzehntel: Es-Klar, Kl 1 u. 2, Bkl mit den Tönen E, H, Fis, Cis, Dauer ein Achtel; im selben Takt, bereits auf dem zweiten Sechzehntel: 3 Pos mit den Tönen Des, As, Es, Dauer ein Sechzehntel – auch die Tuba setzt hier ein, jedoch mit dem Ton G; Takt 68, fünftes Sechzehntel: 3 Hn u. 2 Tr mit den Tönen A, E, H, Fis, Cis, Dauer ein Sechzehntel – die Zahl der Beispiele ließe sich beliebig vermehren.

Ähnlich wie die Streicher im zweiten Teil der Einleitung den Bläsersatz verdoppeln, aber auch »eigene« Klänge hinzufügen, verdoppeln und erweitern hier die Zupfinstrumente – ohnehin handelt es sich zunächst um teilweise identische Partituren, wie oben bereits festgestellt. Die nicht von den Bläsern übernommenen Akkorde des zweiten Teils der Einleitung finden sich – abermals: häufig, aber nicht immer, ein rechtes Vexierbild! – hier in den Holzbläsern. In den Takten 70-87 tritt das Echo-Streichorchester hinzu, ausschließlich Bläserklänge verdoppelnd und verlängernd – verhallend. Dabei sind feste Kopplungen zu beobachten, z.B. verdoppeln V 1-3 in den Takten 70-79 die drei Trompeten (anschließend wechseln sie zu Flöten und Oboen), indem sie die Akkorde der Trompeten bis zum jeweils nächsten Einsatz verlängern und so zu einem pausenlosen Klangband umgestalten. Freilich mag es auch umgekehrt sein: Die Bläser markieren mit ihren kurzen Einsätzen die Ränder längerer (Streicher-) Akkorde, die in der vorliegenden Partitur nur in den Takten 70-87 erscheinen, in einer (hypothetischen) Vorpartitur jedoch auch an den anderen Stellen gegenwärtig sein mögen.

Auf die zahlreichen Entsprechungen zwischen Abschnitten des Mitteltuttis und anderen Orchesterstellen wurde, und wird, hingewiesen. Ob die Parallelstellen aus dem Mitteltutti abgeleitet sind oder alles einer dritten (Vor-) Partitur entstammt, muß offenbleiben. Hinzuweisen ist allerdings auf den Umstand, daß aus der *Entropia*-Partitur auch weniger sperrige, scheinbar gar nicht von »calcoli seriali di matrice darmstadtiana« bestimmte Abschnitte gewonnen werden können: Gemeint ist der Einsatz der Holzbläser-Gruppe in der Einleitung zur Einleitung, der – durch Triller, Tremoli und rhythmische Vielfalt bereichert – nahezu lautmalerischen Charakter (»Reveil des oiseaux«) gewinnt.

## 4. Teil: »II CADENZA«

fortlaufend ohne Taktstriche, sonst wieder konventionell notiert (mit Ausnahme kurzer »irregolare« verlangter Phrasen)

die Solostimme (i. e. *Widmung* für Violine solo) mit den Tempi

| | | |
|---|---|---|
| Viertel | = 48 ca. | (1) |
| " | = 66 ca. (26/4) | (2) |
| " | = 84 ca. (26/5) | (3) |
| " | = 62 ca. (26/5, letzte Figur) | (4) |
| " | = 80 ca. (26/6) | (5) |
| " | = 52 ca. (26/7, nach Orch.-Einwurf) | (6) |
| " | = 60 ca. (27/2, letzte Figur, bis 30/1) | (7) |
| " | = 40 ca. (30/2) | (8) |
| " | = 32 ca. (30/3, mittlere Phrase) | (9) |
| " | = 60 ca. (31/1) | (10) |
| " | = 72 ca. (31/4, nach Streicher-Einsatz) | (11) |
| " | = 60 ca. (31/10) | (12) |
| " | = 66 ca. (31/13, zweite Hälfte) | (13) |
| " | = 32 ca. (32/5, viertes Achtel) | (14) |
| " | = 52 ca. (32/10, letzte Figur) | (15) |
| " | = 32 ca. (32/12) | (16) |
| " | = 48 ca. (33/1) | (17) |
| " | = 52 ca. (33/3) | (18) |
| " | = 40 ca. (33/5, letzte Fig., bis Schluß) | (19) |

NB: Nicht aufgeführt wurden Accelerandi und Ritardandi sowie anders metronomisierte Orchesterunterbrechungen, die zum geltenden Haupttempo zurückführen.

Ein paar Worte zum zweiten Solo (= *Widmung*) finden sich am Ende dieser Übersicht. Ähnlich wie in der ersten Kadenz unterbrechen und/oder begleiten mehrere auskomponierte – hier sogar fortlaufend taktierte – Einsätze des Orchesters; wieder ist der Einsatz relativ zur Solostimme genau festgelegt.

*Takt 103 -105* (26/7, nach Pizzicato)
Holzbläser tutti (mit 2 Pikk) »Tutti ppp e staccatissimo«
stabiler 4/4 im Tempo Viertel = 132 ca. (wenn möglich mehr)

Eine spartierte und pointillistische Fassung (hier werden ausschließlich Klänge in der Dauer eines Sechzehntels gespielt) der Holzbläser-Episode aus der Einleitung zur Einleitung, teils in anderer Instrumentation.

*Takt 110-113* (27/5, nach Pizzicato)
Blechbläser tutti (ohne Tuba) »Tutti ppp e staccatissimo«
4+4+4+2/4 im Tempo Viertel = 132 ca.

Ebenso pointillistisch wie die Takte 106-109, von diesen auch nur durch das eine Pizzicato des Solisten getrennt. Eine Parallelstelle habe ich bislang nicht ausfindig machen können.

*Takt 113 A-113 D* (28/5, komplementär die Pausen der Solostimme ausfüllend)
Bläser tutti, fortissimo;
7/32, 6/32, 1/4, 2/16 im Tempo Viertel = 112 ca.
Partituranweisung »113 A, B, C, D – il direttore segnerà con la bacchetta le entrate perentorie della orchestra, mentre con la mano sinistra sincronizzerà il solo.«

Eine modifizierte Wiederaufnahme des Bläsersatzes der Takte 92$^{bis}$-96; in sich palindromisch, beginnt so gesehen mit dem Krebsgang. Das Material ist auf die vier knappen 32stel-Phrasen 113 A-D zusammengeschoben.

*Takt 114-117* (29/5, zum »disperato«-a$^3$ des Solos)
erstes Streichorchester tutti, dichtes Gewebe, ohne Parallelstelle
stabiler 4/4 im Tempo Viertel = 52 ⬊ 84 ⬈ 100

Nach einer Pause von 4 oder 5 Sekunden, noch zum a$^3$ des Solos:

*Takt 118-120* (30/1)
Bläser tutti, »ogni singolo suono sfp«
4+4+2/4 im Tempo Viertel = 112 ca.

Nach weiterer Pause von 3 oder 4 Sekunden, noch zum a$^3$:

*Takt 121-124* (30/1)
Fortsetzung in gleicher Besetzung und gleichem Satzbild, verstärkt zu »sffp«
2+4+4+4/4 im selben Tempo

Die erste Bläserstelle ist eine wenig veränderte Wiederholung des Bläsersatzes von Takt 90-97. Die zweite scheint ohne Parallelstelle.

*Takt 125-152* (31/4, in der Pause einsetzend)
Echostreicher tutti, Beginn »sff dim«, dann »sempre ppp«
stabiler 4/4 im Tempo Viertel = ⬊ 25-28-52 ⬈

Der ganze Abschnitt kann bei Bedarf bis ca. 30' vor Ablauf des Solos wiederholt werden.

Die ersten Takte lassen sich recht gut in den untereinander ebenfalls verwandten Anfangsabschnitten des Mitteltuttis und des zweiten Teils der Einleitung verfolgen, freilich wird das Tonmaterial hier in langgezogenen Streicherakkorden statt in knappen Bläsereinwürfen präsentiert. Die Ähnlichkeit verliert sich später bis ins nicht mehr Nachvollziehbare.

Einige Anmerkungen noch zur Solostimme der zweiten Kadenz – eine umfassende Analyse verbietet ihre außergewöhnliche Länge und die Mannigfaltigkeit der aufgewendeten Spiel- und Satztechniken. Im Kontrast zur ersten Kadenz werden hier die weniger gebräuchlichen, aber schon vor der Nachkriegsavantgarde – und z.T. lange vor ihr! – in virtuoser Violinmusik bekannten und eingesetzten Spielweisen wie Martellato mit der Griffhand, Pizzicato, Pizzicato mit aufschlagender Saite, Legno battuto, vereinzelt auch vierteltöniges Spiel fast gleichberechtigt neben den üblicheren Techniken herangezogen. Das verleiht der zweiten Kadenz – oder der Komposition *Widmung* – über Strecken herben, weil geräuschhaften Charakter. Ein Blick auf die reichen Vortragsanweisungen zeigt, wie sorgfältig Maderna die Übergänge von Klang und Geräusch behandelt. In den ersten drei Notengruppen scheinen zwei gegenläufige »Reihen« am Werk zu sein: Während die »Reihe« der Tonhervorbringung zu einer stetigen Zunahme an Klangfülle führt ( »martellato m.s. / pizzicato m.s. / punta d'arco / metà d'arco«), ist die »Reihe« der Stärkegrade gegenläufig angelegt (»poco sf / mp / ppp / pppp dim«).

Trotz der Vielfalt der Spieltechniken, die hier nicht vollzählig genannt werden sollen und übrigens auch in den phantasievollsten Kombinationen eingesetzt werden, sind Manieren jüngerer, bruititisch-dadaistischer Couleur (perkussive Effekte auf dem Korpus, übergroßer Bogendruck etc.) weder in der zweiten noch in der ersten Kadenz ein Thema; in der zweiten begegnet bei Gelegenheit lediglich das Pizzicato hinter dem Griffbrett. Schon im *2. Oboenkonzert* hatte Maderna auf »neue« Spieltechniken verzichtet.

Die in der Übersicht angegebenen Tempi könnten zu einer ersten formalen Gliederung der Komposition herangezogen werden. Die sich so ergebenden Abschnitte sind von äußerst unterschiedlicher Ausdehnung, die von kaum mehr als einem Viertel (Abschnitt 5) bis zu mehr als zehn Zeilen (7) reichen kann. Innerhalb eines Tempos ist meist ein einheitlicher Charakter gewahrt, der sich in der Regel durch a) einen vorherrschenden Grunddauernwert, b) eine bevorzugte Lage, c) einen einheitlichen dynamischen Bereich und d) durch gleichbleibende Spieltechnik konstituiert. Eine Handvoll Beispiele mag das erläutern:

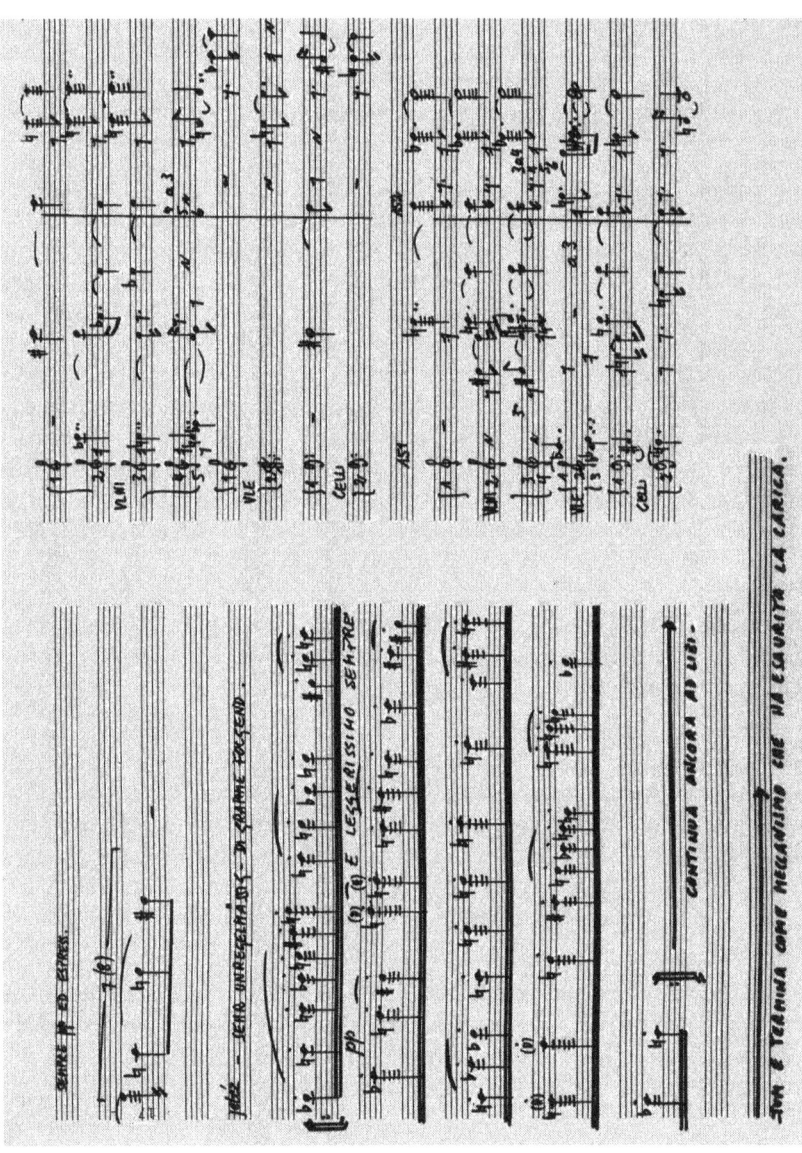

Violinkonzert, Partitur (Schluß)

| Abschnitt | Dauern | Lage | Dynamik | Spielweise |
|---|---|---|---|---|
| (2) | 16tel, auch als Triolen u. Quintolen | a1–es2 | p – mp | nur Martellato m.s. |
| (4) | 8tel, auch Triolen, Quintolen, Bindungen | sehr hoch, im Flageolett bis c5, immer über e2 | pppp – mf | Arco legato |
| (7) | 32stel, selten Abweichungen | uneinheitlich, Tendenz mittel bis tief | Fortissimo-Bereich | in Arco-Passagen abrupte Pizzicati |
| (9) | nur 4tel | führt von hoher zur tiefen Lage, h3 bis g | pppp – p | Arco, ständiger Wechsel sul ponte, corda, tasto |
| (13) | meist 8tel-Triolen | mittel – tief | Fortissimo espr. | akkordisches Spiel, Arco |
| (14) | wie 6 | graduell aufsteigend | p espr. | Arco, legato g-Saite |

Selbstverständlich ist mit der bloßen Zustandsbeschreibung wenig gewonnen. Entscheidend für die formale Entwicklung ist die Art und Weise, in der sich mehrere Abschnitte zusammenschließen und größere Einheiten bilden, sich insgesamt zu einem sinnvollen Ganzen fügen. So gesehen, bildet die Kadenz im kleinen die für Madernas Konzerte typische Dreiteiligkeit ab: Um den spektakulär bewegten Abschnitt 7, der in das »Disperato« mündet, sind die verhaltenen, ganz aufs Lyrische gestellten Flügel des Tryptichons gruppiert, wobei der rechte – der nach der Katastrophe – merklich resignativen Charakter trägt: »Continuare ancora ad libitum e termina come meccanismo che ha esaurito la carica.« Diese letzte Vortragsanweisung des *Violinkonzerts* ist deutlich. Sie hebt den als *patterns* notierten Schluß im Verein mit den stockenden, fast naturalistisch zaghaft piepsenden Notenfolgen des Jetéz weit hinaus über bloß technische und modische Aleatorik-Allüre (s. Notenbeispiel S. 182). Das offene Ende und die inspirierte und, wie ich glaube, inspirierende Vortragsanweisung sind im übrigen die einzigen nennenswerten Abweichungen der Solostimme des Konzertes gegenüber dem Stück *Widmung*.[7]

---

7 In *Widmung* fehlen neben der Vortragsanweisung die Wiederholungszeichen; die Bogensetzung ist etwas anders, der ganze Schlußteil kürzer – er reicht nur bis zum g3, der viertletzten Note der drittletzten Zeile im Beispiel. Die

## Aleatorik und Aufführungspraxis II

Als Collage aus präexistenten Werken und Werkteilen ist das *Violinkonzert* ein Stück, in dem die »auktoriale Offenheit« ein Maximum erreicht hat. Größten Raum beansprucht aber auch die »exekutive Offenheit«: Nahezu alles außerhalb der Kadenzen ist in mehr oder weniger starkem Maß der Redaktion des Dirigenten überlassen. In jedem Abschnitt steht dabei ein anderer Aspekt des allgemeinen Phänomens »Aleatorik« zur Diskussion, und der Notentext allein reicht bei weitem nicht aus, das gewünschte Ergebnis zu erzielen. Wie den meisten anderen Partituren des späteren Maderna ist daher auch dieser ein umfängliches Vorwort mit Aufführungshinweisen vorangestellt. Dazu gesellen sich zahlreiche verbale Anweisungen im laufenden Notentext. Da diese Anweisungen oft über den bloß technischen Aspekt hinausgehen, mag es bei Madernas notorischer Sparsamkeit mit Werkkommentaren erlaubt sein, sie im folgenden in aller Ausführlichkeit zu zitieren.[8]

### Einleitung zur Einleitung

Die Einleitung zur Einleitung unterscheidet sich ihren Aufführungsmöglichkeiten nach kaum von dem ersten Teil der Einleitung des *2. Oboenkonzerts*. Der gravierendste Unterschied: »Die beiden Seiten A und A1 können nach Belieben auch weggelassen werden. Es handelt sich um eine Art ›Einleitung zur Einleitung‹. Angenommen, das Konzert würde sich als ziemlich lang erweisen (ca. 35 Min.), so bleibt diese Entscheidung dem Dirigenten überlassen, der damit eine gewisse Freiheit hinsichtlich der zeitlichen Disposition des ganzen Programms erhält« (Vorwort). Weiter heißt es zum Ablauf an gleicher Stelle:

> »Seite A-A1. Der Dirigent hat fünf Gruppen des Orchesters zur Verfügung. Diese sind mit Nummern bezeichnet, die mit der linken Hand angegeben werden: 1.) Die drei Kontrabässe des ersten Streichorchesters. Diese beginnen frei zu spielen – wie bei einer Kadenz – nach einer Metronomzahl, deren Interpretation individuell, also nicht kollektiv ist, zuerst Viertel

im Konzert hinzugefügten Tonfolgen sind krebsläufige Lesarten der Tongruppen 18-22, 2-7, 31-33, 27-29 – vom Beginn der Wiederholungsklammer gerechnet.

8 Ich zitiere der Bequemlichkeit halber die deutschsprachige Fassung des dreisprachigen Vorworts.

= 100, dann plötzlich Viertel = 60. Beim Wiederholungszeichen beginnen sie wieder von vorne, spielen aber nur die Stellen unter den gestrichelten Klammern, während die nicht gespielten Abschnitte durch Pausen ersetzt werden.

2.) Das Xylophon und die beiden Marimba. Sie spielen nach Art einer Kadenz in einem individuellen Grundtempo von Viertel = 72. Beim Wiederholungszeichen angekommen, beginnen sie wieder von vorne, wobei sie diesmal die Einschiebungen [i.e. die einzelnen Fragmente, aus denen diese Stimmen bestehen, mjb] frei einschalten können, aber unter genauer Beachtung der zwischen den Einschiebungen angegebenen Pausen.

3.) Die drei Kontrabässe des zweiten Echostreichorchesters, die bei der Wiederholung nach dem selben Modus fortfahren wie die Kontrabässe des ersten Orchesters (1).

4.) Zwei Posaunen, die einzigen, die synchron spielen müssen – aber nur während der ersten drei Takte – (der Dirigent führt sie daher mit dem Taktstock). Dann, beim Wiederholungszeichen angekommen, wiederholen sie ein einziges Mal, wobei sie die Einschiebungen mit der gestrichelten Klammer frei einschalten.

5.) Die Holzbläser beginnen sämtlich einer nach dem anderen zu spielen – nach persönlicher Anweisung des Dirigenten. Dann, wenn sie den Punkt der höchsten Klangverdichtung erreicht haben (aber immer geschmackvoll und durchsichtig [›delicato e trasparente‹]), hören sie einer nach dem anderen im pianissimo auf, wobei sie den Takt 1 des richtigen und eigentlichen Anfangs außer acht lassen [richtig: ›In modo da attaccare inavvertiti alla battuta 1 del vero e proprio inizio‹].

Die oben erwähnten Gruppen können nach Belieben des Dirigenten eingeschoben oder vermischt werden oder eine nach der anderen herangezogen werden. Nur die Gruppe 5 muß als letzte übrigbleiben.«

Soweit die Worte der Partitur. Maderna selbst hat diese Spielregeln nicht allzu wörtlich genommen, wie seine erwähnte Plattenaufnahme mit Olof beweist. Auch andern Dirigenten kann nur geraten werden, weniger dem Buchstaben als dem Geiste zu folgen. Schlüsselbegriff für die Interpretation – nicht nur dieser, sondern vieler ähnlich aufzubauender Passagen – scheinen mir die Beiworte »delicato e trasparente« zu sein. Horror vacui, wie er sich etwa in der Einspielung Gielen/Gawriloff bemerkbar macht, ist wenig angebracht; Pausen gehören zu den wichtigsten Gestaltungsmitteln. Der Komponist hätte vielleicht noch deutlicher darauf hinweisen sollen.

Madernas Interpretation beginnt mit einem ersten Durchgang von Gruppe 4. Die beiden Posaunen, »f sempre e squillante«, ergehen sich in widerborstigen Rhythmen und spektakulären Sekundreibungen:

Es folgt eine spannungsgeladene, sehr ausgedehnte Generalpause, eine Möglichkeit, die auch bei gutem Willen kaum aus der Partitur oder den verbalen Anweisungen herauszulesen ist, aber viel Effekt macht. Die waagerechten Striche des zitierten Schemas und die breiten schwarzen Pfeile im Notentext scheinen umgekehrt auf unausgesetztes Fortspielen hinzudeuten.

Als zweite Gruppe läßt Maderna die Echo-Bässe einsetzen. Nach einiger Zeit treten abermals die Posaunen hinzu, jetzt unter Umstellung ihrer Notengruppen. In nunmehr offenbarem Widerspruch zur Partituranweisung »Ripetere i tromboni una sola volta« wird noch eine geraume Weile der Kontrast zwischen den dumpf im Untergrund rumorenden Bässen und dem grellen Schmettern des Blechs ausgekostet: Weitaus öfter als einmal wiederholen die Posaunen ihren Text.

An dritter Stelle erfolgt der Einsatz der Bässe des ersten Streichorchesters, an vierter der von Gruppe 2, die jedoch nicht mit Xylophon und Marimbas sondern – sofern ich richtig höre – mit Xylophon und einem oder zwei Glockenspielen besetzt ist. Damit ist ein erster Höhepunkt an klanglicher Verdichtung erreicht; der Komponist läßt abrupt abbrechen und fügt eine zweite Generalpause ein.

Wenngleich Gruppe 5 mit 13 Instrumenten am stärksten besetzt ist, hält Maderna ihren Einsatz doch am luftigsten und läßt die reinen Farben der Instrumente voll zur Geltung kommen. Aus der Stille der Generalpause heraus läßt er nach und nach die Holzbläser einsetzen, »von oben nach unten« gewissermaßen – ganz so, wie sie in der traditionellen Partitur (und auch in seiner) angeordnet sind: zuerst die Flöten, dann die Oboen, später Klarinetten. Vor dem Einsatz der Fagotte pausieren die Bläser zunächst, um einem Wiedereinsatz des Schlagzeugs (diesmal wohl wirklich mit den weicheren Marimabas) Raum zu geben. Dieser Neueinsatz geschieht keinesfalls im vorgeschriebenen Dauerfortissimo, er erfolgt ganz leise, auch die später wieder einsetzenden Bläser bleiben im Pianissimo. Auf diesem Hintergrund der Einsatz der Fagotte: quasi imitatorisch. Die Fragmente, aus denen ihre Stimmen zusammengestellt sind, sind zwar durch lange Pausen getrennt, bleiben aber zunächst in der aufgezeichneten Reihenfolge. Nachdem auf diese Weise selbst das Kontrafagott zu seinem Recht kommt und die Gruppe mit einem weiteren Durchgang der Baßklarinette abgemischt wird, verstummen die Bläser. Nicht Gruppe 5, wie im Vorwort ausdrücklich verlangt, sondern die Echo-Bässe leiten zwanglos zu Takt 1 des »eigentlichen« Anfangs über, der mit den drei Bässen des ersten Orchesters im dreifachen Piano anhebt.

# Einleitung

In Form einer konventionellen Partitur notiert sind sowohl der erste (Takt 1-42) als auch der zweite Teil der Einleitung (Takt 43-52), und der erste ist auch auf die hergebrachte Weise in Klang umzusetzen. In Takt 26 stoßen wir lediglich auf die Bemerkung »Il direttore è libero di mettere in relievo talvolta, non sempre, determinate strutture degli strumenti a suono fisso che gli potessero piacere«. Fast möchte man hinzufügen, daß Dirigenten für derlei noch nie eine besondere Aufforderung nötig hatten, auch wenn sich unter seriell-postseriell-aleatorischen Auspizien eine solche Bemerkung etwas anders liest. Hervorzuheben aber ist das »talvolta, non sempre«, das Sorge tragen soll, daß auch das oft recht dichte Gefüge der *suoni fissi* »delicato e transparente« bleibt. Auf der anderen Seite stellt die Anweisung durchaus anheim, daß das große Ganze gelegentlich hinter dem Individuellen zurückstehen darf. Nach der Einspielung des Komponisten zu urteilen, scheint ohnehin die eigentliche Hauptstimme in den Streichern zu liegen, auch wenn im Text zumindest am Beginn für sie durchschnittlich ein Stärkegrad weniger verlangt ist als für die *suoni fissi*. Wichtiger als die eigentliche dynamische Bezeichnung nimmt Maderna die Marcato-Zeichen für jeden Ton/Akkord-Wechsel der Streicher, die er pronociert hervortreten läßt. Ab Takt 25, in dem die Violinen 1-3 einsetzen, wird die Stimme der ersten Geige nachgerade wie im traditionellen Oberstimmensatz herausgehoben:

Solch souveränes Hinwegsetzen über die eigenen Regeln verleiht dem Ganzen Plastizität und erleichtert dem Ohr entschieden die Orientierung. Madernas Vorliebe für die erste Violine in ihrer klassischen Rolle als Stimmführerin des Orchesters ist nicht nur an dieser Stelle zu bemerken. Auch im 1. Tutti des *1. Oboenkonzerts* läßt er sie deutlich hervortreten.[9]

Für den Schluß der Einleitung (Takt 43-52) finden sich im Vorwort der Partitur folgende Anweisungen:

> »Von hier bis zum Beginn der ersten Kadenz hat der Dirigent die Wahl, entweder ausführen zu lassen, wie es in der Partitur notiert ist, oder zuerst den Part der Blechbläser spielen zu lassen und mit den Streichern später hinzuzutreten, oder auch: 1.) von Takt 43 bis 52 Blechbläser allein, wie es in der Partitur steht (dynamisch), dann 2.): dieselben Takte mit den beiden Streichorchestern, so wie es geschrieben ist, und endlich 3.): dasselbe, die Blechbläser immer pianissimo und mit Dämpfer und die Streicher des zweiten Echo-Orchesters ebenfalls pianissimo und con sordino. Das Ganze immer diminuendo und stufenweise rallentando.«

Maderna selbst läßt zunächst die Partitur spielen wie notiert und läßt einen Durchgang in den unter 3.) angeführten Modalitäten folgen.

Das Verfahren ist im Grunde nichts anderes als die schon vorgestellten »Lesarten«, wie sie auch im *2. Oboenkonzert* als variierende und erweiternde Wiederholungen einer Grundpartitur zu sehen waren, dort allerdings noch ausnotiert. Mit mehr als metaphorischem Recht darf man festhalten, daß die Grenzen zwischen Komposition und Aufführung fließend gewor-

---

9 Stets muß freilich bei solcherart Quellen mit einem allzu wohlmeinenden Tonmeister gerechnet werden.

den sind, daß ein Teil der Entstehungsgeschichte des Werkes vom Schreibtisch des Komponisten in den Konzertsaal verlagert worden ist. Ein solches Vorgehen hat natürlich zur Folge, daß kompliziertere Lesarten, wie etwa die Schichtung retrograder und gerader Versionen, in der Regel unterbleiben müssen.[10]

## 1. Kadenz, Orchesterzwischenspiel

Wieder einmal: zwei kontrastierende Abschnitte, die ineinander übergehen sollen. Am ersten sind beide Streichorchester beteiligt, am zweiten die Zupfinstrumente: Harfen, Mandoline, Gitarre. Alle Orchesterstimmen bestehen aus Fragmenten von Vorangegangenem, *membra disiecta* nennt Maderna sie. Die Streicher spielen Material aus dem Solo und dem Quartett der 1. Kadenz, die Zupfinstrumente beziehen ihr Material aus dem ersten Teil der Einleitung. Verändert ist der Text der in allen Stimmen bunt durcheinandergewürfelten Fragmente nicht. Hier ist nicht mehr im übertragenen Sinne von Collage zu sprechen, sondern im Wortsinn. Die Partiturseite entsteht als Collage kopierter und zerschnittener Stimmen mit Hilfe von Schere und Klebstoff. Die formale Disposition des Orchester-

10 Nicht immer ist das Ergebnis solcher Wiederholungsvorschriften sonderlich zufriedenstellend. In einem Konzertmitschnitt der *Grande Aulodia* von der Biennale 1979 unter Giuseppe Sinopoli (veröffentlicht bei Fonicetra Musica Aperta in der Kassette *Musica contemporanea*, LMA 3002, Matrizennr. M 13714, 1980) kommt es bei ähnlicher Gelegenheit fast zur Katastrophe. Das erste Tutti für drei Streichorchester ist laut Partitur nach folgendem Modus zu wiederholen: »da battuta 1 a 25 si fa un da capo. La seconda volta venga suonato il tutto con le sordine, sempre in pp ma molto espressivo e sempre ›wienerisch‹ e il tempo verrà rallentato a walzer inglese o meglio ›Hesitation‹ perché dev'essere sempre molto rubato. La prima volta si fa una breve cesura ( [Fermate über Komma] = 1"-3") prima del da capo.« Das überaus diffuse Ende des ersten Durchgangs, das hastige Zurückblättern und das eilige Justieren der Dämpfer, schließlich der schwerfällige Neubeginn: das alles fügt sich zu einem Hörbild voller unfreiwilliger Komik. Vom Ergebnis abgesehen – mit Aleatorik hat die Wiederholungsvorschrift der *Grande Aulodia* nichts zu tun, aber sie steht noch deutlich in der Tradition der »Lesarten«. Satztechnisches im strengen Sinne tritt in den Hintergrund, für den zweiten Durchgang verlangt wird eine »ganzheitliche«, ausdrucksmäßig variierte Lesart.
    Zu Sinopolis Ehrenrettung sei hinzugefügt, daß sich das Orchester im weiteren Verlauf »fängt« und die Einspielung streckenweise ihre Verdienste hat. Pressung und Aufnahmequalität allerdings sind nur schwer zu verkraften.

zwischenspiels bleibt dem Dirigenten überlassen. Maderna gibt im Vorwort der Partitur folgende Anregungen:

»Die Instrumente beginnen zunächst zögernd zu spielen, werden dann zunehmend immer sicherer und eindringlicher, bei eingestreuten Teilstücken (membra disiecta) der ersten Kadenz. [...] Ist einmal ein Höhepunkt erreicht – der Dirigent kann ihn nach Belieben sehr bald erreichen, indem er das Orchester durch Gesten zu crescendo und accelerando anfeuert, oder später, indem er sich Zeit läßt, verlangsamt, um dann aus dem Nichts eine Steigerung zum fortissimo anzufangen usw., kurz und gut, indem er eine Art formale Gliederung zuwege bringt, die man einmal ›Entwicklung‹ [»sviluppo«, vielleicht eher Durchführung] nannte – dann also läßt der Dirigent das Ganze wieder abnehmen, indem er zu gleicher Zeit die vierte Serie der Nummern ins Spiel bringt, die der gezupften Instrumente [...] Diese letztgenannten Instrumente sollen eine ›sinfonia‹ entwickeln – ein ›Zusammenspiel‹ – vom pianissimo bis zum mf, immer im Charakter einer fernen Serenade, manchmal auch aussetzend, worauf auch dies allmählich verschwindet, um Platz zu machen für den Beginn des Solos in Takt 52[$^{\text{quintuor}}$].«

Die Selbstverständlichkeit, mit der Maderna Kategorien der Tradition ins Feld führt, ist bemerkenswert, auch wenn manchen angesichts solch unbekümmerter Vermengung zweier Welten ein wenig Unbehagen beschleichen mag. Man darf aber gewiß davon ausgehen, daß Maderna sich des Abstands seiner kaleidoskopartigen, collagenhaften, eben »aleatorischen« Durchführungsarbeit von der nach klassisch-romantischem Muster bewußt war – schmerzlich bewußt vielleicht: Die Formulierung »die man einmal ›Entwicklung‹ nannte« klingt doch etwas resigniert.

## Mitteltutti

Wieder in Form einer konventionellen Partitur aufgezeichnet ist das Mitteltutti. Durch eine komplizierte Wiederholungsvorschrift erhält der Abschnitt ungefähr die dreifache Ausdehnung des Notierten:

»$A^{11}$ va da battuta 58 direttamente (ma suonando batt. $92^{\text{bis}}$ – non 92) direttamente [sic] al secondo ritornello – battuta 102.

---

11 Im Original im Kästchen.

Violinkonzert (1969)

> Poi torna da capo a btt. 58 per andare a batt. 92 – secondo ritornello. Indi ancora da capo (btt. 58) per andare al fine (btt. 102) – naturalmente suonando batt. 92$^{bis}$ – non 92.
>
> **B** va da battuta 58 al primo ritornello batt. 92. Torna da capo (batt. 58) e va direttamente al secondo ritornello (batt. 102) – non suonando la batt. 92 ma la 92$^{bis}$ – indi ritorna da capo (batt. 58) per andare al fine (batt. 102) – suonando solo la battuta 92$^{bis}$, non 92.
>
> A sono gli strumenti a fiato **B** gli archi e gli strumenti a suono fisso – da batt. 92$^{bis}$ suonano solo i fiati – gli altri strumenti tacciono.« (Partitur Seite 25)

Mit anderen Worten: Jede Gruppe hat drei Durchgänge zu spielen. Die Bläser, Gruppe A, spielen im zweiten Durchgang nur die ersten 35 Takte der Partitur (Takt 58-92), die übrigen Instrumente, Gruppe B, kehren bereits im ersten Durchgang nach Takt 92 zum Anfang zurück. Durch die zwei unterschiedlichen Wiederholungsmodi gerät das komplizierte Taktschema des Abschnitts natürlich durcheinander. Maderna schreibt weiter:

> »Il direttore batterà la misura la I volta (da batt. 58 a 92), poi batterà solo per i fiati (A) fino a batt. 102 – potrà volendo battere dal ritornello del gruppo A fino a conclusione di esso ritornello (92 batt.). Il secondo ritornello (da 58 a 102 btt.) dovrà essere suonato dall'orch. con tempo individuale, come danzando; spostamenti e mancanza di sincroni sono previsti e gli strumenti devon terminare un dopo l'altro. Naturalmente se il direttore vuole può battere il tempo doppio a due mani separate nel primo ritornello – altrimenti lascia da sè già da qui il gruppo **B**.«

Den letzten Vorschlag muß man angesichts der mit jedem Takt wechselnden Taktart sicher nicht ganz ernst nehmen. Bereits die strenge Weisung an Gruppe B, im zweiten Durchgang Takt 92$^{bis}$ statt Takt 92 zu spielen, deutet auf ein Augenzwinkern: Sowohl Takt 92 als auch 92$^{bis}$ (beide gleichlang, 7/16) pausiert Gruppe B.

Maderna hat sich die Mühe gemacht, zu den verbalen Anweisungen und der Partitur noch eine graphische Darstellung zu geben, in der die sich ergebenden Taktverschiebungen maßstäblich eingetragen sind (1 cm entspricht 1/8). Hier finden sich auch die dynamischen Bezeichnungen, die im Notentext weitgehend fehlen. Ich gebe hier eine der Übersicht zuliebe vereinfachte Fassung.

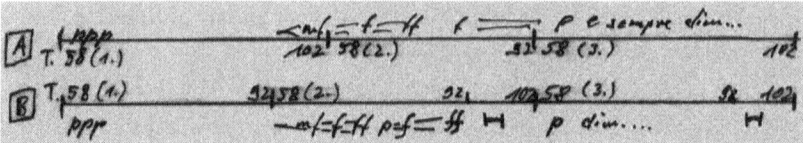

Auch hier also wieder die in nunmehr verschiedenen Ausprägungen bekannte Technik, Abschnitte durch variierende Schichtung voneinander abweichender Lesarten einer Grundpartitur zu erweitern. Womöglich dachte Maderna hier zunächst daran, das Ganze in Partitur auszuarbeiten: Die wenigen dynamischen Anweisungen im Notentext z.B. stehen im Widerspruch zu denen des Schemas (Takt 58-60 Bläser »p« statt »ppp«; Takt 70 Streicher »pp sempre« statt gleichfalls laut Schema »ppp«). In diesem Fall hätten wir es beim oben zitierten Schema im Grunde mit einer Kompositionsskizze für den eigenen Gebrauch zu tun, oder besser: mit der Übertragung einer solchen – die dem Verlauf der endgültigen Partitur entsprechende Taktierung des Schemas deutet darauf hin. Auch hätte Maderna bei obligater Ausarbeitung die Gruppen A und B gewiß unter einheitlicher Taktierung zusammengefaßt, wie sonst in seinen Partituren üblich. Der Entschluß, die Ausführung der Lesarten dem Moment der Aufführung anheimzustellen und so fast zwangsläufig den Zufall zu integrieren – »mancanza di sincroni sono previsti« – mag also durchaus an zweiter Stelle gestanden haben, nachdem der Plan für den Gesamtaufbau einmal gefaßt war. Ob Zeitnot oder Überdruß an seriellem Rigorismus dahinterstanden, muß offenbleiben.

Inwieweit Maderna in seiner Aufnahme dem in der Partitur vorgeschriebenen Procedere folgt, läßt sich nur schwer beurteilen: Eine Partitur wie die des Mitteltuttis läßt sich ohnehin nur mit Mühe verfolgen, nach dem Ende des ersten – synchronen – Durchgangs ist ein Mitlesen kaum mehr möglich. Sicher ist, daß der Komponist dem Plan des Schemas gefolgt ist, dessen Kennzeichen ein sehr leiser erster Durchgang, dynamische Spitzen in der Mitte und ein stetig diminuierendes Ausfasern gegen Ende sind. Letzteres geht deutlicher aus der Anweisung »gli strumenti devon terminare uno dopo l'altro« hervor als aus der Graphik, die einen synchronen dritten Durchgang suggeriert.

Auch im *Zwischentutti* der 1. Kadenz hält sich Maderna an die vorgeschlagene Generallinie: Sehr behutsam, eben »sempre delicato e trasparente«, wird im ersten Teil der Punkt höchster Klangverdichtung und maximaler Lautstärke angesteuert. Ist dieser erreicht, treten die Zupfinstrumente hinzu, die Streicher werden zurückgenommen, machen der recht knapp dimensionierten »serenata/sinfonia« Platz. Diese wirkt mehr als Vorbereitung auf den letzten Teil der Kadenz, das Quartett mit Zupfinstrumenten, denn als eigener Abschnitt.

## Die Kadenzen

In den Kadenzen ist den Mitgliedern des Orchesters kein, dem Solisten und dem Dirigenten nur minimaler Spielraum gelassen. Solopart und Interventionen des Orchesters sind aufs penibelste auskomponiert. Der Zufall spielt hier keine größere Rolle als bei der Interpretation herkömmlicher Musik auch. Einzig nennenswerte Ausnahme ist die Streicherbegleitung des Schlusses. Maderna schreibt im Vorwort der Partitur:

> »Das zweite Echo-Orchester beginnt dort, wo es in der Partitur angegeben ist. Nach dem Anfang sff diminuendo pianissimo spielt das zweite Orchester weiter sempre più pianissimo und nach und nach ritardando. Ist das Wiederholungszeichen erreicht, kann der Dirigent, wenn er es für angemessen hält, wieder von vorne anfangen, wobei aber das pianissimo und rallentando immer fortgeführt wird.
>
> Das Aufhören des zweiten Echo-Orchesters (es kann in jedem beliebigen Augenblick nach dem da capo geschehen) muß in jedem Fall etwa 30 Sekunden vor dem Schluß erfolgen, der ganz dem Solo-Instrument überlassen ist.«

Wie schon beim Schluß des Solos geht es hier ohne Frage weniger um kompositionstechnische oder experimentelle Aspekte der Aleatorik als um die poetische Wirkung. Das noch lange fortgesponnene Solo und die unbeteiligt aus der Ferne erklingenden (fast möchte man sagen: herüberwehenden) zu- und abnehmenden Akkorde der Streicher zeichnen ein plastisches Bild völliger Entrücktheit.

Der Neueinsatz des Solisten nach dem Beginn des Echo-Orchesters ist übrigens der einzige entscheidende Punkt, der in den Kadenzen nicht festgelegt ist. Olof beginnt (relativ zur Orchesterpartitur) am Anfang von Takt 128.

## Symmetriebildungen

Wiederholt konnte im Verlauf der Analysen auf palindromische Bildungen hingewiesen werden. Die Symmetrie gehört auch im *Violinkonzert* zu den zentralen Kompositionsprinzipien. An drei völlig unterschiedlichen Beispielen soll dies gezeigt werden. Ihnen gemeinsam ist, daß der Komponist das symmetrische Prinzip stets im Untergrund hält und nicht an die klingende Oberfläche gelangen läßt. Überspitzt ließe sich formulieren, die eigentliche Arbeit bestehe in der Unkenntlichmachung der selbstgesetzten Symmetrie.

Zunächst ein Blick auf die Taktgliederung des Mitteltuttis. Zum ersten Mal seit dem *Flötenkonzert* scheint hier wieder ein erkennbar nach reihentechnischen Aspekten geordnetes Bauprinzip auf. Wie im Schlußabschnitt des frühen Konzertes handelt es sich um ein am Ende beschnittenes Palindrom, die ersten vier Takte erfahren keine Spiegelung mehr. Beide Arme des Palindroms sind in sich abermals spiegelsymmetrisch angelegt: Eine aus zwölf Takten bestehende »Reihe« läuft je einmal in gerader und retrograder Form ab. Die Reihe hat nachstehenden Aufbau:

| 2/8 | 3/16 | 3/8 | 1/16 | 4/8 | 5/16 | 7/16 | 1/8 | 7/16 | 1/8 | 7/16 | 1/8 |
|---|---|---|---|---|---|---|---|---|---|---|---|
| I | II | III | IV | V | VI | VII | VIII | IX | X | XI | XII |

Auf dieser Ebene befinden sich Symmetrie und Asymmetrie im Widerstreit. Zwar gliedert sich die Reihe in zwei gleichlange Sechsergruppen (jede umfaßt 27 Sechzehntel), doch sind die Reihenhälften kontrastierend aufgebaut. In I-VII wird keine Taktart wiederholt, es alternieren Sechzehntel- und Achteltakte. Letztere nehmen, ausgehend vom 2/8, mit jedem Erscheinen um eine Zählzeit zu, wohingegen die Sechzehnteltakte vom mittleren (3/16) über das Minimum (1/16) zum Maximum (5/16) fortschreiten; in der zweiten Reihenhälfte, VII-XII, herrscht die Monotonie des dreimal wiederholten Wechsels nur zweier Taktarten: des (aufs Reihenganze gesehen) kürzesten Achtel- und des längsten Sechzehnteltakts. Im Unterschied zur ersten Reihenhälfte befinden sich nun die Sechzehnteltakte auf den ungeraden Positionen.

Nicht zur Reihe gehören die Takte 70 und 94: Mit der Bezeichnung 3/4 fallen sie ohnehin aus dem System, sie bilden die Achse, um die die Reihe gespiegelt ist. Hauptachse des Ganzen ist der in Takt 82 zusammenfallende Schluß des ersten krebsläufigen Durchgangs mit dem Anfang des zweiten geraden:

Violinkonzert, Piani armonici der Einleitung, 1. Teil
KB nach Neueinsatz T. 29 wahrscheinlich nicht zugehörig; transponierende Suoni fissi
(Xyl, Glsp) transponieren ausnahmsweise die Piani

| Takt | 58-69 | 70 | 71-82-93 | 94 | 95-102 |
| Reihenposition | I-XII | 3/4 | XII-I-XII | 3/4 | XII-V |

Es braucht wohl nicht eigens hervorgehoben werden, daß dieses komplizierte Taktschema hörend nicht nachvollzogen werden kann, ja daß es vom Klingenden recht eigentlich konterkariert wird. In der Tat finden sich ja ganze Abschnitte der Partitur an anderer Stelle im Werk in gänzlich anderer Taktierung wieder. Ein übriges tut die diskutierte Wiederholungsvorschrift, die so gesehen wie ein durchaus sarkastischer Kommentar zu eigenen seriellen Gepflogenheiten erscheint.

Aus dem ersten Teil der Einleitung – wie erinnerlich, stammt er aus der Serenade *Amanda* – lassen sich wieder neun *piani armonici* herausdestillieren. Hier im *Violinkonzert* schreiten sie vom (ganztönigen) Cluster aus tiefer Lage fort zu einem Ambitus von knapp drei Oktaven im mittleren Bereich (d-cis$^3$) – nicht so zielstrebig wie die Akkorde im *2. Oboenkonzert*, sondern mäandrierend (s. Notenbeispiel S. 195). Symmetrisch aufgebaut ist Akkordreihe I, sie besteht aus zwei im Abstand eines Halbtons angeordneten ganztönigen Hexachorden. Symmetrisch sind auch II und III, hier tritt am Ende des ersten bzw. am Anfang des zweiten ganztönigen Hexachordes ein Halbtonschritt dazwischen. III stellt lediglich die einen Halbton höher liegende Transposition von II dar. Als mittlerer *piano armonico* ist selbstverständlich auch der fünfte von symmetrischem Aufbau: Es handelt sich um die Tritonus-Transposition des ersten.[12]

Als zentrale Akkordreihe erfährt die fünfte auch in der Partitur eine besondere Behandlung.[13] Sie ist die erste, die vollständig in den Streichern abgebildet wird. Von 3 Bässen, 3 Celli, 3 Violen und den Violinen 4 bis 6 wird sie in den Takten 17 und 18 in sieben Einsätzen akkordisch aufgebaut. Dabei verhält sich die Anzahl der an jedem Einsatz beteiligten Instrumente symmetrisch, während alle anderen Merkmale asymmetrisch bleiben, vgl. folgende Tabelle:

---

12 I beginnt auf A, nach Madernas Code also auf Ton 1, V auf Es, Ton 7, dem zentralen, mittleren Ton einer von A zu A fortgeschriebenen Oktave.

13 Für die gegenüber dem Konzert rückläufige Fassung in *Amanda* gilt das Folgende sinngemäß umgekehrt.

Violinkonzert (1969)

| Einsatz Nr. | 1 | 2 | 3 | 4 | 5 | 6 | 7 |
|---|---|---|---|---|---|---|---|
| Anzahl Instrumente | 1 | 1 | 3 | 2 | 3 | 1 | 1 |
| Distanz zum vorigen Einsatz (-16tel) | – | 2 | 2 | 1 | 1 | 3 | 4 |
| erklingende Töne von unten | 9 | 2 | 1 | 3 | 4 | 6 | 10 |
| nach oben (1-12) verschlüsselt |   |   | 5 |   | 7 |   | 8 |
|   |   |   | 11 |   | 12 |   |   |

Symmetriebildungen sind ferner zu beobachten bei der Instrumentierung des Akkordes und der in den Takten 20 bis 23 sich vollziehenden Melodiebildung durch wechselnotenhaftes Austauschen der Akkordtöne. Dabei verhalten sich die mittleren Instrumente, Bratschen und Celli, spiegelsymmetrisch, die beiden äußeren Instrumentengruppen, Bässe und Violinen, zwar gleich, aber nicht symmetrisch i. e. S. (vgl. nachstehende Tabelle). Markant ist auch das Ende bzw. der Übergang zu Akkord VI: Es ist der einzige blockhafte, nicht verzahnte Akkordwechsel in den Streichern; gleichzeitig vollzieht sich ein quasi symmetrisches Umklappen der Instrumentierung: Die Violinen 1-3 ersetzen die Bässe (Takt 25).

| Instrumente | Ton | = Pos.Nr. | »Melodie« | = Intervall | Richtung |
|---|---|---|---|---|---|
| V 4 | c1 | 12 | c1-b-c1 | gr. Sek. | - + |
| V 5 | as | 10 | as-c1-as | gr. Terz | + - |
| V 6 | b | 11 | b-as-b | gr. Sek. | - + |
|   |   |   |   |   |   |
| Va 1 | fis | 9 | fis-e-fis | gr. Sek | - + |
| Va 2 | e | 8 | e-d-e | gr. Sek. | - + |
| Va 3 | d | 7 | d-fis-d | gr. Terz | + - |
|   |   |   |   |   |   |
| Vc 1 | cis | 6 | cis-A-cis | gr. Terz | - + |
| Vc 2 | H | 5 | H-cis-H | gr. Sek. | + - |
| Vc 3 | A | 4 | A-H-A | gr. Sek. | + - |
|   |   |   |   |   |   |
| Cb 1 | G | 3 | G-F-G | gr. Sek. | - + |
| Cb 2 | Es | 1 | Es-G-Es* | gr. Terz | + - |
| Cb 3 | F | 2 | F-Es-F | gr. Sek. | - + |

\* In der Partitur (T. 22) wohl irrtümlich E

Auch die beiden ersten Teile der ersten Kadenz haben der Anordnung der Töne nach die Struktur eines Palindroms. Wieder ist es am Ende verkürzt, der Anfang (bis 13/5) wird nicht gespiegelt.[14] Wieder sind in beide

14 Möglich, daß der Anfang des Solos in dem nicht in *Violinkonzert* übertragenen Abschnitt der Kadenz aus *Stele* zurückläuft. Die Partitur von *Stele* stand

Arme und in den nicht gespiegelten ersten Teil zahlreiche weitere Spiegelungen eingebaut: wörtliche, umgekehrte, exakte und kaum noch nachvollziehbare freie. Man könnte von dieser ersten Kadenz als von einem regelrechten Spiegelkabinett reden, in dem Zerrspiegel und solche mit planem Schliff in bunter Folge nebeneinander hängen.

Überraschenderweise befindet sich die Hauptachse zwischen dem solistischen Teil und dem Streichquartett. Genau gesagt, ist es der letzte Ton des solistischen Teils ($f^3$), um den gespiegelt wird. Von ihm an läuft im Streichquartett der Tonvorrat der Solostimme im Krebsgang zurück. Zunächst in der Orchestervioline (Takt A, ausgezeichnet zu verfolgen), dann im Cello (Takt B, nicht ganz so offensichtlich; die ersten beiden Noten der Solo-Violine müssen zur Ergänzung hinzugezogen werden, die Phrase ist ferner gegenüber *Stele*, wo der Krebsgang leichter zu verfolgen ist, etwas verändert). Anschließend nimmt die Solo-Violine den Faden wieder auf (Takt C, in der zweiten Takthälfte gut zu sehen), abgelöst nochmals von der Orchestergeige (Takt E, Anfang), der ihrerseits die Bratsche folgt (Takt E, überlappend mit Solo-Violine und Orchestergeige, bis Takt G, viertes Achtel). Bis zum letzten Achtel von Takt G (er hat deren elf), auf dem die Solo-Violine den Krebsgang bis Takt I übernimmt, ist eine Lücke zu konstatieren, die sich nur unter großzügigen Umgruppierungen schließen ließe. In den Takten $I^1$, K, L, M, N sind nacheinander Orchestergeige, Cello, Bratsche und wieder die Solo-Violine die führenden Instrumente. Die Lektüre des Krebsgangs ist hier erschwert durch eine Umstellung und einige Auslassungen gegenüber der älteren Fassung aus *Stele* (die dortigen Takte l und m und die Begleitung zu n und o sind nicht in die Streicherfassung eingegangen).

Bis hierher bildet die krebsführende Stimme quasi den Cantus firmus, der in ein hier durchsichtiges, dort dichtes Gewebe von Nebenstimmen eingebettet ist. Deren Ableitung aus dem Solo der Kadenz ist wahrscheinlich, war aber nicht nachzuweisen. Dazu im Gegensatz steht die Technik im Rest des Quartetts. Hier sind alle Töne aus dem Krebsgang der Solostimme gewonnen. Durchgehend ist der Solist führend, die aus wenigen langgehaltenen Noten bestehende Begleitung der übrigen Mitglieder des Ensembles ist aus solchen Tönen gewonnen, die im Solopart ausgespart werden, die aber exakt an der ihnen zukommenden Position eingefügt werden. Auch das läßt sich besser in der Partitur von *Stele* sehen als im *Violinkonzert*, in dem gerade die wenigen Noten der Begleitung oft verändert sind.

mir bei der Schlußredaktion dieses Kapitels leider nicht zur Verfügung.

Violinkonzert (1969)

Weitere Palindrome, wir erwähnten es bereits, sind in die Äste des Hauptpalindroms eingelassen. Am deutlichsten zu erkennen sind sie im solistischen linken Arm. Dessen ganzer Schluß ist in sich rückläufig, Seite 14/3 und 4 wird gespiegelt 14/5, 14/6 und 15/1. Dabei handelt es sich um eine Passage, die zunächst in Doppelgriffen, dann in drei- bis vierstimmigen Akkorden fortschreitet. Im Krebsgang wird die akkordische Passage in (schein-) polyphones Spiel aufgelöst, die Doppelgriffpassage in eine rasche sukzessive Notenfolge.

Die Doppelgriffpassage und ihre Auflösung lassen erkennen, daß die palindromische Gestaltung bis auf die unterste Materialebene hinabreicht, denn sie zerfallen wieder in zwei Hälften, die sich zueinander wie Grundgestalt und transponierte Krebsumkehrung verhalten. Ausnahmsweise haben wir es sogar mit zwei vollständigen Zwölftonreihen zu tun:

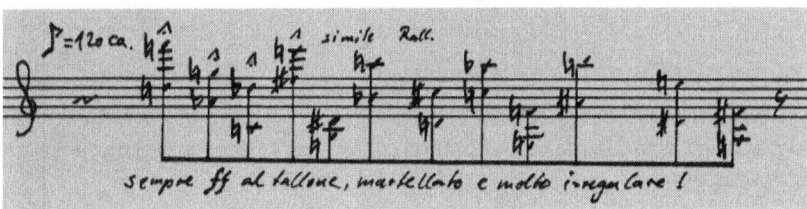

Das ist:

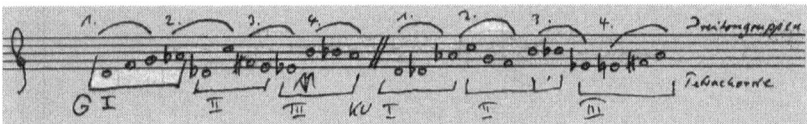

Die sich anschließenden Akkorde sind z.T. als Tetrachorde dieser Doppelreihe zu identifizieren:

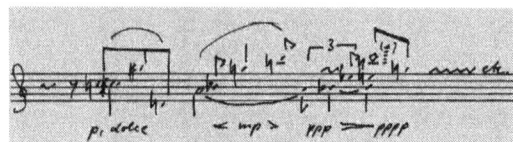

Ganz am Anfang der Kadenz – im nicht gespiegelten Teil – eine Passage, in der drei interpolierte Dreitongruppen aufscheinen:

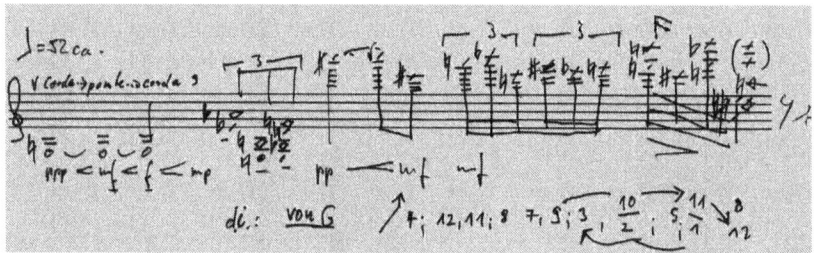

Weiteres ließe sich nennen. Möglich, daß in der Doppelgriffpassage, im Herzen der Kadenz, das Grundmaterial für den gesamten Formteil an die Oberfläche tritt.

# 3. Oboenkonzert

Il 3° Concerto per OBOE E ORCHESTRA è stato scritto, su commissione dell'Holland Festival 1973, per l'oboista Han de Vries. In questo lavoro ho cercato di realizzare nel modo più chiaro e pregnante una forma plurima, che si adattasse ad interpretazioni sempre differenti e di differente natura. Ho pensato, componendolo, che la musica esiste già che è sempre esistita. Anche quella che scrivo io. È solo necessario un atto di fede per sentirla intorno a sè, dentro di sè e quindi realizzarla in una partitura. ›Formale‹ ed ›informale‹ sono la stessa cosa.

Bruno Maderna

Das *3. Oboenkonzert* ist das letzte Werk, das Bruno Maderna vollenden konnte. Die Uraufführung fand am 6. Juli 1973 im Rahmen des Holland Festivals statt. Der Solist war Han de Vries, der Komponist dirigierte das Radiophilharmonisch Orkest Hilversum, Ort der Veranstaltung: der Concertgebouw Amsterdam. Die Uraufführung ist hervorragend dokumentiert. Es existiert ein Mitschnitt, der auf Schallplatte vorliegt (im mehrfach zitierten Gedenkalbum), ferner ein Film *III. Oboenkonzert*, Regie und Produktion Wilhelmina Hoedeman, die Probenarbeit und Generalprobe für das Fernsehen festhielt.

Der tragische Umstand von Madernas frühzeitigem Tod – er starb im November desselben Jahres – hat dazu beigetragen, daß seine erklärte Absicht, ein pluralistisches Werk zu schaffen, ein Konzert, das in den verschiedensten Formen aufgeführt werden kann, aus verständlichen und ehrenvollen Gründen konterkariert wurde: Die Version, die Maderna für seine letzte Uraufführung wählte, wurde kanonisiert. Han de Vries versichert, daß er Maderna zu Ehren bei Wiederaufführungen stets versucht habe, dieser Fassung treu zu bleiben[1]. Dem Dirigenten wird ein solches Vorgehen erleichtert durch die dem eigentlichen Text der Partitur beigegebenen Spielanweisungen, die der Terminologie nach zweifellos auf Mader-

---

1 Dies, wie auch das Folgende, gemäß telefonischer Antwort de Vries' auf eine briefliche Anfrage des Verf. vom 4.3.1985.

na zurückgehen, wegen der teilweise abenteuerlichen Orthographie ihres Italienisch jedoch keinesfalls autograph sein können. Diese zusätzlichen Anweisungen finden sich nicht in allen Ausgaben. Die – offenbar ältere – Partitur bringt nur den »Urtext«. Sie trägt den Copyrightvermerk »1973« und erschien in Reproduktion des wohl verlorenen Manuskripts bei den Editions Salabert in Paris – nach der Oper *Satyricon* als zweites Werk Madernas in diesem Hause. Der Titel lautet: *Concerto N.° III pour hautbois et orchestre. Œuvre commandée par 1ª Nederlandse Omroep Stichting* (Nr. E.A.S. 17127). Das Titelblatt dieser Ausgabe ist unter Zuhilfenahme von Schablonen mit der Hand geschrieben. Die – wohl jüngere – Ausgabe hat einen gesetzten Titel und ist mit den apokryphen Spielanweisungen versehen, die handschriftlich (aber wie gesagt nicht autograph) dort in den Text eingefügt sind, wo es das Partiturbild erlaubt. Folgt man den Anweisungen, so ergibt sich recht genau, wenn auch nicht mit immer hundertprozentiger Übereinstimmung, die Version der Uraufführung. An dieser Stelle soll nicht weiter auf Einzelheiten eingegangen werden – dies geschieht unten im «Überblick« –, es sei lediglich auf eine gravierende Differenz zwischen Partitur und »Fahrplan« hingewiesen, den den erstaunt, der die »Originalausgabe« zur Hand nimmt. Hier setzt die Solo-Oboe erst nach einem ausgedehnten Orchestervorspiel von mehr als vierzig Takten ein, während bei der Uraufführung – und gemäß den überlieferten zusätzlichen Spielanweisungen – der Solist das Konzert eröffnet. Er benutzt dazu das Material seiner Schlußkadenz, das er fast über die gesamte Ausdehnung des Orchestervorspiels ausbreitet. De Vries erklärt, daß dies auf eine gemeinsame und spontane Entscheidung während der Proben zurückgeht. Warum die Beibehaltung des somit vom Komponisten selbst sanktionierten Modus der Solo-Introduktion dennoch bedenklich bleibt, wird die Analyse zeigen.

Daß Maderna für die Orchesterbegleitung aus den im Prinzip unbegrenzten Möglichkeiten eine ihm glücklich erscheinende auswählte (und sicherlich auch auf einem wohl verlorenen Blatt festhielt, wie er es beim *2. Oboenkonzert* getan hatte), ist zum Zweck einer konkreten Aufführung unumgänglich und völlig legitim. Das gleiche gilt für den Solisten: Auch Han de Vries hat die Reihenfolge der Fragmente der Schlußkadenz nicht spontan entschieden, sondern sie während der Proben, in Absprache mit dem Komponisten/Dirigenten für die Uraufführung genau festgelegt. Die Anwendung dieses Procedere auf andere Konzertsituationen ist, wenn auch von Pietät bestimmt, im Grunde nicht zulässig.

Das *3. Oboenkonzert* ist das einzige Werk dieser Gattung, in dem Maderna darauf verzichtet hat, den Solisten verschiedene Formen seines Instrumentes einsetzen zu lassen. Als Nachklang dieser Praxis findet sich allerdings am Schluß ein Solo für das Englischhorn des Orchesters. Die Beschränkung auf die gängige Oboe ist das Ergebnis der Zusammenarbeit mit de Vries (diese ihrerseits ein Beispiel für die vielfältigen und fruchtbaren Bindungen Madernas an das Musikleben der Niederlande in den späten Jahren seiner Karriere) – ein weiteres »Faber-Konzert« hätte gewiß wieder mehrere Formen des Instrumentes genutzt, wie es zuletzt noch in der *Grande Aulodia* aus dem Jahre 1970 oder in *Ausstrahlung* (1971) geschehen war. Auch von der Führung der Solostimme her unterscheidet sich das *3. Oboenkonzert* von den übrigen. Wenn derlei auch schwer sich in Worte kleiden läßt, so hat es doch den Anschein, als sei die Solostimme hier in höherem Maße und über weitere Strecken (Mitteltutti und wiedereinsetzender Solist, 2. Solo – s.u.) von Begriffen herkömmlicher Virtuosität, von Brillanz und Geläufigkeit bestimmt als die Faber-Konzerte. Auch auf einige Details wäre hinzuweisen, etwa auf die zwar wenig genutzte (T. 90, 94, 94[bis], S. 15/1), aber sehr auffällige, jazzartig wirkende rasche Repetition eines Einzeltons. Auch Mila spricht von der Neuartigkeit des Werkes. Er schreibt:

>»L'aspetto più commovente del terzo *Concerto* consiste proprio nella sua novità. Totale rinnovamento del materiale. I precedenti vocaboli dello stile aulodico di Maderna sono spazzati via [...] Questo [il solista] non indulge quasi mai al languore nasale e patetico che gli è generalmente connesso, e chi si accentua nella *musette* e nel corno inglese. Il suono dell'oboe nel terzo *Concerto* è prevalentemente secco, conciso, energetico.« (*Mila*, S. 106)

Milas Darstellung ist ein wenig überzogen – nach wie vor finden sich die »vocaboli dello stile aulodico«, von einem echten Bruch kann die Rede nicht sein –, sie trifft den Sachverhalt jedoch wenigstens zum Teil. Ob die veränderte Diktion des Solos ein Ausfluß der Zusammenarbeit mit einem anderen Musiker war – de Vries spielt z.B. meiner Meinung nach auch das *1. Oboenkonzert* »brillanter« als Faber – oder ob wir es mit einem regelrechten Stilwandel zu tun haben, wird die Musikwissenschaft späterer Jahre klären müssen, wenn (hoffentlich) feinere Werkzeuge zur Arbeit an dem großen Fragekomplex »Maderna« bereitliegen, als es heute der Fall ist.

Formal entspricht das *3. Oboenkonzert* der Anlage, die wir bislang als stilkonstituierend herausheben konnten, ohne die bloße Reproduktion eines Schemas zu sein – das verhindert schon die in vielerlei Aspekten einbezogene Aleatorik. Die eigentlichen Konflikte werden in der Werkmitte ausgetragen, die Rahmenteile (Einleitung und Schlußsolo) sind ruhigen Charakters. Wieder besteht die Einleitung aus zwei in jeder Hinsicht kontrastierenden Teilen, doch hier erklingen sie nicht nacheinander, sondern gleichzeitig. Die Bezeichnung »Kadenz« ist zwar aufgegeben, doch liegt den Takten 94$^{bis}$ und 94$^{ter}$ der typische Aufbau der Madernaschen Kadenz zugrunde. Anders als in den früheren Werken üblich, sind diese beiden Abschnitte nicht durch ein obligates Orchesterzwischenspiel getrennt. Neben das den Madernaschen Kadenztyp kennzeichnende Satzmuster Solo fixiert (außer Agogik) – Orchester aleatorisch tritt nun die Variante, beide Partner aleatorisch zu gestalten (Schluß) – zum ersten Mal in nennenswertem Umfang. Die Umkehrung der normalen Kadenzsituation, wie sie am Ende der Oboenkadenz bereits erprobt worden war, nämlich Solo frei vs. fixiertes Orchester, ergibt sich nur bei der Kombination des Schlußsolos mit der Orchestereinleitung, wie sie der Uraufführung zugrunde lag und seither gepflegt wird. Nach dem Grundtext ergibt sich vom Anfang bis zum Ende des Werkes eine stetige Zunahme an Wahlmöglichkeiten, an Freiheit. Die Linie mäandriert nur leicht:

Einleitung: 1. Teil zwar nicht konventionell notiert, aber nicht eigentlich »aleatorisch« zu nennen, da nur ein einziger Ton produziert wird (s.u.);
2. Teil obligat, in konventioneller Partitur;

1. Solo: serieller Rigorismus, von scheinbar aleatorischen Einsprengseln durchsetzt;

Mitteltutti: nicht eigentlich aleatorisch, verzichtet ist lediglich auf die genaue Fixierung des Rhythmus; ein gleiches gilt für das später hinzutretende Solo;

Takt 94$^{bis}$: übliche Kadenzmodalitäten (Solo fix, Orchester frei);

Takt 94$^{ter}$: zunächst wie 94$^{bis}$, gegen Ende wird in der Solostimme erst auf die genaue Festlegung der Rhythmen verzichtet, dann auf die Festlegung der Reihenfolge der *patterns*;

»Takt« 95: die formale Disposition des Schlußsolos ist völlig dem Dirigenten und dem Solisten anheimgestellt. Die Solostimme besteht aus untereinander auszutauschenden Melodiefragmenten.

Für die Begleitung des Schlußsolos stehen drei Streichergruppen zur Verfügung, das bereits angesprochene Solo des Englischhorns erinnert über die Praxis des Instrumentenwechsels hinaus auch an die bislang beobachteten Kammermusikepisoden. Das »Disperato« ist weniger drastisch auf einen Punkt gebracht als sonst, es ließen sich mehrere Momente anführen, die diese Vortragsbezeichnung tragen könnten.

Die Besetzungsliste, wie sie im Werkverzeichnis angegeben ist (*Documenti*, S. 318) ist nicht ganz zuverlässig, sie mag an dieser Stelle vervollständigt und korrigiert erscheinen: 4 Flöten (4 Pikk), 3 Oboen, Englischhorn, 3 Fagotte, Kontrafagott, Es-Klarinette, 2 Klarinetten in B, Baßklarinette, 4 Hörner (F), 5 Trompeten (C), 2 Tenor-, 1 Tenor/Baß-, 1 Baßposaune, Tuba, Glockenspiel, Xylophon, Marimba, Vibraphon, Celesta, 2 Harfen, drei Streichorchester A, B, C mit je mindestens 6 Violinen, 3 Bratschen, 2 Celli und 2 Bässen. Hinzu tritt, für einen einzigen kurzen Ton, eine Pauke.

Abweichend von seinen Gepflogenheiten hat Maderna der Partitur kein Vorwort mit auf den Weg gegeben; den allgemeinen Bräuchen der Moderne entgegen ist sie *nicht* in C notiert.

Die Uraufführung des Konzertes nahm knapp 16 Minuten in Anspruch. Nennenswert kürzere oder ausgedehntere Aufführungen sind denkbar.

# Überblick

## Orchestereinleitung

Seite 1, Takt 0, bietet vier Orchestergruppen. Jede produziert den Ton $e^2$. Wenngleich eine ausdrückliche Aufforderung fehlt, legt die Anordnung der Gruppen auf der Seite (v. o. n. u. 4, 3, 1, 2) nahe, daß die Reihenfolge der Einsätze dem Dirigenten überlassen ist. Mit Holz, Blech, *suoni fissi* und Streichern sind alle Instrumentengattungen des Orchesters vertreten. Im einzelnen:

> Gruppe 1: Glockenspiel, Xylophon, Vibraphon, Marimbaphon mit verschiedenen Schlegeln. Proportional notierte Tonwiederholungen mit sich überkreuzenden Accelerandi und Ritardandi. Das Accelerando geht stets einher mit einem Diminuendo (maximal bis zum vierfachen Piano), das Ritardando mit einem Crescendo (maximal bis zum einfachen Piano).
>
> Gruppe 2: Konventionell notierter dreistimmiger Streicher-

satz, jede Stimme ist mit mindestens zwei Solisten zu besetzen, die aus verschiedenen Orchestergruppen stammen sollen. Vorgeschlagen sind Violine 6, 7, 18 (d. i. sechste von Archi A, erste von B, sechste von C), Viole 6 und 7 (dritte von B, erste von C), Celli 2 und 4 (zweites von A, erstes von B); Maderna schreibt aber: »Secondo le condizioni acustiche, il direttore decide quanti archi farà suonare. È consigliabile pochi e distanti uno dall'altro.« Notiert ist ein 4/4- und ein 3/4-Takt, zu spielen im Tempo MM 42, 50 oder 56. »ad libitum di ogni esecutore«. Die Dynamik ist stabil: pianissimo. Der Ton $e^2$ wird im Flageolett erzeugt: Von den Violinen auf a, von den Bratschen auf e, von den Celli auf c. Die Violinen beschleunigen stetig: Punktiertes Viertel, Achtel plus übergebundenes Achtel aus Quintole, Rest der Achtelquintole, Achteltriole, vier Sechzehntel, Sechzehntelquintole. Bratschen und Celli pulsieren in extrem unperiodischen Rhythmen. Außer dem ersten trifft im Partiturbild kein Einsatz mit einem aus einer anderen Stimme zusammen. Für alle gilt: »Ogni singolo suono accuratamente separato.«

Gruppe 3: zwei bis vier Trompeten, abwechselnd mit geradem Dämpfer und Cup.

Gruppe 4: zwei bis vier Pikkoloflöten.

Beide Gruppen sind proportional notiert und bestehen aus einer Anzahl unterschiedlich ausgedehnter Fragmente, die in beliebiger Reihenfolge vorgetragen werden können. Tonwiederholungen des $e^2$ in allen erdenklichen Varianten: stabiler Dauerton, Flatterzunge, Staccato beschleunigend oder verlangsamend, Crescendo, Decrescendo, immer im Bereich zwischen Mezzopiano und pp (Trompeten) bzw. ppp (Flöten). Dazu Mikroglissandi um einen Viertelton hinauf und wieder zurück zum E.

Die oben zitierten Spielanweisungen entstammen dem Urtext, die apokryphen Angaben für Seite 1 lauten: »Oboe solo — Indi Attacca 1, 2, 3, 4- Indi Attaca Pag. seguende«. Weniger als in früheren Konzerten ist dieser erste Teil der Einleitung ein selbständiger Abschnitt. Vielmehr ist das mit so deutlichem Bestreben nach Mannigfaltigkeit in der Einheit hervorgebrachte $e^2$ ein Ostinatoton, der nach der Urfassung während der gesamten eigentlichen Einleitung fortklingt: Nach der Partitur spielen die Gruppen 1-4 bis zum Einsatz des Solisten. Hingegen lauten die hinzugefügten Anweisungen: »Via Tr.!« (über Takt 6), »Via Ott.!« (Takt 11), »Via Archi!« (Takt 18), »Via Suoni Fissi« (Takt 26), schließlich: »Via Solo!« (Takt 32) – das E wird also nach und nach zurückgenommen.

Die eigentliche Einleitung ist konventionell notiert und taktiert von 1-41[2]. Das Tempo ist stabil Viertel = 60, wird jedoch durch zahlreich eingefügte Fermaten und ständige Ritardandi (keine Accelerandi) geschmeidig gehalten. Die Taktarten 1/4, 2/4, 3/4, 4/4 (Takt 5: 5/8, Takt 41: 5/4) wechseln ohne erkennbares Ordnungsprinzip. Besetzt ist die Einleitung mit Archi A (con sordine), Archi B (tasto flautando), Archi C (sul ponte), »Tutti sempre ppp«, jeweils mit fünf Violinen drei (A) bzw. zwei (B, C) Bratschen und je einem (A, B) bzw. zwei (C) Celli. Dazu treten später je eine Harfe (A, B) und Celesta (C).

## Erstes Solo

Mit einem außerhalb der Zeit stehenden Einzelton ($b^2$, notiert als kurzer Vorschlag ohne Hauptnote, im Fortissimo) setzt die Solo-Oboe ein, und zwar am Ende des letzten Taktes der Einleitung, Takt 41. Als Konsequenz sind das $e^2$ der Gruppen 1 bis 4 sowie ein im Schlußtakt einsetzender langer Hornton ($h^1$) abrupt abzubrechen; der letzte Akkord der Streicher ist bis dahin verklungen. Die Anweisung der Urfassung lautet: »Brusco stop«. Der folgende Takt 42 (4/4) bringt eine durch Fermate verlängerte Generalpause. Dann wechseln Tempo, Satzbild und Besetzung sehr rasch, wobei der Solopart stets in das vorherrschende Satzbild integriert ist:

Takt 42, Ende: weiterer Einzelton des Solisten außerhalb der Zeit ($d^2$, nach den gleichen Modalitäten wie das B)

Takt 43: proportional notiert; Solist und *suoni fissi* von Gruppe 1 der Einleitung; diese im Mezzopiano, jener im Fortissimo, beide staccatissimo; Ausdehnung umgerechnet ca. 5/4 bei MM = 60

Takt 44-45: 2 mal 5/4 konventionell notiert; Tempo der Einleitung (Viertel = 60); zwei lange Einzeltöne der ersten Violine von A ($as^3$) und Horn (wieder $h^1$), mezzopiano, bzw. »Suono d'eco«. Am Ende von Takt 45 ein dritter außerhalb der Zeit stehender Einzelton der Oboe: wieder $b^2$, wieder ff

[2] Die Einleitung hat genaugenommen 42 Takte: Ein zwischen Takt 9 und 10 liegender Takt ist bei der Taktierung übergangen worden.

Takt 46: Generalpause, sehr lang (eckige Fermate und Anweisung »Lunga«)

Takt 47: Besetzung und Satzmuster wie Takt 43; Ausdehnung umgerechnet 5/8 bei MM = 60

Takt 48: Generalpause, lang (wie Takt 46)

Takt 49: wie Takt 47

Takt 50-53: stabil 3/4 im Tempo der Einleitung (Viertel = 60), konventionell notiert; Solo der Klarinette, Takt 52 mit Glockenspiel und Xylophon

Takt 54: 2/4 konventionelle Notation, doppeltes Tempo (Viertel = 120): Solo, zwei Pikkoloflöten (d. i. Gruppe 4 der Einleitung), zwei Klarinetten

Takt 55-56: 3/4, 4/4 konventionell notiert im Tempo Viertel = 52; am Beginn von Takt 55 ein letztes $b^2$ des Solisten außerhalb der Zeit; Takt 56 Violine 1 und 2 und Viola 1 von A

Takt 57: konventionell notiert im Tempo von Takt 54 (Viertel = 120), Solo und Streicher von Takt 56

NB: Ohne besonderen Vermerk in unserer Aufstellung schließen alle konventionell notierten Takte/Taktverbände mit einem Ritardando.

Takt 58-69: Viertel = 120 »Rigoroso«; konventionell notierte 4 + 6 x 3 + 4 + 3 x 3 + 4/4; gleichbleibend pointillistischer Satz (kurze Tongruppen mit ständig wechselnden Dauern, Artikulationsarten, Dynamik etc.) für Solo, Gruppe 1, Pauke (1 Ton in Takt 62, der einzige Einsatz des Instruments im gesamten Stück!), Gruppe 4, 2 Klarinetten, Baßklarinette, Horn, Gruppe 2, Viola und Cello 1 von A.

## Mitteltutti (später mit Solo)

Die Überleitung zum Mitteltutti geschieht durch ein von je vier Trompeten, Hörnern und Posaunen fortissimo aus Takt 69 übergebundes $as^1$ in Takt 70 (2/4 unter Fermate).

Das Mitteltutti ist proportional notiert, die Taktfolge ist 3 x 2, 3, 4, 13 x 1, 6 x 3 Schläge bei einem Tempo von MM = 72. Die Generaldynamik ist

»Molto f, ma soprattutto il più staccato possibile« (Takt 71), »Gradualmente dim.« (Takt 83), »mf sempre grd. diminuendo« (Takt 89), »p diminuendo«. Der Abschnitt ist ganz vom Massenhaft-Statistischen bestimmt. Er beginnt als Bläsertutti (4 Pikk, 3 Ob, Es-Klar, 2 Klar, Bkl, 2 Fg, Cfg, 4 Hn, 4 Tr, 4 Pos, Tuba); in Takt 76 wird das Blech stark ausgedünnt, dafür tritt die Gruppe der *suoni fissi* hinzu (Glspl, Xyl, Mar, Vib, Cel, 2 Harfen). In Takt 89 erfolgt der Wiedereintritt des Solisten. Auch seine Stimme ist in proportionaler Notation gehalten, im Gegensatz zum Orchester wechselt sie zwischen Legato und Staccato und ist dynamisch herausgehoben durch das vorgeschriebene Forte. Die hohe Tondichte pro Schlag (bis zu zehn Töne) bewirkt virtuos gesteigerte Bewegung. Gleichzeitig mit der Oboe treten die Streicher hinzu (je 6 Violinen, 3 Bratschen, 2 Celli A, B, C pizzicato), im Gegenzug werden die Blechbläser völlig, die Holzbläser und die *suoni fissi* stark zurückgenommen. In Takt 92 vollzieht sich ein weiterer Instrumentationswechsel: Volles Blech (außer Posaunen), jetzt mit Dämpfern, Streicher noch verstärkt durch je 2 Cb A, B, C pizzicato hinter dem Steg.

Das Mitteltutti schließt auf Seite 14 der Partitur. Dort liest man in den apokryphen Didascalien: »Ripere [sic] da 89 con soli Archi« und über Takt 89 auf Seite 13: »Attacca«. Es handelt sich, wie die Aufnahme bestätigt, um die bekannte Verlängerung durch variierte Wiederholung: Zunächst wird das Mitteltutti vollständig ohne Solo gespielt; ein zweiter (Teil-) Durchgang ab Takt 89 ist besetzt nur mit Streichern und dem vorgeschriebenen Solo.

## Zweites Solo

Die Notation erfolgt nach dem bekannten Muster der früheren Kadenzen: Die Solostimme ist fortlaufend konventionell unter Verzicht auf gliedernde Taktstriche notiert, das Orchester in verschiedene Gruppen geteilt, deren Notation unterschiedliche Grade an Festlegung bzw. Freiheit aufweist. Im einzelnen:

Solo Takt 94$^{bis}$ erster Teil: Viertel = 76-66 ca: (15/1-3)

Solo Takt 94$^{bis}$ zweiter Teil: Viertel = 56-60 »Sempre a fantasia« (16/1-5). Die letzte Hälfte von 16/5 rein graphisch notiertes Spiel auf dem Mundstück – der einzige Beitrag zum Thema »neue Spieltechniken« im *3. Oboenkonzert*.

Takt 94$^{bis}$ hat fünf Orchestergruppen:

Gruppe 1: gliedert sich in zwei Rahmen (I und II) mit proportionaler Notation für Streicher in der Besetzung aus dem Mitteltutti (»Archi, molto gradualm., da pizz. ....ad ›arco battuto‹ a ›legno battuto‹« und »sempre ppp – Variazioni dinamiche vengono indicate dal direttore«) Zur Realisation schreibt Maderna in der Partitur (Seite 15, Gruppe 1, Rahmen II): »I numeri arabi indicano diversi gruppe di strumenti che il direttore, a suo piacere, vorrà far suonare. I numeri romani indicano alternativi, ad lib. del direttore, che verranno indicati con un movimento pendolare dell'avambraccio sinistro. (sinistra del direttore = destra del orchestra e vice versa)«.

Gruppe 2: ganz ähnlich notierter Rahmen für zwei Harfen, unterteilt in Tongruppen, die bei den Wiederholungen vertauscht werden sollen

Gruppe 3: zwei Rahmen (I und II) für Xyl, Mar, Vib und Glspl; analog zu Gruppe 1 und 2

Gruppe 4 und 5: Zwei kurze konventionell notierte Einwürfe für Holzbläser tutti (ohne Fg), beide von der Ausdehnung eines Viertels; ohne Tempo; Dynamik »F +-«, die Spielanweisung der Partitur lautet »Inserire ad libitum le strutture 4 e 5, anche più volte durante il solo dell'oboe, ›integrando‹ ›contrastando‹«.

Die später hinzugefügten Anweisungen legen die Reihenfolge der Gruppeneinsätze fest. Nach ihnen erfolgt der Einsatz der Gruppen 3, 2, 1 vor der letzten Phrase des ersten Teils (Takt 94$^{bis}$ 15/3, vor d$^3$), Gruppe 4 bricht in eine lange Pause des Solisten hinein (16/2, Viertelpause mit Fermate), Gruppe 5 wenig später in ein gedehntes a$^3$ (16/3). Bereits zur Solostimme Takt 94$^{bis}$ treten Orchestergruppen aus Takt 94$^{ter}$: »attacca Archi 1, 2, 3 94$^{ter}$« (16/4, doppeltpunktierte Achtelpause nach der ersten Figur) und »attacca Suoni fissi 94$^{ter}$« (16/6, zur Mundstück-Passage).

Der Einsatz zweier verhältnismäßig massiver Bläsereinwürfe in unmittelbarer Nachbarschaft eines a$^3$ der Oboe ruft die Erinnerung wach an die »Disperato«-Episoden aus *Violinkonzert* und *2. Oboenkonzert* – eine entsprechende Vortragsbezeichnung fehlt hier allerdings. Auch wird das A nicht ebenso unregelmäßig rhythmisiert wie in den früheren Konzerten, sondern als stabiler Ton gehalten.

### Takt 94$^{ter}$

Takt 94$^{ter}$ geht unmittelbar aus Takt 94$^{bis}$ hervor. Für Notation und Aufführungsmöglichkeiten gilt das Vorstehende.

Solo: Takt 94$^{ter}$ erster Teil: Viertel = 60-66 ca. (17/1 -18/3);

zweiter Teil: Viertel = 56-52 ca. (19/1-5)

Die Solostimme geht gegen Ende ins Aleatorische über. Zunächst wird auf die genaue Festlegung des Rhythmus verzichtet zugunsten proportional notierter »irregolare«-Figuren; in den letzten anderthalb Zeilen liegen nur noch Tonhöhen, Dynamik und das Generaltempo fest: »sempre f, aggressivo / Sempre veloce ma molto irregolare«. Dieser Schluß kann beliebig wiederholt werden – unter Einhaltung der üblichen Modalitäten: »Nelle ripetizioni introdurre pause ad libitum. È anche possibile interpolare«. Dieser Schluß entspricht recht genau dem der Oboenkadenz aus dem 2. *Oboenkonzert* (auch dessen extreme Lagenwechsel finden sich hier wieder), auch wenn hier keine Rahmen einzelne Notengruppen zu *patterns* zusammenfassen und die Notation in durchgehenden Zweiunddreißigsteln zugunsten hals- und balkenloser Schreibweise aufgegeben wurde.

Für die Orchesterbegleitung stehen sieben Gruppen zur Verfügung:

> Gruppe 1, 2, 3: Die drei Streichorchester A, B, C. Für sie sind zwei Partituren von jeweils 52 »Takten« Länge mit einem Schlag pro Takt formuliert, beides palindromische Sätze zur beliebigen Wiederholung. Die Notation ist proportional mit Balkung von einer Note zur nächsten, um Legato-Spiel anzudeuten. Die Besetzung entspricht der des Mitteltuttis: je 6 Violinen, 3 Bratschen, 2 Celli und 2 Kontrabässe. Die erste Partitur ist unter dem Solo von Seite 17 aufgezeichnet. Hier finden sich auch eingehende Hinweise zur Realisierung:
>
>> »Ad invito del direttore incomincieranno a suonare gli archi A[3]. Il primo violino accenerà il tempo metronomico [d.i. für A: MM = 66] come nella prassi della musica da camera. Dopo aver lasciato suonare il gruppo A

---

3  Im Original erscheinen die Gruppennamen in Kästchen.

> da solo fino a batt. 16-20 ca., il gruppo **B** [mit MM = 78] potrà aggiungersi (stesse modalità). Infine si aggiungerà il gruppo **C** [MM = 92]. Le Ripetiz. sono infinite. Il direttore, esauritosi questo episodio, riprenderà normalmente da batt. 95. I gruppi **A, B, C** hanno differenti metronomi e sono indipendenti. Il direttore può: accel. o rall. qualsiasi dei tre gruppi o tutti e tre insieme, in qualsiasi momento; introdurre cresc. o dim., accenti, dinamiche antitetiche, improvvisando col gesto; in qualsiasi momento imporre una corona ad un gruppo o a tutti e tre simultaneamente. Generalmente la dinamica è pppp, ma qualsiasi variazione è possibile per singoli, per gruppi, o per tutti gli strumenti. Suonare molto legato, cambiando d'arco ad ogni nota con piccolo accento, e generalmente usandolo dalla punta a metà.«

Der zweite Teil der Streicherpartitur (Takt 53-104) findet sich auf Seite 20 der Partitur. Die Aufführungsmöglichkeiten sind identisch mit denen des ersten Teils, der – wie aus der Vortragsanweisung des zweiten hervorgeht – nicht unbedingt vollständig gespielt werden muß: »Nella prima parte il massimo di estensione viene raggiunto a batt 26. – quindi solo dopo la batt. 26 è possibile passare a batt. 53 e seguenti.«

> Gruppe 4: ebenfalls 52 Takte Partitur in proportionaler Notation für *suoni fissi*, nur Notenköpfe. Mutatis mutandis auszuführen wie die Streicherpartituren.

> Gruppe 5: fünf kurze Sätze I-V für fünf Trompeten, im Rahmen notiert auf Seite 19. Der Einsatz ist relativ zur Solostimme fixiert und soll unmittelbar vor dem Beginn des aleatorischen Teils des Solos erfolgen. Fragment I, Ausdehnung ein Viertel bei MM = 72 ca., ist ausnotiert, die übrigen zeigen nur Notenköpfe, teils durch Striche verbunden; Ausführung:

>> »5 Trombe (str. mute) sempre ff e staccatissimo (solo nel II gruppo appare qualche suono lungo – che deve essere accuratamente sostenuto). Segiure la grafia che indica sempre una irregolarità grande. Il tutto piùttosto veloce. I vari gruppi (I, II, ecc.) vengono indicati con le dita della mano dalla 1a tromba, che darà anche gli attac-

chi con un cenno della testa. Spaziare più o meno gli interventi, d'accordo con il direttore.«

Gruppe 6: »4 tromboni interpolano sempre ›solisti‹. Fra un frammento e l'altro abbondanti pause. / On personal conductors cue« – Es handelt sich um acht kurze Melodiefragmente in einer Ausdehnung von zwischen vier und acht Vierteln bei Tempi zwischen Viertel = 52 und 92. Sie sind sorgfältig auskomponiert und von ausgesprochen kantablem Charakter.

Gruppe 7: entspricht Takt oder Ziffer 96, S. 21: Bläser tutti, zusamengefaßt zu sieben Untergruppen nach Instrumentengattungen. Jede Gruppe mit 14 bis 21 drei- bis fünfstimmigen Akkorden, notiert mit Zweiunddreißigstelhalsung und als *gruppetti* von zwei bis drei Akkorden ohne Hauptnote:

»Il direttore diciderà se far iniziare il nr. 7 a tutti fiati insieme, o a gruppo dopo gruppo. I vari gruppi saranno sincronizzati dal primo strumento (1o flauto, 1o oboe, ecc.) che, con cenno della testa, darà l'attacca ad ogni singolo accordo e ›gruppetto‹. La dinamica, ad lib. del direttore, sarà dal p al più forte possibile. La massima distanza grafica fra un accordo e l'altro esprime ca. 2", ma possono avvenire in qualsiasi momento accelerandi o ritardandi. Generalmente suonare il più staccato secco possibile (i ›gruppetti‹ saranno sempre più leggeri degli accordi). Le ripetizioni quante ne diceder à il direttore, potranno essere variate: suonando, ad esempio, una volta solo i ›gruppetti‹, poi solo gli accordi, infine il tutto. In questo caso sostituire accuratamente con pause le distanze grafiche divenute diverse. – Dopo raggiunto un certo climax – cambi il modo di eseguire gli accordi: da ›corto e secco‹ ad un suono lungo fp [lange Dim.-Gabel] ›a campana‹ (I ›gruppetti‹ sempre corti e leggeri) e, cosi proseguendo, arrivi a domandare che gli accordi diventino tutti lunghi e legati l'uno all'altro.«

Die Ausführlichkeit und Detailfülle der Aufführungshinweise, die Maderna den Gruppen 1, 2, 3 und 7 mitgibt, läßt die Grenze zwischen Komposition und Aufführung einmal mehr völlig verschwinden. Selbstverständlich könnte eine Auswahl der vorgeschlagenen Lesarten unter großem kompositorischen Aufwand als konventionelle Partitur festgehalten werden, in der vorliegenden Form aber ist die Fülle der Möglichkeiten praktisch und theoretisch unbegrenzt. Einbezogen sind dabei nicht nur Einzelheiten, die beim Hören ohnehin niemand kontrollieren könnte – in der Art der Umstellung melodischer Fragmente in den Kontrabaß-Stimmen aus der Einleitung zum *2. Oboenkonzert*, um einen extremen Fall herauszugreifen –, vielmehr reicht die Wahlfreiheit des Dirigenten bis zur formalen Disposition im Großen, die recht unterschiedliche Ausprägungen annehmen kann. Das gilt für den Schluß des Werkes in erhöhtem Maße. Wie rasch zum Beispiel das dritte und letzte Solo auf das zweite folgen soll, ist nicht festgelegt. Die Anordnung der Partitur legt allerdings nahe, daß der Dirigent vor seinem Beginn aus den Orchestergruppen von Takt 94$^{ter}$ ein mehr oder weniger ausgedehntes orchestrales Zwischenspiel gestaltet: Der Solopart von Takt 94$^{ter}$ ist auf den Seiten 17-19 untergebracht, ebenso die Gruppen 1 bis 5; die Doppelseite 20-21 enthält die Gruppen 6 und 7 sowie die Fortsetzung der Gruppen 1, 2, 3 – also nur Orchesterstimmen. Takt oder Ziffer 96, der Schluß, nach Art einer Collage auf Seite 22 angeordnet, enthält kein neues Material für Orchester: Die Gruppen 1, 2, 3 und 7 aus Takt 94$^{ter}$ stehen weiterhin zur Verfügung.

## Drittes Solo

Seite 22 enthält das dritte und letzte Solo. Es besteht aus elf gerahmten Melodiefragmenten in ruhiger Bewegung (Viertel = 52 ca.), die – abgesehen eben von ihrer Fragmentarisierung – weitgehend konventionell-präzis aufgezeichnet sind. Gestalt und Ausdehnung der Fragmente sind unterschiedlich, sie reichen vom lang ausgehaltenen Einzelton ($a^3$!) über knappe melodische Formulierungen bis hin zur üppig fließenden Arabeske.

Unten auf dem Blatt ein Solo für das Englischhorn des Orchesters – sicherlich eine Erinnerung an die immer wieder beobachteten kammermusikalischen Episoden der früheren Konzerte, in denen der Solist mit verwandten Instrumenten des Orchesters in Zwiesprache trat. Die spezielle Kombination von Oboe und Englischhorn ist für die, die um die Entwicklung des Madernaschen Oboekonzerts wissen, von eigentümlicher Wirkung: Schließlich ist das *3. Oboenkonzert* das einzige, in dem der Solist nicht mehrere Formen seines Instruments vorführt. Am Schluß des *1. Oboenkonzerts* steht eine Kadenz für Englischhorn, am Schluß des zweiten eine für Oboe d'amore – hier im dritten ist diese »alte« Form der Madernaschen Epilogkadenz verbunden mit etwas für ihn Neuem. Zum ersten Mal überläßt er dem Solisten nicht lediglich die Anordnung von *patterns*, also mehr oder weniger nach dem Gesichtspunkt der Normalverteilung gestaltete, im Grunde amorphe Passagen – was er ihm hier anvertraut, ist die Disposition und variative Wiederholung diastematisch und rhythmisch, kurz: melodisch wohldefinierter Fragmente. Wiederholungen eines Fragmentes können vom Hörer problemlos als solche erkannt werden, ebenso wie dabei vorgeschriebene Variationen. Das Ergebnis ist verblüffend: Nicht zu einem größeren Maß an Unordnung führt solche Fragmentarisierung der Melodie – dies nur theoretisch. Für den Hörer ist eine neue Qualität von Verständlichkeit erreicht, die Wiederholung als eine Grundform der Rhetorik in ihr altes Recht eingesetzt. Die so gewonnene Eindringlichkeit läßt die Fragmente des Solos so nahe an den Begriff des »Satzes« heranrücken, wie es einer Musik, die sich der Periode begeben hat, nur irgend möglich ist. Dies ist vielleicht die Essenz, die allen denkbaren Aufführungsmöglicheiten innewohnt, die Maderna den Interpreten – für dieses eine Mal nicht nur dem Dirigenten, sondern auch dem Solisten – einräumt:

> »L'oboe solista interpolerà a piacere e ripeterà più volte i frammenti in riquadro. D'accordo con il direttore, gli interventi del solo avveranno durante pause (il direttore interrompe dolcemente o bruscamente l'orchestra), oppure durante lo svilupparsi degli elementi affidati ai vari gruppi di strumenti. Il corno inglese interviene soltanto ›on conductors cue‹. La sua parte è ad lib. e può anche non venir suonata. Nelle ripetizioni, l'oboe solista cercherà di variare il più possibile il carattere di ogni singolo frammento usando fraseggi, tempi, dinamiche, accenti completamente differenti da quelli indicati. Fra orchestra e solo devono stabilirsi molteplici rapporti espressivi: contrasti, proteste, acquiscenze, accordi, integrazioni, affettuosità. In questo clima l'autore prevede e spera che solista e direttore ›trovino‹ un felice modo di terminare il pezzo.« (Partitur, S. 26)

Der »modo di terminare il pezzo«, den Maderna selbst gewählt hat und wie ihn die fremde Hand in der Partitur nachgetragen hat, ist nachzutragen. Daß Streicher und *suoni fissi* von Takt 94$^{ter}$ demnach schon im Solo Takt 94$^{bis}$ einsetzen, wurde bereits erwähnt. Oben rechts am Rand der Seite 18 lesen wir: »5 (Tr.) / il solo / puo suspendere / intante grande / [lange Cresc.-Gabel] /al massimo / attacano / i pos(6) / ↓ / grande [lange Dim.-Gabel] / via Pos! / Via Tr! / Solo riprende / a poco a poco / via anche / archi (1-52) / rinmangono / suoni fissi.«, d.h: In eine (zusätzlich eingefügte) Pause der Oboe brechen die fünf Trompeten der Gruppe 5 hinein; mit ihnen und den noch spielenden Gruppen 1 bis 4 ein großes Crecendo, auf dessen Höhepunkt die Posaunen der Gruppe 6 zum Zuge kommen; Decrescendo unter Zurücknahme der Blechbläser, Neueinsatz des Solisten, langsames Ausblenden der ersten Streicherpartitur. Seite 19 oben rechts geht es weiter mit: »Anche suoni fissi stariscono!«, und vor dem Beginn der Patterns der Oboe (am Ende von Takt 94$^{bis}$), wo nach der eigentlichen Partitur erst die Trompeten einsetzen sollten: »Attacca fff – Solo tace – 95 bruco stop Solo reprende f agressivo« (sic), am Rand: »Archi attaccano 53 a 104 / ↓ / EH si reca / in Eco«. Die aggressiven Figuren des Solisten treten also nicht nur in Widerstreit mit den Trompeten, sondern mit der geballten Kraft des Bläsertutti von »Takt« 95. Nach dem Wiedereinsatz des Solisten beginnen die Streicher mit dem zweiten Teil ihrer Partitur; das Englischhorn entfernt sich aus Gruppe 7 (95) und begibt sich in den Hintergrund des Orchesters. Seite 22 schließlich: »Oboe sempre f agressivo – archi sempre più p. Eh richiarma da lontano – Accora oboe suono 96 – Eh finisce ed archi in lenta dissoluenza – Resta l'oboe solo.« Übersetzt etwa: Das Englischhorn ruft aus der Ferne. »Accora« könnte verschrieben sein für *ancora* (noch) oder *accorato* (betrübt!) – wie dem auch sei: Der Solist spielt die Fragmente von 96. Das Englischhorn schließt, die Streicher in langsamer Auflösung. Der Schluß bleibt dem Solistem allein.

## Das Grundmaterial: Reihen und »piani armonici«

Der zweite Teil des Solos von Takt 94$^{bis}$ beginnt mit folgender Zwölftonreihe:

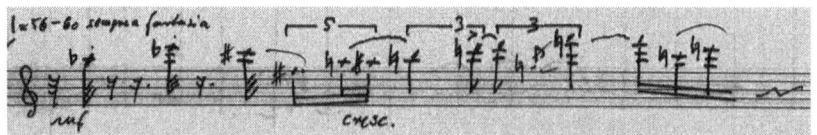

Eine Reihe, in der Symmetrie und Asymmetrie auf eine für Maderna typische Weise in Widerstreit liegen: Ton 6 bildet die Spiegelachse, Ton 12 sprengt die Symmetrie. Die Tonfolge 6-11 steht zu der von 1-6 im Verhältnis einer Krebsumkehrung:

3. Oboenkonzert 217

| Reihenton | as | es | cis | fis | a | b | h | d | g | f | c | e |
|---|---|---|---|---|---|---|---|---|---|---|---|---|
| Intervall | | 7 | 10 | 5 | 3 | 1 | 1 | 3 | 5 | 10 | 7 | 4 |

G ——>  |  <—— KU

Da die Töne B und E sowie As, die als Töne 6, 12 und 1 oder auch als Achse, Symmetriebrecher und Anfangston in der zitierten Reihe eine so zentrale Stellung einnehmen und in mancherlei Hinsicht eine besondere Rolle spielen; da ferner das Folgende unmittelbar aus dieser Reihe abgeleitet ist; da schließlich Reihe und Ableitungen nicht nur im Solo Takt 94$^{bis}$, sondern auch an anderer Stelle das Geschehen bestimmen, darf man wohl von der Grundreihe des Werkes sprechen. Sie soll im folgenden Reihe a heißen.

Der Rest des Solos von Takt 94$^{bis}$ entpuppt sich als eine Folge zehn weiterer Zwölf- bzw. Elftonreihen, die alle mit Hilfe zweier eng verwandter Permutationen aus der jeweils vorhergehenden – letztendlich also aus Reihe a – abgeleitet sind. Permutation A schreitet unter Auslassung jeder zweiten Note vom Anfang der Vorgängerreihe bis zum Ende, von wo aus die stehengebliebenen Töne krebsläufig gelesen werden. Permutation B arbeitet umgekehrt auf dieselbe Weise, geht also vom Ende der Vorgängerreihe aus. Es ergibt sich nachstehende Tabelle:

Reihen im Oboenkonzert Nr. 3

| | | | | | | | | | | | | |
|---|---|---|---|---|---|---|---|---|---|---|---|---|
| a | as | es | cis | fis | a | b | h | d | g | f | c | e |
| | 1 | 2 | 3 | 4 | 5 | 6 | 7 | 8 | 9 | 10 | 11 | 12 |
| b | es | fis | b | d | f | e | c | g | h | a | cis | as |
| | 2 | 4 | 6 | 8 | 10 | 12 | 11 | 9 | 7 | 5 | 3 | 1 |
| c | a | g | e | d | fis | es | b | f | c | h | cis | — |
| | 10 | 8 | 7! | 4 | 2 | 1 | 3 | 5 | 6! | 9 | 11 | |
| d | a | e | fis | b | c | cis | h | f | es | d | g | as |
| | 1 | 3 | 5 | 7 | 9 | 11 | 10 | 8 | 6 | 4 | 2 | — |
| e | d | f | cis | b | e | a | fis | c | h | es | g | — |
| | 10 | 8 | 6 | 4 | 2 | 1 | 3 | 5 | 7 | 9 | 11 | |
| f | as | f | b | a | c | es | g | h | fis | e | cis | d |
| | — | 2 | 4 | 6 | 8 | 10 | 11 | 9 | 7 | 5 | 3 | 1 |
| g | f | a | es | h | e | d | cis | fis | g | c | b | — |
| | 1 | 3 | 5 | 7 | 9 | 11 | 10 | 8 | 6 | 4 | 2 | |
| h | as | c | fis | d | h | a | f | es | e | cis | g | b |
| | — | 10 | 8 | 6 | 4 | 2 | 1 | 3 | 5 | 7 | 9 | 11 |
| i | c | d | a | es | cis | b | g | e | f | h | fis | as |
| | 2 | 4 | 6 | 8 | 10 | 12 | 11 | 9 | 7 | 5 | 3 | 1 |

3. Oboenkonzert, Piani armonici I-XII

3. Oboenkonzert 219

3. Oboenkonzert, Piani armonici XIII-XIV

3. Oboenkonzert, Piani armonici XXV-XXVI, XXII*, XXIV*

Reihen im Oboenkonzert Nr. 3

| | h | e | b | es | d | c | a | cis | g | f | fis | |
|---|---|---|---|---|---|---|---|---|---|---|---|---|
| j | 10 | 8 | 6 | 4 | 2 | 1 | 3 | 5 | 7 | 9 | 11 | — |
| k | as | e | es | c | cis | f | fis | g | a | d | b | h |
| | — | 2 | 4 | 6 | 8 | 10 | 11 | 9 | 7 | 5 | 3 | 1 |

Wie man sieht, fehlt den elftönigen Reihen jeweils der Ton As am chromatischen Total. Stets wäre er unter Rückgriff auf den Schlußton der Vorgängerreihe oder den Anfangston der Nachfolgereihe herbeizuschaffen: Diese wären dann elftönig, oder der Ton As muß gewissermaßen als »zweiwertig« oder doppelt schwer gelten. Aus Gründen, die unten noch zu behandeln sind, habe ich mich für die Aufteilung, wie sie oben in der Tabelle erscheint, entschieden. Sie hat den Vorteil, ein bruchloses Permutationssystem abzubilden. Die einzige Abweichung findet sich von Reihe b auf Reihe c, in der offensichtlich die Positionen 6 und 7 vertauscht sind. Mit Reihe k ist das System übrigens geschlossen: Unterwirft man sie Permutation A, erhält man wieder Reihe a, entweder in Grundgestalt (bei 1, 3 ... 11, 12, 10 ... 2) oder im Krebs (bei 12, 4 ... 12, 1, 3 ... 11). Permutation B (12, 10 ... 2, 1, 3

... 11 oder 11, 9 ... 1, 2, 4 ... 12) ergibt nämliches, wobei allerdings der erste und der zweite Hexachord von Reihe a vertauscht werden.[4]

Wie kaum anders zu erwarten, ist im *3. Oboenkonzert* auch wieder das Walten von *piani armonici* zu beobachten. Am klarsten sind sie im Mitteltutti und im anschließenden Solo bis zum Anfang von Takt 94$^{bis}$ zu verfolgen. Sie erscheinen dort in der Reihenfolge XXVI-I (die Numerierung stammt von mir). Wieder handelt es sich um eine Akkord/Reihensequenz, die von der engstmöglichen Lage zur extrem gespreizten fortschreitet. Dabei ist die Folge nicht ohne Beziehung zu Grundreihe a. Akkord/Reihe I hat wie diese den Grundton, oder besser: Ausgangston As. In der anschließenden Erweiterung des Ambitus um jeweils einen Halbtonschritt nach oben und unten sind die schon in der Reihe ominösen Töne B und E als Ecktöne stets ausgespart. In den Fällen, in denen die chromatische Fortschreitung der Ränder zu identischen Ecktönen führen würde, springt einer von beiden auf den nächstmögliche Ton.

Verlassen wird das System im Baß mit Erreichen von Akkord XXII: Hier wäre eigentlich ein F zu erwarten gewesen. Im Diskant beginnt die Abweichung beim nächsten Akkord, XXIV, dessen Spitzenton h$^4$ hätte heißen sollen. An der Position von XXIII und XXIV lassen sich an anderer Stelle Varianten zu beobachten, die allerdings nicht das chromatische Total aufweisen (XXIII*, XXIV*). Während XXIII* noch als freie und unvollständige Umkehrung von XXI aufzufassen ist (A-G-cis-fis-d$^1$ anstelle von d$^2$-fis$^2$-cis$^3$-g$^3$ (b$^3$-f$^4$)-a$^4$ und es$^2$-c$^3$-as$^3$-f$^4$-h$^4$ statt Es-c-h-(e$^1$)-as$^1$) ist XXIV* nicht als Ableitung erkennbar.

Nach welchen Kriterien die inneren Töne geordnet sind, vermag ich nicht zu sagen. Spiegelsymmetrische Hexachorde weisen nur I und II (notgedrungen!), III und schließlich XI auf, letzterer immerhin auf der Mitte zwischen I und XXI, der letzten Reihe mit systemkonformer Randfortschreitung.

Im Mitteltutti sind bei den Reihen niedriger Ordnungszahl gelegentlich Oktaven zu beklagen; in VII und VIII so gehäuft, daß sie schwer als Schreibfehler abzutun sind. Sie mußten daher in die Tabelle eingearbeitet werden. Keine der Oktaven sprengt jedoch den nach der beschriebenen Operation festgesetzten Rahmen.

4  Bei mechanisch regelmäßiger Durchführung der Permutation 1, 3 ... 11, 12, 10 ... 2 (und analoger Formen) erhält man lediglich zehn verschiedene Reihen, bereits bei der elften Ableitung ist das System geschlossen. Wieso Maderna trotz der Abweichung bei Reihe c und der ausgesparten As' regelmäßig auskommt, ist mir offengestanden ein Rätsel.

## Das Grundmaterial am Werk

Die einfachsten Operationen mit dem Grundmaterial, den Reihen a–k und den *piani armonici* I–XXIV findet man in der Mitte und am Schluß des Konzertes. Wie bereits festgestellt, bietet die Solostimme von Takt 94$^{bis}$ (zweiter Teil) nacheinander die Reihen a bis k. Die Solostimme von Takt 94$^{ter}$ beruht auf demselben Material. Es ist wie folgt durchgeführt:

3. Oboenkonzert: Solo Takt 94ter

| Abschnitt | Reihe | Gestalt |
|---|---|---|
| erster Teil (17/1) | k | Krebsgang |
| | j | " |
| | i | " |
| | h | Grundgestalt |
| | g | Krebsgang |
| | f | Grundgestalt |
| | e | Krebsgang |
| | d | Grundgestalt |
| | c | " |
| zweiter Teil (19/1) | b | " |
| | a | " |
| | **Achse** | |
| | a | Krebsgang |
| | b | " |
| | c | " |
| »irregolare« (19/3) | d | " |
| | e | Grundgestalt |
| | f | Krebsgang |
| | g | " |
| zur Wiederholung (19/4) | h | Grundgestalt |
| | i | Krebsgang |
| | j | " |
| | k | Grundgestalt |

Einmal mehr also eine palindromische Gesamtanlage, auch wenn einige Abweichungen festzuhalten sind. Es ist bemerkenswert, daß Maderna in der Solostimme von Takt 94$^{bis}$ unter souveräner Mißachtung einer der elementarsten Regeln der Handbücher fast stets die melodischen Phrasen in den Grenzen der Reihen hält. Atemzeichen und Pausen geben hier – ausnahmsweise einmal – erste Winke für die Analyse.

Die *piani armonici* bestimmen das Geschehen im Orchester: Gruppe 1 I und II, ebenso Gruppe 2 und 3 I und II bewegen sich im Ambitus des Clusters $as^1$-$a^2$, entsprechend also Akkord I. Die Holzbläser von Gruppe 4 zerlegen Akkord IX (Flöten mit Variante $a^2$, Baßklarinette aus Akkord X), die von Gruppe 5 Akkord XIII.[5]

Der Streichersatz für die Gruppen 1, 2, 3 aus Takt $94^{ter}$ ist nichts anderes als die vollständige Folge der Akkorde I bis XXVI (Takt 1-26) und im Krebsgang zurück von XXVI nach I (Takt 27-52). Dabei lesen die Violinen 1-6 verhältnismäßig streng die Spalten 12, 10, 8, 11, 9, 7, die verbleibenden sieben Instrumente teilen sich in die sechs tieferen Spalten. Verschobene Einsätze, liegenbleibende Töne, Doppelgriffe komplizieren das Bild und lockern es auf. Das Ganze ist gegenüber den angegebenen *piani armonici* um eine kleine Terz nach unten transponiert.

Die *strumenti a suono fisso* von Gruppe 4 bewegen sich gleichfalls in je 26 Takten im Ambitus der eine kleine Terz tiefer transponierten Sequenz I-XXVI – soweit es ihr Umfang erlaubt. Stimmige Zuweisungen von Spalten zu bestimmten Instrumenten sind nicht zu beobachten, wir haben es mit einer punktuellen Variante der Gruppen 1, 2, 3 zu tun.

Die Fortsetzung der Streicherpartitur (Takt $94^{ter}$, 53-104) basiert auf der Spiegelung der transponierten Akkorde. In der ersten Violine erscheint Spalte 1 in der Krebsumkehrung, von $fis^4$ zu b fallend, statt steigend von $C_1$ zu $as^1$ (Takt 53-78); darunter in den übrigen Instrumenten die aufsteigenden Intervalle der Akkordreihen in absteigender Anordnung. Angekommen bei der engsten Form, A-b, geht der Fächer in den Takten 79-104 wieder bis $XXVI^{KU}$ auseinander.

Schließlich Gruppe 7, entsprechend Takt 95: hier liegt wieder die Sequenz I-XXVI in ihrer ursprünglichen Lage zugrunde. Die Akkorde jeder Untergruppe sind Ausschnitte von drei bis fünf Tönen in Lagen, die den beteiligten Instrumenten entsprechen; diese Töne sind in den Akkordreihen nicht immer benachbart, auch wird nicht immer stimmig, also spaltenweise gearbeitet. Auswahl und Anordnung lauten wie folgt:

---

5  Englischhorn und Es-Klarinette sind in dieser Gruppe versehentlich in c notiert.

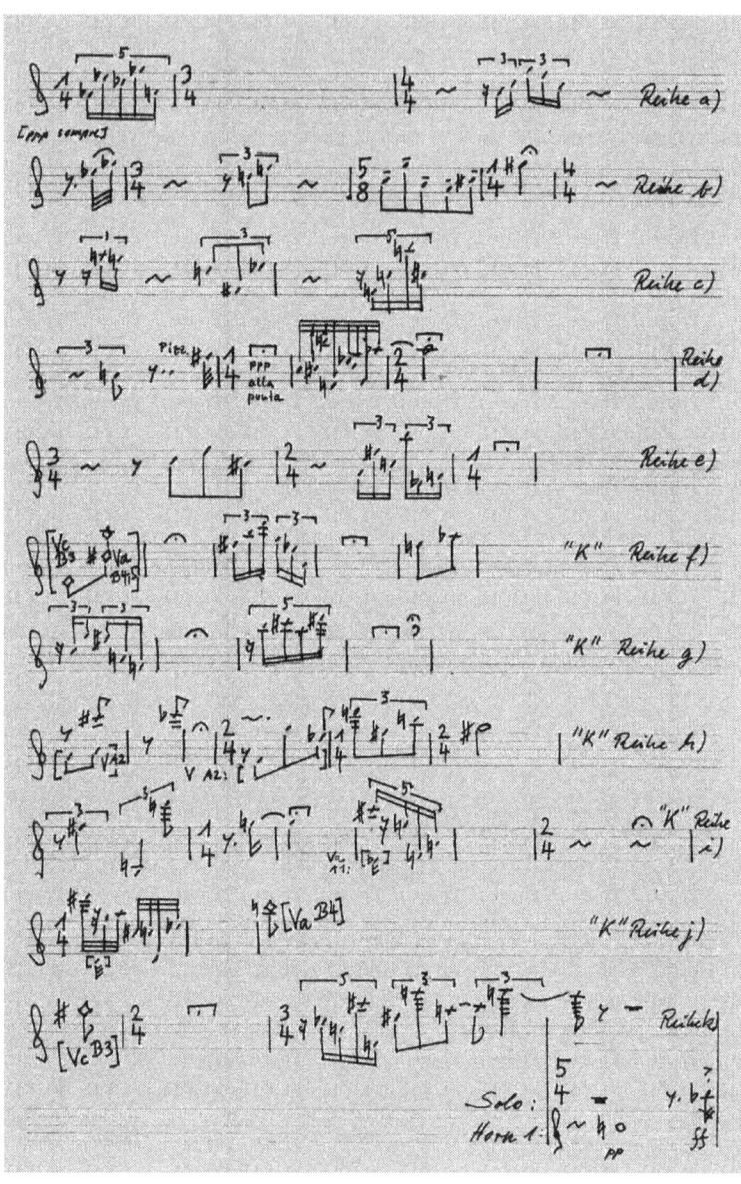

3. OboenkonzertReihen u. H.Rh. in Va 1 (Einleitung)

## 3. Oboenkonzert

Reihe a: hat die Struktur 5-5-. Sie ist regelmäßig in der ersten Violine von A durchgeführt, die erste Gruppe pausenlos als Quintole, die zweite als Sextole mit einer vorangestellten Pause. Die Pause von 3 Vierteln im zweiten Takt ist mit Nachhall aus B und C gefüllt.

Reihe b: 2-2-6. Die erste Gruppe hat sechs, die zweite eine Pause; die letzte ist gegenüber dem Grundrhythmus vergrößert, das Gis als doppelt schwer (auch 1 von Reihe c) hervorggehoben.

Reihe c: 2-3-4. Sehr regelmäßige Durchführung mit 4, 0, 1 Pause.

Reihe d: 1-1-8 mit 2, 7, 0 Pausen. Die Viertelpause für das E fehlt, vielleicht weil ihr die Pausenfülle in der eintönigen Gruppe 2 (doppelt punktiertes Achtel) an tatsächlicher Ausdehnung nahekommt; wieder ist das As hervorgehoben.

Reihe e: 3-6. Eine der beiden Lückenpausen ist vorgezogen; die erste Gruppe ist auf die Halbe verdoppelt mit 1 Pause, Gruppe 2 pausenlos.

Reihe f: 2-6-2, ohne Pausen in den Gruppen. Im Krebs – oder nach verändertem Permutationsschema – durchgeführt. Violine A1 bildet den Hauptrhythmus der Gruppen 2 und 3 vollständig ab, den Reihenverlauf jedoch nur lückenhaft. Er läßt sich leicht ergänzen: Gruppe 1: Vc B3, Va B4; Gruppe 2: Vn A1, A1, A2, A2, A2, A1; Gruppe 3: Vn A1, A2.

Reihe g:-5-4, im Krebs mit je 1 Pause. Hauptrhythmus in Vn A1 vollständig abgebildet, Reihenverlauf: Gruppe 1: V A1, A1, A3, A2, A2; Gruppe 2: Vn A1, A2, A1, A2.

Reihe h:-2-8, im Krebs, sehr unregelmäßige Durchführung. Gruppe 1 ohne Pause: V A1, A2. Gruppe 2, gedehnt mit eingestreuter Pause und ungleichen Dauernwerten: V A1, (-) A3, A4, A5, A2, A1, A3, A1. Das Gis durch den Krebsmodus doppelt schwer.

Reihe i: 3-1-5, im Krebs unter Auslassung des As. Gruppe 1 auf die Halbe vergrößert mit halbem Pausenwert, der im dritten Ton verloren geht. Gruppe 2 mit drei Pausen – unter Auslassung der Viertelpause angeschlossen, dafür mit Viertelnachhall verlängert. Gruppe 3, rhythmisch und reihenmäßig unvollständig in Vn A1, ist eigentlich ohne Pause: Vn A1, Va A1, A2, A2, A2.

Reihe j: 8-1, im Krebs. Die Pause im Rhythmus von Vn A1 nur scheinbar. Verlauf Gruppe 1: Vn A1, Arpa 2, Vn A1, A2, A5, A1, A1, A1. Gruppe 2, nur durch eine Viertelpause getrennt: Va B4.

Reihe k: 1-8-1, in gerader Form. Gruppe 1 unmittelbar anschließend an das Ende K Reihe j, in Vc B3. Verdoppelte Pause, dafür Gruppen 2 und 3 unmittelbar aufeinanderfolgend. Hauptrhythmus und Reihenverlauf dieser Gruppen wieder komplett in Vn A1 – die Pause zu Beginn ist echt. Gruppe 2 ist auf zwei Viertel verlängert, weist unterschiedliche Dauernwerte auf. Der Ton D ist ausgespart – läßt sich an der ihm zukommenden Stelle (zwischen A und H) aus keiner Stimme ergänzen: Er wird der zweite Ton des Solisten werden.

NB: Im Notenbeispiel wird die Stimme der ersten Violine der Archi A angeführt, Ergänzungen wurden nur eingetragen, wo es sich ohne Verlust an Übersichtlichkeit durchführen ließ.

Erläuterungen zur gegenüberliegenden Seite

3. Oboenkonzert

| Instr.gruppe | Anz. Akkorde | Akkord Nr. | Töne |
|---|---|---|---|
| 2 Pikk/2 Fl | 14 | XXIV* ← XI | Töne 9-12 |
| 3 Oboen | 15 | XXIV* ← X | Bereich 6, 8, 1 |
| Es-Klar/2 Kl | 16 | IX → XXIV* | Bereich 3, 6, 9 |
| Bkl/3 Fg | 21 | IV → XXIV* | mittlerer Bereich |
| 4 Hn/ Tuba | 16 | XXIV* ← IX | unterer Bereich |
| 5 Trompeten | 19 | X ← I → X | oberer Bereich |
| 4 Posaunen | 17 | XXII ← XIV → XXII | Töne 1-4 / 2-5 |

Während die behandelten Orchestergruppen von Takt $94^{bis}$ und $94^{ter}$ durch ihre fast beliebigen Kombinationsmöglichkeiten die in den *piani armonici* ursprünglich angelegte Zielgerichtetheit zunichte machen, bleibt sie im Mitteltutti mit dem anschließenden Solo erhalten. Der lang gehaltene Überleitungs- und »Grundton« $as^1$ im Fortissimo von je vier Hörnern, Trompeten, Posaunen explodiert förmlich in den weitgestreuten Klang von Akkord XXVI, verteilt auf alle Bläser, »molto f, ma soprattutto il più staccato possibile«. Unter ständigem Diminuendo und blockhaften Instrumentationswechseln zieht sich der Tonraum erst langsam, dann rascher, später wieder retardierend zusammen. Angekommen bei Akkord VI, tritt der Solist hinzu, angekommen bei II, schweigt das Orchester: Akkord I wird – in melodischer Auffächerung – am Beginn von Takt $94^{bis}$ von der Oboe allein vorgetragen. Bei Einsatz der Gruppen 1, 2, 3 finden wir Akkord I dann auch im Orchester (s.o). Im ersten Teil von Takt $94^{bis}$ – bis zum Beginn von Reihe a – bewegt sich die Solostimme wieder zurück (oder vorwärts) bis VII, hängt dann noch exponiert (ganze Note, ff sostenuto) den Grundton von VIII, das $c^1$ an, um in dem Moment, in dem die oben besprochenen Reihen ablaufen, die lagenmäßige Bestimmung durch die *piani armonici* abzustreifen. Umgekehrt haben die sieben regelrechten Zwölftonreihen (plus eine unvollständige Vorausnahme der fünften), durch die der Solist im ersten Teil von Takt $94^{bis}$ die Akkorde I-VII ausdrückt, m. E. keine Verwandschaft zu den Reihen a bis k.

Das Mitteltutti ist nicht nur harmonisch vom Aspekt der Dichte bestimmt, sondern auch in bezug auf Besetzung und Rhythmus, auf dessen genaue Fixierung Maderna verzichtet hat: In proportionaler Notation ist lediglich die Anzahl der Töne und ihre ungefähre Stellung im Takt angegeben (keine Halsung). Nebenbei gesagt, wäre es ein leichtes, der Partitur durch Einsetzen von Notenhälsen das Aussehen einen früheren Partitur

3. Oboenkonzert  227

mit ihren typischen Brechungsfiguren zu geben. Die folgende Aufstellung soll die Dichteverhältnisse des Abschnitts zahlenmäßig verdeutlichen.

3. Oboenkonzert: Dichteverhältnisse T. 71-94

| Takt | Akkord | Holz | | Blech | | suoni fissi | | Streicher | Solo |
|---|---|---|---|---|---|---|---|---|---|
| 71 | XXVI | 14 | 2-3 | 13 | 2-3 | | | | |
| 72 | XXV | ‹› | ‹› | ‹› | ‹› | | | | |
| 73 | XXIV | ‹› | ‹› | ‹› | ‹› | | | | |
| 74 | XXIII | ‹› | ‹› | ‹› | ‹› | | | | |
| 74,3 | XXII | ‹› | ‹› | ‹› | ‹› | | | | |
| 75 | XXI | ‹› | ‹› | ‹› | ‹› | | | | |
| 75,2 | XX | ‹› | ‹› | ‹› | ‹› | | | | |
| 76 | XIX | 13 | ‹› | 5 | 1-2 | 7 | 2-3 | | |
| 77 | XVIII | ‹› | ‹› | ‹› | ‹› | ‹› | ‹› | | |
| 78 | XVII | ‹› | ‹› | ‹› | ‹› | ‹› | ‹› | | |
| 79 | XVI | ‹› | ‹› | ‹› | ‹› | ‹› | ‹› | | |
| 80 | XV | ‹› | ‹› | ‹› | ‹› | ‹› | ‹› | | |
| 81 | XIV | ‹› | ‹› | 4 | ‹› | ‹› | ‹› | | |
| 82 | XIII | ‹› | ‹› | 5 | ‹› | ‹› | ‹› | | |
| 83 | XII | ‹› | ‹› | 4 | ‹› | ‹› | ‹› | | |
| 84 | XI | ‹› | ‹› | ‹› | ‹› | ‹› | ‹› | | |
| 85 | X | ‹› | ‹› | 5 | ‹› | ‹› | ‹› | | |
| 86 | IX | ‹› | ‹› | 4 | ‹› | ‹› | ‹› | | |
| 87 | VIII | ‹› | ‹› | 2 | 1 | ‹› | ‹› | | |
| 88 | VII | ‹› | ‹› | 1 | 1 | ‹› | ‹› | | |
| 89 | VI | 7 | 3 | | | 4 | 2 | 11* | 2 | 10 |
| | ‹› | ‹› | 2 | | | ‹› | ‹› | ‹› | 3 | 8 |
| 89,3 | V | ‹› | 3 | | | ‹› | ‹› | ‹› | 4 | 4 |
| | ‹› | ‹› | 2 | | | ‹› | 3 | ‹› | 5 | 10 |
| | | ‹› | 1 | | | ‹› | 4 | ‹› | 6 | 10 |
| 90,3 | IV | ‹› | 2 | | | ‹› | 3 | ‹› | 5 | 5 |
| | ‹› | ‹› | 3 | | | ‹› | 2 | ‹› | 4 | 5 |
| | ‹› | ‹› | 4 | | | ‹› | 1 | ‹› | 3 | 6 |
| | ‹› | ‹› | 5 | | | 2 | 1 | ‹› | 2 | 7 |

| 3. Oboenkonzert: Dichteverhältnisse T. 71-94 ||||||||
|---|---|---|---|---|---|---|---|
| Takt | Akkord | Holz || Blech || suoni fissi | Streicher | Solo |
| 92 | III | 4 | 6 | 8 | 6 |  | ‹› | 1 | 7 |
| ‹› | ‹› | ‹› | 7 | ‹› | 7 |  | 13* | 2 | 3 |
| ‹› | ‹› | ‹› | 8 | ‹› | 8 |  | ‹› | 3 | 5 |
| ‹› | ‹› | ‹› | 7 | ‹› | 7 |  | ‹› | 4 | 7 |
| ‹› | ‹› | ‹› | 6 | ‹› | 6 |  | ‹› | 5 | 6 |
| ‹› | ‹› | ‹› | 5 | ‹› | 5 |  | ‹› | 6 | 8 |
| 94 | II | ‹› | 4 | ‹› | 4 |  | ‹› | 7 | 5 |
| ‹› | ‹› | ‹› | 3 | ‹› | 3 |  | ‹› | 8 | 5 |
| ‹› | ‹› | ‹› | 2 | ‹› | 2 |  | ‹› | 7 | 11 |
| 94bis | I |  |  |  |  |  |  |  |  |

Rechts neben der Kolonne mit der Anzahl der Instrumente pro Orchestergruppe die durchschnittliche bzw. tatsächliche Anzahl der Einsätze, die in jeder Stimme auf eine Zählzeit fallen. Die *elf Streicher müßten – da der Satz von allen drei Streichorchestern zu spielen ist – eigentlich verdreifacht werden, und mit ihnen die Zahl der Einsätze. Die in der zweiten Zählzeit von Takt 92 einsetzenden *Bässe spielen lediglich 1-2 Pizzicati hinterm Steg pro Zählzeit.

Für den gesamten ersten Teil des Konzertes – für Einleitung also und erstes Solo – ist die Grundreihe von kaum zu überschätzender Bedeutung: Sie regelt nicht nur die Reihenfolge der Töne – sie regelt den Rhythmus, die Großform, sie regelt selbst das Verhältnis Tutti/Solo.

Der Grundgedanke für die Konzeption des ersten Teils scheint dieser gewesen zu sein: Das chromatische Total soll erst durch den Eintritt des Solisten erfüllt sein. Für diesen Eintritt wird ihm der Ton B vorbehalten, Ton 6 der Grundreihe, auf dessen zentrale Bedeutung oben hingewiesen wurde. Weiter erfährt Ton 12, das E, eine Sonderbehandlung. Im Tritonusverhältnis zum B der Oboe stehend, repräsentiert es den größtmöglichen Abstand zu diesem. Anvertraut ist er den Orchester-Gruppen von Seite 1. Neben der Besetzung mit Tutti und Solo stehen auch alle übrigen Parameter der Töne B und E in extremem Gegensatz: Das E des Orchesters hat die denkbar größte Dauer, es erklingt »immer«, d.h. vom Beginn über die gesamte Einleitung hinweg, bis zum Eintritt des Solisten. Dessen B hat keine Ausdehnung in der Zeit; notiert als kurzer Vorschlag ohne Hauptnote, repräsentiert er gewissermaßen den Zeit-Punkt. Analog verhält es sich mit dem Raum: Natürlich hat das B des Solisten auch in dieser Dimension keine nennenswerte Ausdehnung, während das E des Orchester sorgfältig über das ganze Orchester verteilt ist (vgl. Gruppe 2: Streicher aus allen drei Gruppen und die Anweisung: »Pochi e distanti uno dall'altro«) und über-

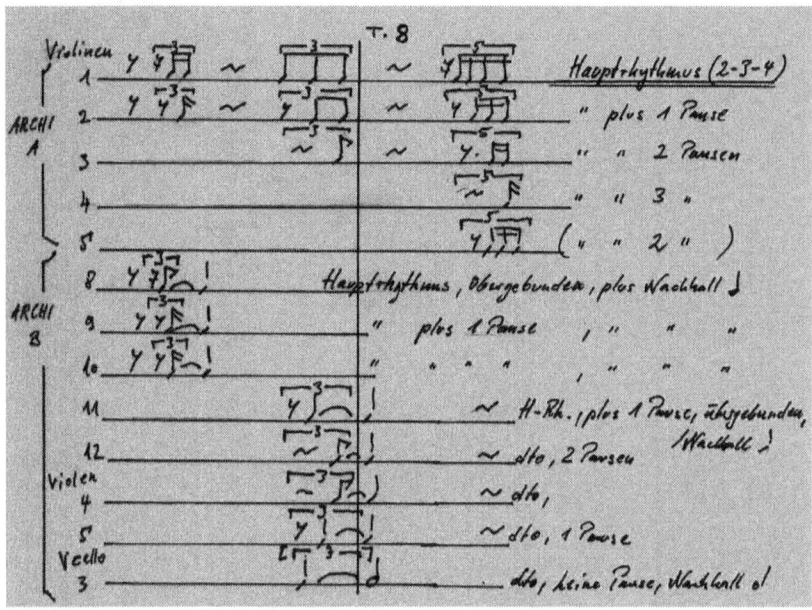

3. Oboenkonzert, Hauptrhythmus (2 – 3 – 4)

dies selbst eine gewisse Ausdehnung im Tonraum hat (Mikroglissandi der Pikkoloflöten und der Trompeten). Selbstverständlich sind bis zum Eintritt des Solisten im Orchester alle Rohrblattinstrumente ausgespart, ist das Fortissimo der Oboe das erste Ereignis, das über den Pianissimo-Bereich hinausgeht, ist die Generalpause (mit Fermate) nach dem ersten B der erste Moment der Stille. Lediglich von der Lage her sind das E und das B benachbart, beide liegen in der zweigestrichenen Oktave – vielleicht, um die Tritonusspannung nicht durch Überoktav-Distanz zu mildern.

Für die Streicher (später mit Harfen und Celesta) des übrigen Orchesters scheiden die Töne B und E mit klanglich-satztechnischer Notwendigkeit aus: Das E ist ohnehin ständig präsent, vor dem Einsatz der Oboe darf das B nicht erklingen. Nun kann ein Hauptrhythmus gefunden werden: Gesetzt wird das Viertel als Grundwert und ein vollständiger Durchlauf aller Reihen von a bis k. Jedes vorkommende E und B wird durch eine Viertelpause ersetzt, die zwischen diesen Pausen sich befindenden Töne werden gleichmäßig auf die Dauer eines Viertels verteilt. Als erste

3. Oboenkonzert, T. 63-69 (reihentechnische Rekonstruktion)

Komplizierung kann die so gewonnene Tongruppe durch vorangestellte Pausen an das Ende des Gruppenviertels gedrängt werden.

Ein Beispiel: Reihe a, die Grundreihe mit der Tonfolge:
as es cis fis a (b) h d g f c (e),
hat den Aufbau »5 Töne – Pause – 5 Töne – Pause.« Es kommt ihr somit eine Ausdehnung von vier Vierteln zu: zwei für die ausgesparten Töne B und E, zwei für die Fünfergruppen. Deren erste wird ausgedrückt als Sechzehntelquintole, die zweite als Sextole, deren erster Einsatz durch eine Pause ersetzt ist (notiert als zwei Triolen). Nach welchen Gesichtspunkten das Hinzufügen von Pausen in die Gruppenviertel (sohin die konkreten Dauernwerte) gewählt wurden, gibt die Partitur nicht preis, ein bestimmtes System – etwa ein stetiges Anwachsen oder Abnehmen – ist nicht zu erkennen.

Über den genauen Verlauf des Hauptrhythmus und der Reihen gibt die Tafel auf den folgenden Seiten Auskunft, hier ist zunächst weiter vom Ablauf im großen zu reden.

Der Begriff »Hauptrhythmus«, wie ich ihn hier verwende, besagt: Nur an den vom – reihengesteuerten – Hauptrhythmus markierten Punkten kann ein Einsatz erfolgen – das gilt für alle Stimmen des Orchesters.

Bis Takt 13 einschließlich liegt der Hauptrhythmus vollständig in der Stimme der ersten Violine von Orchester A, bis zu diesem Punkt werden hier auch die Reihen a bis e, bzw. deren zehntönige Fragmente abgebildet. Mit Takt 14 wechselt der Modus – die übrigen Reihen laufen mit Ausnahme der letzten im Krebs ab –, und gelegentlich ergänzen andere Stimmen Hauptrhythmus und Reihenabläufe. Die führende Rolle der ersten Violine bleibt jedoch verhältnismäßig deutlich, vor allem im Rhythmischen.

In der Regel bestimmt die Anzahl der Töne pro Gruppe die Anzahl der in Orchester A eingesetzten Instrumente, von denen jedes einen Einsatz später hinzutritt. Für die Orchester B und C gilt das gleiche, in ihnen können allerdings mehrere Einsätze einer Gruppe durch Überbindungen zusammengezogen werden und – vor allem – wird der letzte Einsatz durch Überbindungen gewissermaßen mit einem Nachhall versehen. Die Orchestrierung von Reihe c, die ein idealtypisches Maß an Regelmäßigkeit und Abweichung aufweist, soll als Beispiel dienen (vgl. Notenbeispiel S. 229).

Später kommt es auch zu kanonischen Durchführungen einzelner Gruppen zwischen den drei Orchestern. So wird etwa die zweite Gruppe von Reihe $i^K$ im Kanon in der Vergrößerung durchgeführt:

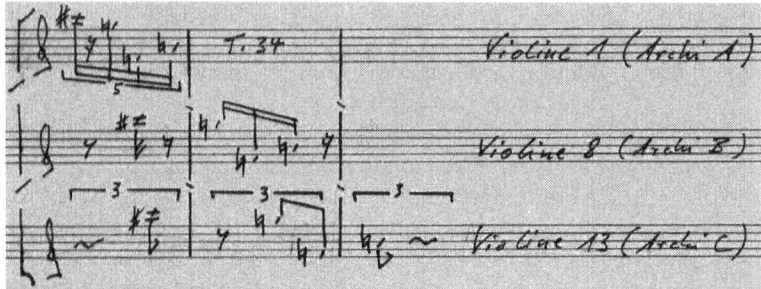

Welches Tonmaterial den nicht reihenführenden Stimmen zugrunde liegt, ist kaum mehr auszumachen. Vielversprechend beginnt die Stimme der zweiten Violine von Orchester A mit dem Krebs von Reihe b, doch die Spur verliert sich rasch. Bei horizontaler Lektüre der anderen Stimmen ergeben sich nicht wie bei der ersten Violine (notfalls leicht zu ergänzende) Zehnton-Reihen. Denkbar, daß trotzdem Lesarten unserer Reihentabelle vorliegen, bei denen neben B und E noch weitere Töne ausgespart werden – vielleicht in jeder Stimme andere. So ist beispielsweise außerhalb der ersten Violine im Orchester so gut wie nie ein As zu finden.

Mit dem zweiten Ton des Solisten – ein ebenfalls als kurzer Vorschlag ohne Hauptnote notiertes $d^2$, das im letzten Reihendurchgang der 1. Violine ausgespart blieb und auch nicht aus einer anderen Stimme zu ergänzen war, überdies im Tritonus-Verhältnis zum dritten »besonderen« Ton, zum As, steht –, mit diesem D beginnt in der Solostimme der Krebsgang: nicht nur der von Reihe k, sondern zurück bis zum Anfang der Grundreihe (die Reihe j bis f erscheinen nun also in gerader Form). Wer nur einen flüchtigen Blick auf die Partitur wirft, wird es kaum für möglich halten, daß Einleitung und erstes Solo demselben roten Faden folgen. Dort der homogene Streicherklang mit dem Liegeton $e^2$, hier die abrupt wechselnden, von extremem Pointillismus gekennzeichneten Satzbilder, durchsetzt mit scheinbar »aleatorischen« Einzeltakten in proportionaler Notation. Dabei ist der Durchlauf der Reihen in diesen letztgenannten Takten (freilich nur in der Solostimme) ebensogut zu verfolgen wie in den obligat notierten, typisch »seriell« ausschauenden.

Die rhythmischen Modalitäten sind denen der Einleitung ebenfalls aufs engste verwandt: Ersatz der Töne B und E durch Viertel-Pausen, die zwischen ihnen befindlichen Tongruppen ebenfalls auf die Dauer eines Viertels verteilt. Anders als in der Einleitung jedoch nicht in gleichen Dauernwerten, sondern in möglichst verschiedenen. Auch die einheitliche

Instrumentation des Reihendurchlaufs (in der Einleitung: vorzugsweise Violine A 1) wird zugunsten fortwährenden Wechsels aufgegeben. Dynamik und Artikulation ändern sich gleichfalls »im Stil der 50er Jahre«. Die Solo-Oboe ist für diesen kurzen Abschnitt vollkommen ins Ganze integriert. Auch kommen die *piani armonici* wieder zum tragen: Reihe k ist Akkord XXII zugeordnet, dann geht es, Akkord für Akkord, bis zu Akkord XXII für Reihe a.[6]

Ein Parallelprozeß überlagert den Rücklauf der Reihen im ersten Solo. Es spricht einiges dafür, daß es sich um einen extrem gespreizten, nochmals umgekehrten Durchlauf handelt – im Grunde also um eine variierte Wiederholung der Einleitung: In Takt 54 (Solo, Klarinette) ist der Beginn einer retrograden Version von Reihe g auszumachen, die erst in Takt 59 fortgesetzt wird. Gegen Ende des ersten Solos verliert der Parallelprozeß so sehr an Dichte, daß die Hauptstimme deutlich hervortritt.

Das Notenbeispiel S. 230 zeigt diesen Schluß in reihentechnischer Übertragung: System A enthält die Hauptstimme, den gegenüber der Einleitung umgekehrten Durchlauf, System B die dazu fremden Töne des Parallelprozesses.

Das mächtige As der Blechbläser am Ende des ersten Teils schließt den Bogen: Die Großform entspricht der Spiegelung der Grundreihe. Man kann das Ganze etwa so darstellen:

$$
\begin{array}{lll}
 & b^2 = \text{Ton 6} & \\
e^2 = \text{Ton 12} & & as^1 = \text{Ton 1} \\
(\text{Tutti}) & (\text{Solo}) & (\text{Tutti}) \\
a, b, c \ldots > & \ldots k \; k \ldots & < \ldots c, b, a
\end{array}
$$

Dabei entspricht die Funktion eines jeden Tones der in der Grundreihe: B steht nicht nur einfach in der Mitte, sondern bildet auch die Spiegelachse, in der die Reihendurchläufe von Tutti und Solo sich treffen; E sorgt nicht nur in der Reihe, sondern auch in der Form für die Sprengung der Symmetrie: Im Tutti ist es ständig präsent, im rückläufigen Solo stets ausgespart; das As schließlich ist – wie in der Reihentabelle – doppeldeutig: Beginn (des Mittelteils) und Abschluß (des ersten Teils) zugleich.[7]

---

[6] Es kann kaum Zufall sein, daß nach Ablauf von elf Reihen mit dem Beginn des Krebsgangs Akkord XII in Kraft tritt. Wenn es auch in der Einleitung von Oktaven wimmelt, schimmert hier und dort doch eine Bindung der reihenführenden Stimme an die Folge I-XI durch.

[7] Man könnte soweit gehen zu sagen, daß die geringere Ausdehnung des Solos gegenüber dem Tutti die größere Nähe des B zum As als zum E in der Reihe spiegelt.

Nach dem Gesagten dürfte einsichtig sein, warum die durch Pietät freilich geheiligte Tradition, den Solisten bereits während der Orchestereinleitung spielen zu lassen, widersinnig ist. Es handelt sich bei Einleitung und erstem Solo – überspitzt traditionalistisch ausgedrückt – um nichts anderes als um Orchester- und Soloexposition: der der Reihen, der des Permutationsschemas und der der *piani armonici* (zumindest teilweise) aus denen das Folgende gestaltet ist. Daß Maderna selbst die großartige Geometrie des am ersten Ton der Oboe aufgehängten Dreiecks E-B-As geopfert hat, muß nicht bedeuten, daß sie ihm gleichgültig war. Man kann darin auch einen weiteren Beleg seiner vielbeschworenen Freundschaft zu den Solisten sehen, die auch zu Lasten des eigenen Werkes gehen mochte. Denn natürlich wird es jeder Solist vorziehen, gleich von Anfang an das Geschehen zu bestimmen. Auch ist die Kombination der Melodiefragmente vom Schluß mit dem irisierenden E und den pausendurchsetzten Streicherfiguren der Einleitung von unbestreitbar hohem Klangreiz. Wer auf ihn nicht verzichten will und dennoch die satztechnisch und klanglich so zugespitzte Solo-Introduktion bewahren möchte, könnte die Einleitung spielen wie notiert, dann aber das Schluß-Solo von einer Wiederholung der Einleitung begleiten lassen.

# Zusammenfassung

Fassen wir die Analyseergebnisse kurz zusammen. Die Orchestereinleitung beruht auf einem Durchlauf der Grundreihe und ihrer zehn durch Permutation gewonnen Ableitungen. Im ersten Solo läuft dieser Vorgang im Krebs ab. Hier ist die Kopplung der Reihen an *piani armonici* nachweisbar. Das Mitteltutti, an dessen Ende sich die Oboe erneut einschaltet, bringt die *piani armonici* vom weitesten zum engsten ohne erkennbare Reihenbindung. Der erste Teil der Solostimme von Takt 94[bis] ist ebenfalls nicht reihengebunden; er besteht aus der melodischen Darbietung der Akkorde I bis VIII. Der Rest des zweiten Solos besteht aus zwei »randscharf« palindromischen Durchläufen der Reihe und ihrer Ableitungen, Bindung an die *piani armonici* ist nicht zu erkennen. Umgekehrt verhält es sich mit den Orchestergruppen dieses Teils: Ohne Bindung an die Reihen basieren sie ganz auf den *piani armonici*, die teils in Ausschnitten, teils in Umkehrungen und/oder (Krebs-) Umkehrungen, teils senkrecht d. h. spaltenweise an bestimmte Stimmen gebunden erscheinen.

Verbleiben einige weiße Stellen auf unserer Landkarte: Für die Melodiefragmente der Posaunen (Takt 94$^{\text{ter}}$, Gruppe 6), des Solisten (Takt 96) und des Englischhorns (Takt 96) konnte kein Zusammenhang mit Reihen oder *piani armonici* nachgewiesen werden, ebensowenig für die Trompeten von Takt 94$^{\text{ter}}$ (Gruppe 5). Das darf nicht zu der vorschnellen Annahme verleiten, es bestehe keiner – das Gegenteil ist mehr als wahrscheinlich. Angenommen, der Komponist bewegt sich nicht spalten- oder zeilenweise durch sein Material, sondern im Rösselsprung, diagonal permutierend, spiralförmig von einer beliebigen Koordinate ausgehend, dabei womöglich noch transponierend und spiegelnd: In einem solchen Fall ist es so gut wie aussichtslos, des passenden Schlüssels zur Analyse habhaft zu werden. Das gilt auch für die »Nebenstimmen« des ersten Teils – und für vieles, was bei der Besprechung der früheren Konzerte offenbleiben mußte.

Wie dem auch sei: selbst wenn sich die ungeklärten Stellen als – um den extremen Fall anzunehmen – *objets trouvés*, als Zitate aus eigenen oder fremden Werken, erweisen sollten, darf man für das *3. Oboenkonzert* eine materiale Geschlossenheit beanspruchen, wie sie seit dem *Klavierkonzert* nicht mehr anzutreffen war. Die Ad-libitum-Figuren vom Schluß des zweiten Solos beruhen auf denselben Grundreihen und den nämlichen Operationen wie das serielle Prokrustesbett des ersten. Vielleicht ist dies der tiefere Sinn von Madernas »›Formale‹ ed ›informale‹ sono la stessa cosa«, hinter dem sicher mehr steckt als die banale Erkenntnis, daß auch dort, wo mehrere Wege offen sind, im Moment der Klangwerdung nur einer beschritten werden kann.

Rätselhaft bleibt das »che la musica esiste già, che è sempre esistita«. Schierer Mystizismus – oder Anspielung auf die große Bedeutung zahlenmäßiger, mithin überpersönlicher, quasi naturgesetzlicher Operationen auch im *3. Oboenkonzert*?

# Einleitung

## (Fragment 1)

Mit 1950, dem Jahr der folgenreichen Darmstädter Aufführung von Messiaens Klavieretüde *Mode de valeurs et d'intentsités*, terminiert man gemeinhin den Beginn der seriellen Ära in der Neuen Musik. Mit ihr tritt zugleich auch die Geschichte der musikalischen Form in eine neue, kritische Phase ein: Mit der Hingabe an ein vorgeformtes Netz von Reihen und Reihenbeziehungen begibt sich der Komponist der Kontrolle über das Endresultat seiner Arbeit und somit über deren Form. Denn anders als »Struktur« – eines der Schlagworte und nachgerade eine Kampfparole jener aufbruchgestimmten Zeit – ist »Form« eine Kategorie der Ästhetik, bezeichnet sie eine Eigenschaft der sinnlich wahrnehmbaren Erscheinung des musikalischen Kunstwerks. Die Form eines streng seriell gestalteten Stückes aber ist durch den ständigen Wechsel aller Toneigenschaften notwendig punktuell und amorph, »formlos« eben. In dieser Hinsicht sind die Früchte serieller Arbeit den Produkten der von John Cage in die europäische Musikgeschichte eingeführten, durch den Zufall gelenkten Musik, der Aleatorik, ähnlich.

Dennoch scheint die Ursache des sich schnell einstellenden Unbehagens an der seriellen Technik eher den dem System innewohnenden Paradoxien technischer Art zuzuschreiben als dem Verlust einer erkennbaren Form der von ihm gezeugten Werken. Das bedeutet nicht, den Komponisten des Serialismus Interessenlosigkeit oder Unbekümmertheit in Sachen Form zu unterstellen; vielmehr vertrauten sie vielfach darauf, daß die im Innern des Werkes waltenden sinnvollen Strukturen sich unbewußt und gewissermaßen subkutan dem Hörer mitteilen müßten. In dem Maße, in dem sich dieser Glaube als Illusion erwies, begannen die Komponisten, sich wieder ausdrücklich den Belangen der Form zuzuwenden: Die nach der punktuellen Phase mannigfaltig auf den Plan tretenden Richtungen mit Bezeichnungen wie »Momentform«, »Gruppenform«, »Statistische Form« und die in diversen Spielarten der unter Einbeziehung von Improvsation und Aleatorik entstandenen »offenen« oder »mehrdeutigen« Form legen hiervon Zeugnis ab.

Zwar ist Carl Dahlhaus beizupflichten, daß diese Termini in der Mehrzahl eher Satztechniken als formale Sachverhalte bezeichnen, [1]...

---

1  C. Dahlhaus: Beitrag zu »Form in der Neuen Musik«, in: E. Thomas (Hg.): *Darmstädter Beiträge zur Neuen Musik X*, S. 41.

# Andere konzertante Werke

## (Fragment 2)

Bereits unter den allerersten Eintragungen des Werkverzeichnisses finden sich zwei Werke, die die Bezeichnung »Konzert« im Titel tragen: ein *Piccolo concerto per orchestra da camera* aus dem Jahre 1941 und ein *Concerto per pianoforte e orchestra* von 1942. Als Konzert für Orchester ist das erste Stück hier nicht von Belang, ohnehin sind neben dem handschriftlichen Titelblatt, zwölf Seiten mit Skizzen und einer unvollständigen Partitur keine weiteren Spuren des *Piccolo concerto* greifbar. Weder steht fest, ob es je aufgeführt, noch ob es überhaupt vollendet wurde (*Documenti*, S. 182). Die Aufführung des frühen Klavierkonzertes darf hingegen als gesichert gelten: Erhalten ist ein Programmzettel vom 22. Juni 1942 zu einem Konzert, das unter dem Motto »Dell'arte di comporre« am Conservatorio Benedetto in Venedig vom »Sindacato fascista dei musicisti« veranstaltet wurde. Die Leitung hatte Ettore Gracis, der Pianist war Gino Gorini, der der Universität Bologna die Klavierstimme überließ. Die Partitur ist verschollen, geblieben ist eine Handvoll teils autographer Orchesterstimmen. Die Besetzung weicht (nach den Angaben des Titelblatts) kaum vom Hergebrachten ab, auffällig ist lediglich das Fehlen von Flöten und Klarinetten und eine (noch bescheidene) Akzentuierung des Schlagzeugs. Bemerkenswert die Anordnung der Sätze: Adagio (T. 1 - 59), Allegro (T. 60 - 158) und Adagio (T. 159 - 175; *Documenti*, S. 183). Die Umkehrung des klassischen Schnell-Langsam-Schnell verweist bereits auf das formale Grundmuster der späteren Konzerte Madernas.

Nicht als Solo- bzw. Doppelkonzert zu betrachten ist das *Concerto per due pianoforti e strumenti*. Hinter der Bezeichnung »strumenti« verbirgt sich eine kleine Gruppe von *strumenti a suoni fissi* nämlich 2 Harfen, Vibraphon, Xylophon, Celesta und Schlagzeug: Pauken, Becken, div. Trommeln und Tamtam für 2 Spieler. Wie schon Mila bemerkte, ist Bartóks *Sonate für 2 Klaviere und Schlagzeug* unschwer als Pate namhaft zu machen (*Mila*, S. 12), wenn auch der Titel »Konzert« eher auf Strawinskys *Concerto* für 2 Klaviere verweist.

Das Stück stammt aus dem Jahre 1948 und wurde offenbar mindestens zwei reicht einschneidenden Umarbeitungen unterzogen.[1] Die Fassung, die heute in Partitur vorliegt, kam 1955 bei Suvini Zerboni heraus.[2] Sie gliedert sich in (nach Maßgabe der in fast allen Fällen in Übereinstimmung mit den Tempowechseln gesetzten Doppelstrichen) in acht Abschnitte. Vier von diesen, darunter die ersten zwei, sind ausschließlich den Pianisten vorbehalten, die auch in den anderen Abschnitten unausgesetzt im Vordergrund stehen. Zu einer wie auch immer gearteten konzertanten Gegenüberstellung der Klaviere mit den übrigen Instrumenten kommt es nicht.

Erwähnt werden müssen die *3 Liriche greche*, entstanden um das Jahr 1949.[3] Gesetzt für Sopran solo, kleinen Chor und Instrumente (2 Fl, 2 Klar, B-Klar, Pf, Pkn, Becken und Trommeln in reicher Auswahl), sind sie ein früher Beleg für Madernas Vorliebe, Sologesang und obligate instrumentale Soli (vor allem für die Flöte) zu kombinieren. Der erste Teil, »Canto mattutino«, wird allein vom Solosopran und den beiden Flöten bestritten; der Schlußsatz, »Stellato«, beginnt mit einer kadenzartigen Solo für Flöte. Eine Tatsache, die mit Blick auf das rund fünf Jahre jüngere *Flötenkonzert* eigenartig berührt: Im Konzert war noch kein Platz für Kadenzen, wohl aber im kantatenhaften Zusammenhang der *Liriche greche*...

---

1 Zur wahrscheinlichen Genese der Fassungen und der zwischen ihnen zu beobachtenden Unterschiede s. *Documenti*, S. 191f.
2 Mailand 1955, S. 4816 Z.; Neudruck 1981. Diese Version ist gegenüber den wohl früheren Fassungen vor allem erheblich gekürzt (*Documenti*, S. 191f). Ich möchte nicht ausschließen, daß die in der Partitur recht akzidentiell wirkenden »strumenti« in den längeren Versionen, die ich nicht untersucht habe, etwas selbständiger geführt sind.
3 Erschienen o. J. bei Ars viva. Das genaue Datum der Entstehung ist ebenso unbekannt wie das der Uraufführung (*Documenti*, S. 193).

# Literatur

Da die verwendete Literatur im laufenden Text nachgewiesen ist, beschränke ich mich hier auf die zusammenfassende Aufstellung der interessantesten bis 1989 erschienenen Titel zu Bruno Maderna und zur seriellen Komposition.

## Zu Maderna

Claudio Annibale: Artikel »Maderna, Bruno«, in: *The New Grove of Music and Musicians*, S. 453-455

Mario Baroni u. Rossana Dalmonte (Hrsg.), *Bruno Maderna documenti*, Mailand: Edizioni Suvini Zerboni 1985

Mario Baroni u. Rossana Dalmonte (Hrsg.), *Studi su Bruno Maderna*, Mailand: Edizioni Suvini Zerboni 1989

*La biennale di Venezia annuario 1975 (eventi 1974)*, darin:

    Luciano Berio: »Bruno e la gioa di far musica«, S. 829

    Aldo Clementi: »Ricordo di Bruno Maderna«, S. 831

    Franco Donatoni: »Il mio debito con Bruno Maderna«, S. 834

    Luigi Nono: »Ricordo di Bruno Maderna«, S. 836

    Henri Pousseur: »Bruno lontano«, S. 838

    Karlheinz Stockhausen:
    »Alla memoria di Bruno Maderna«, S. 840

Ulrich Dibelius: »Zwischen Serien, Strukturen und Sinneslust. NMZ-Serie ›Zeitzeugen‹: Bruno Maderna, Komponist und Dirigent«, in: *NMZ*, August/September 1984, S. 83

Jo Elsendoorn: »Bruno Maderna: Een groot geniaal Mensenkind, dat componist en dirigent was«, in: *Muziek & Dans*, Mai 1983, S. 13-31

Massimo Mila, *Maderna musicista europeo.* Turin 1976

Robert HP Platz: Ms zur SWF-Serie *SWF-Diskothek Italienische Komponisten I u. II: Bruno Maderna*, Sendung Sept. 1984

Leonardo Pinzauti: »A colloquio con Bruno Maderna«, in: *Nuova rivista musicale italiana*, Okt./Dez. 1972, S. 545-552

Steven H. Smith, *The Piano Concerto after Bartók.* Rochester, New York, 1978 (Diss. Eastman School of Music)

Roman Vlad, *Storia della dodecafonia*, Mailand: Edizioni Suvini Zerboni o.J., S. 261f.

Horst Weber, »Form und Satztechnik in Bruno Madernas Streichquartett«, in: *Miscellanea del cinquantenario*, Mailand: Edizioni Suvini Zerboni 1978, S. 206-215 (= Die Stellung der italienischen Avantgarde in der Entwicklung der neuen Musik. Symposium des Instituts für Wertungsforschung Graz 1975)

# Zur seriellen Komposition

Herbert Eimert, *Lehrbuch der Zwölftontechnik*, Wiesbaden: Breitkopf & Härtel 1950

Herbert Eimert, *Grundlagen der musikalischen Reihentechnik*, Wien: Universal-Edition 1964 (= Bücher der Reihe IX)

Paul Griffiths, Art. »Serialism« in: *The New Grove of Music and Musicians*, S. 162-169

# Personenregister

**A**

Adorno, Theodor W. . . . . 19, 81
Annibale, Claudio . . . . . . 97

**B**

Baroni, Mario. . . . . . . . . 111, 177
Bartók, Béla . . . . . . . . . 18, 240
Beethoven, Ludwig van . . . 17, 20, 85
Berio, Luciano . . . . . . . . 18, 20, 23-24
Bitter, Christoph. . . . . . . 167-168
Boulez, Pierre . . . . . . . . 18, 55, 106
Bour, Ernest . . . . . . . . . 23
Bruch, Max . . . . . . . . . . 16
Bruckner, Anton . . . . . . . 20
Bustini, Alessandro . . . . . 18

**C**

Cage, John . . . . . . . . . . 54-57, 82, 237
Cowell, Henry . . . . . . . . 54, 82

**D**

Dahlhaus, Carl . . . . . . . . 238
de Vries, Han. . . . . . . . . 15, 19, 107, 201-203
Debussy, Claude. . . . . . . 20
Donatoni, Franco . . . . . . 23

Duse, Ugo . . . . . . . . . . 53

**E**

Eco, Umberto . . . . . . . . 110
Edinger, Christiane . . . . . 19
Elsendoorn, Jo . . . . . . . . 107

**F**

Fabbriciani, Roberto. . . . . 24
Faber, Lothar. . . . . . . . . 19, 97, 101, 106-107, 109, 133-135, 170, 203
Fukushima, Kazuo . . . . . . 133

**G**

Gabrieli . . . . . . . . . . . . 20
Gawriloff, Saschko. . . . . . 170-171, 186
Gazzelloni, Severino. . . . . 19, 23, 97-98, 107, 109, 170
Gielen, Michael. . . . . . . . 170-171, 186
Gorini, Gino . . . . . . . . . 239
Gracis, Ettore . . . . . . . . 239
Grossato, Umberto . . . . . 16

**H**

Happy Grossato Band . . . . 16-17
Helm, Everett . . . . . . . . 54, 84
Henze, Hans Werner . . . . 23
Hoedeman, Wilhelmina . . . 201

Hucbald . . . . . . . . . . . 18

## K

Kagel, Mauricio . . . . . . . 113
Kayn, Roland. . . . . . . . . 53
Klebe, Giselher. . . . . . . . 23
Kontarsky, Alfons u. Alois . 19
Krenek, Ernst . . . . . . . . 23

## L

Lewinski, Wolf Eberhard von 53-54
Ligeti, György . . . . . . . . 71

## M

Maderna, Carolina . . . . . . 16
Mahler, Gustav . . . . . . . . 20
Malipiero, Gianfrancesco . . 18
Manfredi, Irma . . . . . . . . 17
Mascagni, Pietro . . . . . . . 17
Masson, Diego . . . . . . . . 24
Mendelssohn, Felix . . . . . 17
Messiaen, Olivier . . . . . . . 133, 237
Mila, Massimo . . . . . . . .
   33, 53-54, 170, 203, 240
Monteverdi, Claudio. . . . . 20
Mozart, Leopold . . . . . . . 17
Mozart, W. A. . . . . . . . . 20

## N

Nono, Luigi . . . . . . . . .
   18, 23-25, 53

## O

Olof, Theo . . . . . . . . . . .
   153, 169-171, 185, 193

## P

Padre Martini. . . . . . . . . 18
Pedrollo, Arrigo . . . . . . . 17-18
Petrassi, Goffredo . . . . . . 23
Petrucci. . . . . . . . . . . . 18
Puecher, Virginio . . . . . . 113

## R

Renosto, Paolo. . . . . . . . 133
Romito, Maurizio . . . . . .
   56, 169-170
Rossini, Gioachino. . . . . . 17

## S

Schönberg, Arnold. . . . . . 41, 81
Schuller, Gunter . . . . . . . 23
Stockhausen, Karlheinz . . .
   18, 55, 74-75, 77-78, 82, 89
Strawinsky, Igor . . . . . . .
   18, 23, 240
Suppé, Franz von. . . . . . . 17

## T

Tilbury, John. . . . . . . . . 53
Tudor, David. . . . . . . . . 19, 53-54

## V

Vecchi, Orazio . . . . . . . . 19
Verdi, Giuseppe . . . . . . . 112

## W

Wagner, Richard . . . . . . . 112
Weber, Horst. . . . . . . . . 41, 58
Webern, Anton von . . . . . 19, 41

www.ingramcontent.com/pod-product-compliance
Lightning Source LLC
Chambersburg PA
CBHW021140230426
43667CB00005B/191